KB193988

날마다 개혁하는 교회

날마다 개혁하는 교회 (개정판)

초판 1쇄 펴낸 날 · 2004년 1월 10일
개정판 1쇄 찍은 날 · 2012년 5월 10일 | 개정판 1쇄 펴낸 날 · 2012년 5월 15일
지은이 · 정성진 | 펴낸이 · 김승태
등록번호 · 제2-1349호(1992. 3. 31) | 펴낸 곳 · 예영커뮤니케이션
주소 · (136-825) 서울시 성북구 성북1동 179-56 | 홈페이지 www.jeyoung.com
출판사업부 · T. (02)766-8931 F. (02)766-8934 e-mail: edit1@jeyoung.com
출판유통사업부 · T. (02)766-7912 F. (02)766-8934 e-mail: sales@jeyoung.com

ISBN 978-89-8350-798-3 (03230)

값 13,000원

날마다 개혁하는 교회

김창인 목사 추천
정성진 지음

한국교회에 개혁모델을 제시하는
거룩한빛광성교회
정성진 목사의 혁신적 리더십

예영커뮤니케이션

추천의 글

　설교자는 광야의 소리 그 이상도 그 이하도 아니라고 생각합니다. 교인들의 귓맛을 의식하여 인기에 영합해서도 안 되겠지만 하나님의 뜻을 왜곡해서 변질시켜도 곤란하다 하겠습니다. 하나님의 뜻과 의도를 정확히 파악하고 바로 선포하며 은혜롭게 전달하는 것은 힘으로도 안 되고, 능력으로도 안 되며, 오직 성령의 도우심으로만 가능한 것입니다. 이런 의미에서 설교자를 광야의 소리라고 하는 것입니다.

　정성진 목사는 광성교회 부목사로 5년 동안 사역하는 동안에 참으로 열심히 일했습니다. 특히 남의 설교집을 출판하는 일을 맡아 여러 권의 설교집을 편집, 출간하기도 했습니다. 언제나 열심히 충성하시던 목사님께서 일산광성교회(현 거룩한빛광성교회)를 개척하여 7년 만에 재적교인 4,000명의 교회를 이루고 나날이 부흥 발전하는 소식을 들려준 것은 저와 광성교회에 큰 기쁨이었습니다.

　은퇴하는 저의 뒤를 이어 설교집을 발간하게 된 것을 진심으로 기뻐하면서 한국교회 개혁에 앞장서서 일하는 신실한 목사가 되기를 바랍니다. 무엇보다도 설교를 위해 온 정성과 힘을 다하는 설교자가 되기를 간절히 바랍니다.

　한국교회가 초대교회 정신으로 돌아가고 개혁되기를 원하는 분들에게 이 설교집이 도전이 되고 지침서가 될 수 있으리라 생각하며 기쁜 마음으로 추천합니다.

2004년 1월 5일
광성교회 원로목사
김창인

머리말

설교는 목회자의 면류관인 동시에 십자가입니다. 신학 공부를 시작한 지 23년, 목사 안수를 받은 지 12년이 되었지만 설교는 여전히 제게 십자가입니다. 컴퓨터를 사용할 줄 몰라 손으로 토씨 하나까지 정확하게 쓴 후에 타이핑을 부탁하고, 교정을 보고, 설교 시간에 사용할 자료를 만들기 위해 영상 팀에 보내는 일련의 과정에 드는 시간과 노력은 매주 저를 거의 탈진하게 만듭니다. 때문에 이렇게 탄생한 설교는 제게 있어 옥동자와도 같습니다.

그 동안 저의 책을 내 보자는 제의가 몇 번 있었지만 과연 이 설교들을 누가 읽어 줄 것인가 하는 두려움 때문에 계속 거절해 왔습니다. 그러다가 금번에 교회 창립 7주년을 기념하면서 "7년을 수일같이"(창 29:20) 보낼 수 있도록 사랑을 베풀어 주신 하나님의 은혜를 함께 나누고자 하는 의미에서 책을 내기로 했습니다.

부족한 종의 관심사는 '한국교회의 개혁'입니다. 한국교회가 새롭게 변화되어 초대교회와 같은 능력을 발휘하는 것입니다. 그러나 이를 위해 남을 향해 이래라저래라 할 수 있는 입장도 아닙니다. 다만 제가 있는 이 자리를 개혁하는 일에 최선을 다하면 한국교회 전체가 개혁되는 데 조금이나마 보탬이 될 것이라는 소망을 가지고 노력할 뿐입니다. 그런 뜻으로 '날마다 개혁하는 교회'라는 제목을 생각하게 되었습니다.

장로회신학대학교 신대원을 졸업할 때 졸업 논문으로 「강해 설교 방법 연구론」에 대해 썼는데, 논문 지도 교수로 정장복 교수님을 만날 수 있었던 것이 제가 설교를 해 오는 데 큰 밑거름이 되고 행운이 되었습니다. 정장복 교수님께 진심으로 감사드립니다.

이 책의 출판을 위해 수고하신 예영커뮤니케이션에 감사를 드립니다. 또한 나의 설교에 대해 항상 건강한 비판자인 아내 송점옥의 헌신적 내조에도 감사를 드립니다. 한국교회를 개혁하려는 비전을 한마음으로 품고 합력하여 주신 일산광성교회(현 거룩한빛광성교회)의 성도들이 없었다면 이 책은 있을 수 없었음에 감사드립니다. 마지막으로 부족한 종에게 설교의 본을 보여 주신 스승 김창인 목사님의 은퇴를 기념하며 이 책을 헌정합니다.

2004년 1월 5일
7년을 수일같이 인도하신 하나님의 은총을 감사하며
정성진

개정판 머리말

사도 바울은 "나는 날마다 죽노라"라고 했습니다. 자기 자신의 육신의 정욕과 안목의 정욕과 이생의 자랑을 십자가에 못 박았다는 뜻일 것입니다.

작금 한국교회의 위기를 말하지 않는 이들이 없으나 위기 탈출을 위하여 본을 보이는 교회가 보이지 않습니다. 과거에 찬란했던 교회가 곳곳에서 무너지는 소리가 들려옵니다. 교회세습과 공금횡령과 목사와 장로의 대립으로 인한 분열의 소식이 끊이지 않고 들려옵니다. 유명한 목사님들이 각종 비리에 연루되어 물러나는 일이 종종 일어납니다. 성령으로 시작하여 육체로 마치는 가슴 아픈 일들이 우리를 슬프게 합니다.

개혁교회는 개혁이 끝난 교회를 의미하지 않습니다. '날마다 개혁하는 교회'를 의미합니다.

거룩한빛광성교회가 '한국교회 개혁모델이 되자'는 기치를 내걸고 개척한지 15년이 지났습니다. 목사 6년 임기제, 신임투표, 65세 정년, 원로목사제도 폐지, 목회자 보너스 폐지, 장로 6년 단임임기제, 65세 정년, 자치기관대표 당회원 임명, 지휘자, 반주자 사례금 없이 봉사하는 제도, 명예장로, 권사, 집사, 원로장로제도 폐지 등 수많은 교회의 제도를 고치면서 과감하게 교회 운영을 해 왔습니다. 담임목사가 재정 사용에 관여하지 않는 원칙도 고수해 왔습니다.

이런 개혁적 운영 속에서 교회는 나날이 부흥하여 출석교인이 일만 명에 이르게 되었습니다. 거룩한 교회를 기뻐하시는 하나님의 기름 부으심이었다고 고백합니다. 교인들도 거룩한 교회에 대한 갈망이 있음을 알게 되었습니다. 이런 부흥이 거룩한빛광성교회 하나로 끝나서는 안 됩니다.

곳곳에서 개혁적인 교회들의 부흥이 일어나야 합니다. 그런 일에 조금이나마 도구로 쓰임 받기를 소원하며 『날마다 개혁하는 교회』 개정판을 내놓습니다. 이 책의 초판은 거룩한빛광성교회의 창립 7주년을 기념하여 2004년 1월에 출판되었었습니다. 창립 15주년을 맞아 다시 개정하였기 때문에 교회 개척 초기의 단면을 읽을 수 있고, 또한 당시의 교회통계와 지금의 통계를 비교하여 오늘의 거룩한빛광성교회가 있기까지 하나님의 인도하심과 축복, 그리고 성도들의 헌신의 모습을 읽을 수 있을 것입니다.

부록에는 거룩한빛광성교회의 특징을 소개한 "두 날개로 비상하는 교회", 상식이 통하는 교회를 만들어 나가기 위한 민주적 회의법 "모범적인 회의", 여러 차례에 걸쳐 개정하며 교회운영 전반의 지침으로 삼고 있는 "거룩한빛광성교회 규약"을 소개하고 있습니다. 이러한 자료들이 다른 교회에 도움이 되기를 기원합니다.

'교회를 교회되게!'

모든 영광을 하나님께 돌립니다.

2012년 5월 7일

大痴 丁聖鎭 牧師

♡ 차례 ♡

제1장 은사를 따라 섬기는 교회

1. 지상 최대의 명령

디모데후서 4장 1-8절

제2차 세계 대전 말, 영·미 연합군은 미 사령관 아이젠하워의 지휘 아래 독일과의 전쟁을 종결시킬 작전을 구상했습니다. 바로 유럽의 중심지이자 프랑스의 해안 지방인 노르망디에 극비의 상륙 작전을 개시하여 독일의 본토로 진격하는 발판을 마련하려는 것이었습니다. 그러나 독일군은 이러한 연합군의 계획을 미리 알게 되었고, 따라서 노르망디 해안을 사수하고자 경계를 더욱 강화하였습니다.

1944년 6월 6일 새벽, 드디어 노르망디 상륙 작전이 시작되었습니다. 9천 척의 선박에 백만 명이 넘는 병력과 17만 대의 차량들이 702척의 전함과 소해정 200여 척의 지원을 받으면서 노르망디 해안으로 상륙했습니다. 그야말로 '사상 최대의 작전'이었던 것입니다. 이 작전의 성공으로 연합군은 제2차 세계 대전의 승기를 잡았고 독일군은 밀리기 시작하여 긴 전쟁을 끝내는 데 결정적 요인이 되었습니다.

그리스도인들이 이 세상을 살아가는 것도 전쟁과 같습니다. 이 전쟁은 마귀라는 엄청난 적에 대항하여 복음을 전하고 마침내 많은 사람들이 구원을 얻게 하는 사명을 띤 전쟁입니다. 그리고 지상의 모든 그리스도인들에게 우리의 대장되시는 예수 그리스도께서 명령하신 말씀이 있습니다. 바로 이 말씀을 우리는 '지상 최대의 명령'이라고 부릅니다.

> "그러므로 너희는 가서 모든 민족을 제자로 삼아 아버지와 아들과 성령의 이름으로 세례를 베풀고 내가 너희에게 분부한 모든 것을 가르쳐 지키게 하라. 볼지어다, 내가 세상 끝날까지 너희와 항상 함께 있으리라 하시니라."(마 28:19-20)

이 지상 최대의 명령을 받은 후 제자들은 모든 민족을 향하여 전진했습니다. 마귀의 견고한 진을 파하고 복음을 전파했습니다. 특히 해외 원정군 사령관으로 임명받은 바울 장군은 소아시아와 그리스와 로마를 공격하여 복음을 전했습니다. 힘을 다해 복음을 전하던 바울이 적들에게 사로잡혀 사형을 당하기 얼마 전에 그가 아들처럼 아끼는 부하 장수 디모데에게 자기가 받아 수행하던 명령을 넘겨주는 유언의 내용이 본문 말씀입니다.

> "하나님 앞과 살아 있는 자와 죽은 자를 심판하실 그리스도 예수 앞에서 그가 나타나실 것과 그의 나라를 두고 엄히 명하노니 너는 말씀을 전파하라. 때를 얻든지 못 얻든지 항상 힘쓰라. 범사에 오래 참음과 가르침으로 경책하며 경계하며 권하라."(딤후 4:1-2)

바울은 디모데에게 '엄히 명령하고' 있습니다. 예수 그리스도께서 내리신 지상 최대의 명령을 목숨을 다해 수행하라는 것입니다.

이 명령을 수행하기 위한 신앙의 용장들의 희생적 투쟁으로 말미암아 2,000년간 세계를 돌아 우리에게 복음이 전해진 것입니다. 그리고 세계 곳곳에 교회가 설립되었습니다.

한국에도 5만 개의 크고 작은 병영이 세워졌습니다. 세상 사람들은 교회가 너무 많다고 말들 합니다. 그러나 그 말에 속지 마십시오. 아직도 마귀에게 포로 되어 있는 우리의 형제들이 3천 5백만 명이나 남아 있습니다. 이들을 구원하기 위해서는 지금보다 몇 배나 교회가 늘어나야만 합니다. 교회는 우리의 대장 되신 예수께서 내리신 지상 최대의 명령을 수행하기 위해 세워진 십자가 군병들의 병영입니다.

그러므로 교회를 개척하는 것은 지상 최대의 명령에 가장 효과적으로 순종하는 것입니다. 따라서 교회 개척에 동참하는 성도는 그리스도의 좋은 군사가 되는 것입니다. 그러면 예수 그리스도의 지상 최대의 명령을 수행하는 그리스도인의 모습은 어떤 모습인지 상고해 봅시다.

복음을 전파하는 그리스도인

마귀와 대적하기 위한 교회의 전투 방법은 무력을 가지고 싸우는 것이 아닙니다. 이는 혈과 육에 대한 것이 아니기 때문입니다. 그러면 무엇을 가지고 싸우겠습니까? 하나님의 말씀, 예수님의 말씀, 진리의 말씀, 복음을 가지고 싸우는 것입니다.

농부는 씨를 뿌릴 때 옥토에만 씨를 뿌리지 않습니다. 자갈밭에도, 가시밭에도 씨를 뿌립니다. 복음을 전파하는 사람도 마찬가지입니다. 밭이 좋든 안 좋든 때와 환경을 탓하지 않고 항상 복음을 전파하는 데 힘써야 합니다. 전하는 것은 교회의 책임이요, 성도들의 책임입니다. 복음이 결실하는 것은 전적으로 하나님의 뜻입니다.

> "심는 이나 물 주는 이는 아무것도 아니로되 오직 자라게 하시는
> 이는 하나님뿐이니라."(고전 3:7)

그러므로 때를 얻든지 못 얻든지, 결실이 될 것인지 안 될 것인지 염려하지 말고 항상 복음을 전파해야 합니다.

또 "항상 힘쓰라"(딤후 4:2)는 말씀은 헬라어로는 '에피스테미'라는 말인데 '가까이에 있다'라는 뜻입니다. 그리스도인들은 항상 사람들 가까이에서 말씀을 전하라는 뜻입니다.

고난을 자취하는 그리스도인

그리스도인에게는 예수님의 명령에 따라 복음을 전하고 가르치는 두 가지 직무가 있습니다. 그런데 이것은 결코 쉬운 일이 아닙니다. 세상 사람들은 돈 되는 이야기, 재미있는 이야기는 돈을 내고라도 가서 들으려고 하지만 영생을 얻는 복음을 듣는 데는 귀를 막습니다. 그들이 영의 세계를 모르기 때문에 그렇습니다.

> "때가 이르리니 사람이 바른 교훈을 받지 아니하며 귀가 가려워서
> 자기의 사욕을 따를 스승을 많이 두고 또 그 귀를 진리에서 돌이켜
> 허탄한 이야기를 따르리라 그러나 너는 모든 일에 신중하여 고난
> 을 받으며 전도자의 일을 하며 네 직무를 다하라"(딤후 4:3-5)

이처럼 세상 사람들은 귀가 가려워서 교훈을 받지 않고 허탄한 이야기만 들으려고 합니다. 그러므로 전도인이 된다는 것은 고난을 당하는 직무인 것입니다. 이렇게 고난을 당하면서도 복음을 전할 수 있는 것은 현재 당하는 고난이 장차 나타날 영광과 비교할 수 없을 만큼 크고 놀라운 것을 영적인 눈으로 바라볼 수 있기 때문입니다. 이쯤 되면 고난은 즐기는 것입니다. 이것이 바로 십자가의 길입니다.

제가 존경하는 한 전도사님은 시골 교회를 담임하시다 70세에 은퇴하시고 공주원로원에서 편히 사실 수 있게 되셨는데도 지금까지 20년을 고난을 자취하며 교회 없는 마을에 들어가 여러 개의 교회를 개척하셨습니다. 고난을 자취하신 것입니다.

모세는 80세에 민족의 십자가를 졌습니다. 갈렙은 85세에 "이 산지를 지금 내게 주소서"(수 14:12)라고 외치며 나아가 헤브론을 점령했습니다. 우리는 고난의 십자가를 기꺼이 지고 끝날까지 복음을 전하는 십자가 용사가 되어야 합니다.

최후 승리를 얻기까지 싸우는 그리스도인

사도 바울은 마라톤과 같은 선교 사역을 마치고 이제 골인 지점에 이르러 우승 테이프를 끊는 심정으로 자신의 복음 열정을 술회하였습니다.

"전제와 같이 내가 벌써 부어지고 나의 떠날 시각이 가까웠도다
나는 선한 싸움을 싸우고 나의 달려갈 길을 마치고 믿음을 지켰으
니 이제 후로는 나를 위하여 의의 면류관이 예비되었으므로 주 곧
의로우신 재판장이 그 날에 내게 주실 것이며 내게만 아니라 주의

나타나심을 사모하는 모든 자에게도니라"(딤후 4:6-8)

'전제'라는 말은 '관제'라고도 하는데, 제물 위에 포도주를 부어서 드리는 제사를 의미합니다. 그러니까 술을 다 따라 부어 제사를 드림같이 자기 생명을 주님께 드리게 되었다는 말입니다. 자신이 순교할 최후가 가까웠음을 말하고 있는 것입니다.

그러면서 바울은 위대한 고백을 합니다. "나는 선한 싸움을 싸우고 나의 달려갈 길을 마치고 믿음을 지켰으니"(7절) 이 얼마나 위대한 고백입니까! 낙엽이 아름다운 것은 추운 겨울을 나무가 견딜 수 있도록 자신을 희생하는 붉은 마음 때문인 것입니다. 우리도 주를 위해 죽기까지 충성하는 사도 바울의 삶을 본받아야 합니다.

흔히 장사하는 사람들이 저녁에 떨이를 하는 것을 볼 수 있습니다. "떨이! 떨이! 밑지고 팔아요!"라고 외칩니다. 장사꾼들이 밑지면서 장사한다는 말, 노인이 죽고 싶다고 하는 말, 노처녀가 시집 안 간다고 하는 말이 3대 거짓말이라는 우스갯소리도 있습니다. 왜 떨이로 팝니까? 본전을 이미 챙겼기 때문입니다. 이제부터 파는 것은 몽땅 이윤이 됩니다. 그러기 때문에 떨이를 하는 것입니다.

사도 바울에게는 은퇴가 없었습니다. 자신을 몽땅 제물로 드렸던 것입니다. 이제 남은 것은 사도 바울이 "나를 위하여 의의 면류관이 예비되었다"(8절)라고 고백한 것같이 의의 면류관을 쓰는 일만 남았습니다. 이 의의 면류관은 사도 바울만의 것이 아니라 주의 나타나심을 사모하는 모든 자, 곧 주의 재림을 사모하고 선한 싸움을 끝까지 싸워 최후 승리한 모든 성도들에게 예비된 것임을 믿으시기 바랍니다.

우리는 그리스도께서 주신 지상 최대의 명령을 따라 복음을 전파하기 위해 항상 힘써야 합니다. 지상 최대의 명령을 수행하기 위해 고난

을 자취하며 불타는 심정으로 전도인의 직무를 감당합시다. 그리하여
마침내는 선한 싸움을 모두 싸우고 최후 승리를 얻어 의의 면류관을 받
아 쓰는 교회와 성도가 됩시다.

2. 이런 교회가 되게 하소서

사도행전 4장 32-35절

흔히 어떤 교회가 참된 교회인지 이야기할 때, 참된 교회의 원형을 사도행전에 나타난 초대교회에서 찾습니다. 초대교회는 다음과 같은 다섯 가지 모습으로 참된 교회의 원형이 되었습니다.

첫째로, 초대교회는 성령의 역사가 나타나는 교회였습니다.
둘째로, 초대교회는 기적이 일어나는 교회였습니다.
셋째로, 초대교회는 사람들에게 칭찬받는 교회였습니다.
넷째로, 초대교회는 사랑이 넘치는 교회였습니다.
다섯째로, 초대교회는 시대의 요구에 부응하는 교회였습니다.

이런 초대교회의 모습이 한국 기독교 초기에도 동일하게 나타났던 것을 역사는 증언하고 있습니다. 3·1 운동을 예로 들어 보겠습니다.

3·1 운동 당시 한국의 기독교인은 20만 명 정도였고, 국민은 2천만 명이었으니까 1% 정도가 기독교인이었던 셈입니다. 그러나 이 1%의 기독교인과 각 지방의 교회가 3·1 운동의 주도 세력이었습니다. 3·1 운동 당시 불에 탄 학교는 3곳이었던 반면, 교회는 59곳이 불탔습니다. 체포된 장로교 목회자만 해도 336명이었으며, 3·1 운동으로 재판을 받았던 사람들의 종교 현황을 보면 유교 11명, 천주교 18명, 불교 72명, 천도교 1,156명, 기독교 1,543명이었습니다. 이런 통계를 볼 때 교회가 얼마나 적극적으로 시대의 요구에 부응했고 민족적 아픔에 동참했는가를 알 수 있습니다.

그러나 그 후 한국의 교회는 안타깝게도 일본 제국주의의 탄압과 회유에 의해 크게 두 가지 측면에서 변질되었습니다.

첫 번째로, 세상을 악하게만 보고 저 하늘만 강조하는 이원론적 신앙이 자리잡게 되었습니다. 따라서 악한 정권, 불의한 세력과 싸워 예언자의 소리를 발하는 것을 정치적이라고 몰아붙이며 종교는 정치와 무관해야 된다는 초월적 자세를 강조하여 세월이 지나면서 세상의 불의에 대해 부르짖지 못하는 벙어리 개같이 되고 말았습니다. 그 결과 자유당 독재 시절, 교회는 예언자의 소리는 한 마디도 내지 못한 채 자유당 정권과 밀월을 즐기다가 자유당 정권의 몰락과 함께 빛을 잃고 말았던 쓰라린 과거가 있습니다.

두 번째로, 어떤 문제에 당면했을 때 성경 말씀에 의거하여 접근하거나 해석하지 않고 교리적으로 접근하고 해석하는 경향이 싹트게 되어 이것이 결국 교단 분열의 원인이 되었습니다.

이제 모든 교회는 초대교회와 3·1 운동 당시 한국교회의 모습을 본받아 시대의 요구에 부응하는 살아 있는 교회, 세상에 영향력을 미치는 교회가 되어야 합니다.

마음과 뜻이 하나 되는 교회

세상에는 수많은 단체가 있지만, 교회같이 신비한 단체는 어디에도 존재하지 않습니다. 무엇이 그렇게 신비합니까? 교회에는 전국 여러 지방 출신의 사람이 다 모여 있습니다. 그것도 부족해서 조선족 동포도 있고, 러시아 동포도 있습니다. 백인이 나오는 경우도 있고, 흑인이 나오는 경우도 있습니다. 학교 문턱도 못 가 본 할아버지, 할머니도 있고, 세계적인 대학에서 박사 학위를 받은 교수들도 있습니다. 사회적으로 상당한 지위를 가진 사람이 있는가 하면, 그렇지 못한 사람도 있습니다. 갓난아이가 있는가 하면, 90세가 넘은 노인도 있습니다. 부자도 있고, 가난한 사람도 있습니다. 이렇게 다양한 사람들이 어울려 마음과 뜻이 하나 되어 하나님을 경배하는 한 공동체를 이룬다는 사실은 기적에 가까운 일입니다.

많은 다양한 사람들이 함께 하나님을 경배할 수 있는 이유가 도대체 무엇일까요? 그것은 주도 하나요, 믿음도 하나요, 세례도 하나요, 하나님도 한 분이시기 때문입니다. 다시 말해 우리 모두 성령으로 거듭나 하나님의 자녀 된 형제자매이기 때문입니다. 그러니까 교회에서 교인들이 하나 되지 못하는 것이 이상한 것입니다. 싸우고 분열하고 다투는 것은 거듭나지 않았기 때문입니다. 구원받은 백성들이 모인 교회 공동체는 영적으로 형제요 자매이기 때문에 마음과 뜻이 하나가 되어야 정상입니다. 초대교회가 바로 그러했습니다.

"믿는 무리가 한마음과 한뜻이 되어 모든 물건을 서로 통용하고 제 재물을 조금이라도 자기 것이라 하는 이가 하나도 없더라."(행 4:32)

그 당시 초대교회의 성도는 적게 잡아도 오천 명이 넘었습니다. 이는 말씀을 듣는 사람 중에 남자의 수가 약 오천이나 되었다는 말씀을 보아 알 수 있습니다(행 4:4). 그러나 다양한 사람들이 갑자기 모여들었기 때문에 아직 조직과 체계가 없었습니다. 그들을 강력히 규제하고 이끄는 지도자도 절대적으로 부족했습니다. 그런 속에서도 한마음 한뜻이 되어 내 것 네 것 없이 서로 물건을 나누어 썼다고 하는 이 사실은 성령의 역사가 아니고는 도저히 불가능한 일입니다.

사도행전 2장과 4장을 근거로 해서 교회가 탄생했고, 공산주의도 탄생했습니다. 그런데 왜 공산주의는 한 세기를 넘기지 못하고 몰락하고 말았을까요? 공산주의는 강제적으로 유무상통을 시도했지만 교회는 자발적으로 유무상통했기 때문입니다. 공산주의는 인간의 힘과 노력으로 유토피아를 이룰 수 있다고 믿고 시도했기에 실패한 것이고, 교회는 성령의 인도하심을 따랐기에 오늘도 흥왕하고 있는 것입니다.

교회가 부흥하는 비결은 마음과 뜻이 하나 되는 것입니다. 침체되고 몰락하는 교회를 살펴보면 반드시 분열과 다툼이 있습니다.

고린도교회는 파당이 많았습니다. 교인들은 서로 바울파, 게바파, 아볼로파, 그리스도파로 나뉘어 서로 헐뜯기에 여념이 없었습니다.

> "너희는 아직도 육신에 속한 자로다 너희 가운데 시기와 분쟁이 있으니 어찌 육신에 속하여 사람을 따라 행함이 아니리요."(고전 3:3)

사도 바울은 이렇게 그들을 책망했습니다. 반면에 안디옥교회는 참으로 다양한 사람들이 모인 교회였습니다. 흑인도, 백인도, 황색인도 있었습니다. 왕족도 있고, 평민도 있었습니다. 그러나 다양한 사람들이 한마음 한뜻이 되어 교회 역사상 처음으로 선교사를 파송하는 아름다운 역사를 이룬 교회가 되었습니다. 온전히 성령의 인도하심을 받았기 때문입니다.

> "평안의 매는 줄로 성령이 하나 되게 하신 것을 힘써 지키라."(엡 4:3)

성령이 충만해서 한마음 한뜻이 되는 교회는 육신의 형제보다 더 친밀하게 결속할 수 있습니다.

"형제가 연합하여 동거함이 어찌 그리 선하고 아름다운고"(시 133:1) 하는 시인의 고백은 육신의 형제를 말하는 것이 아니라 영적인 형제, 신앙의 형제, 교회 공동체 속의 형제를 말하는 것입니다. 신앙으로 한 형제 되어 서로 돕고, 서로 위로하고, 서로 사랑하며 사는 모습은 사람들이 볼 때도 아름답지만 하나님께서도 선하고 아름답게 보십니다. 그런 공동체가 큰 복을 받습니다. 큰 일을 할 수 있습니다.

복음을 증거하는 교회

부흥하는 교회와 부흥하지 않는 교회의 차이는 성도들의 모습 속에서도 찾아볼 수 있습니다. 부흥하지 않는 교회의 교인들은 억지로 교회에 갑니다. 억지로 교회에 가서도 가자마자 잠자는 자세를 취합니다. 입에는 원망과 불평이 가득합니다. "하나님께서는 주무시는가? 왜 우리 교회는 재미가 없는가? 교인들끼리 다툼과 갈등은 왜 이렇게 많은가?" 회의합니다. 그래서 다른 교회를 기웃거리게 되고 담임 목사를 비방합니다.

부흥하는 교회의 성도들은 교회 갈 때 벌써 발걸음이 가볍습니다. 신이 납니다. 찬송이 저절로 나옵니다. 감사와 기쁨이 가득합니다. 입을 열면 하나님 자랑, 교회 자랑, 목사 자랑이 가득합니다.

지금도 마찬가지겠지만 1970, 80년대 여의도순복음교회가 한참 부흥할 때 그 교회 교인들을 만나면 얼마나 교회 자랑을 하고 목사님 자랑을 하는지 듣는 사람이 민망할 정도였습니다. 혹 상대방이 비난이라도 했다가는 거품을 물고 항변하고 방어했습니다. 그런 순복음교회가 어떻게 되었습니까? 엄청나게 부흥했습니다. 세계에서 가장 큰 교회가 되지 않았습니까?

명성교회는 매일 새벽기도회를 새벽 4시 30분부터 오전 7시 30분까지 4부로 드리는데 약 5천여 명이 참석하여 기도를 드린다고 합니다. 또한 특별 새벽집회 기간에는 새벽 4시 20분부터 오전 10시까지 5부로 드리는데 평균 2만 5천 명이 출석한다고 합니다. 더욱 놀라운 것은 그 중 1만 명은 어린이들과 학생들이라는 사실입니다.

명성교회에는 저와 학창시절 함께 신앙생활을 한 친구들이 세 명 있습니다. 언젠가 함께 만나서 이야기를 하는데 자기 교회 김삼환 목사님 자랑이 끝도 없었습니다. 친구인 나도 목사인데 저는 안중에도 없을 정도였습니다. 친구들의 목사님 자랑을 들으면서 교인들이 교회를 자랑하고 목사를 자랑할 때 교회가 부흥한다는 사실을 다시 한 번 깨닫게 되었습니다.

또 부흥하는 교회는 증거하는 교회가 되어야 합니다. 무엇을 증거해야 하겠습니까? 바로 주 예수의 부활을 증거해야 합니다. 초대교회는 언제나 예수 그리스도의 부활을 증거했습니다.

"사도들이 큰 권능으로 주 예수의 부활을 증거하니 무리가 큰 은혜를 얻어"(행 4:33)

지금도 이 증거가 변해서는 안 됩니다. 우리는 죽은 신을 믿는 종교가 아닙니다. 살아 계신 하나님, 살아 계신 예수 그리스도를 믿는 종교입니다. 예수 그리스도는 우리 인간의 죄를 해결하기 위해 하늘에서 오신 하나님의 아들로서 십자가를 지고 우리의 죄를 대신해 죽으셨다가 하나님의 권능으로 죽음의 권세, 곧 사탄의 결박을 끊고 부활하셨습니다. 그러므로 누구든지 예수를 믿으면 죄에 대하여 죽고 의에 대하여 다시 살아납니다. 이것이 거듭남입니다. 거듭난 성도는 마땅히 구원의 비밀을 전해야 합니다. 이것이 구원받은 성도들이 해야 할 은혜에 대한 보답인 것입니다.

그러므로 증거하지 않는 것은 구원의 확신이 없음이요, 교회를 자랑하지 않고 목사를 자랑하지 않는 것도 그리스도의 몸 된 교회의 부흥에 관심이 없고 하나님의 나라가 이 땅에 확장되는 것에 관심이 없다는 증거입니다.

모든 그리스도인들이 어제나 오늘이나 미래에도 반드시 증거해야 할 복음은 예수 그리스도의 십자가와 부활입니다. 십자가에 하나님의 사랑과 예수님의 순종이 담겨 있고 부활에 하나님의 권능과 예수님의 승리가 담겨 있기 때문입니다.

증거하는 사람에게 가장 중요한 것은 진짜같이 증거하는 것입니다. 평소에는 교회 흉보고 목사 욕하다가 총동원 전도 주일이라고 남편과 시누이한테 교회 가자고 해 보십시오. 누가 교회 가겠습니까? "그런 교회 당신이나 가지 왜 나까지 가서 기분 잡치라는 소리냐?" 하며 절대 가지 않을 것입니다. 하지만 평소에도 교회 자랑, 목사 자랑하다가 부활절이 되어 "여보, 오늘이 예수님께서 부활하신 날인데 우리 교회 한 번 갑시다." 하고 권한다면 "그래? 얼마나 좋기에 맨날 교회 자랑, 목사 자랑했는지 한번 가 볼까?" 하고 마음이 동하지 않겠습니까?

"너희는 그 은혜에 의하여 믿음으로 말미암아 구원을 받았으니 이것은 너희에게서 난 것이 아니요 하나님의 선물이라"(엡 2:8)

증거하기 위해서는 먼저 은혜가 풍성해야 합니다. 은혜가 풍성하지 않은데 교회 자랑, 목사 자랑이 나올 수 있겠습니까? 은혜가 풍성하면 믿음을 낳습니다. 믿음으로 구원을 얻습니다. 구원을 얻는 자만이 감사, 감격하여 하나님의 선물로 받은 구원을 자랑하고 증거하게 됩니다.

초대교회가 주 예수의 부활을 열심히 증거한 것같이 한국교회도 주 예수의 십자가와 부활을 열심히 증거해야 합니다. 그리고 그 증거의 방편으로 교회를 자랑하고, 목사를 자랑하는 성도들 되시기를 바랍니다.

필요를 충족시키는 교회

사람이 어릴 때는 강제로 따르게 하면 말을 잘 듣습니다. 그러나 나이가 들었는데도 강제로 따르게 하면 반발합니다. 마찬가지로 신앙이 성숙해질수록 헌금을 강조한다고 많이 하는 것이 아닙니다. 자발적으로 헌금할 수 있는 분위기를 만들 때 헌금을 많이 하게 됩니다. 초대교회에서도 이런 모습을 볼 수가 있습니다.

"그 중에 가난한 사람이 없으니 이는 밭과 집 있는 자는 팔아 그

판 것의 값을 가져다가 사도들의 발 앞에 두매 그들이 각 사람의
필요를 따라 나누어 줌이라"(행 4:34-35)

초대교회는 성령이 충만했습니다. 은혜가 풍성했습니다. 복음을 널
리 증거할 뿐만 아니라 기쁨으로 헌금을 드렸습니다. 양식이 필요한 이
들에게 먹을 것을 나누어 주었습니다. 각 사람의 필요를 따라 나눠 주
고도 부족함이 없었습니다. 이를 두고 성도들 중에 가난한 사람이 없었
다고 본문은 증거하고 있습니다. 이 얼마나 놀라운 일입니까?

2,000년 전, 고난의 땅 이스라엘에 처음 세워진 교회에는 날마다
수많은 사람들이 모여들었지만 그들 모두를 먹이고도 남았습니다. 벳새
다 들녘에서 일어났던 오병이어의 기적이 날마다 재현되었던 것입니다.

우리들이 꿈꾸는 교회가 바로 이런 교회입니다. 가난은 나라도 구하
지 못한다는 말이 있지만 형제의 가난을 복음과 사랑과 물질로 채워 주
는 공동체가 되어야 합니다. 지금도 청량리 쌍굴다리에서는 날마다 배
고픈 형제들의 필요를 충족시키는 사랑의 역사가 일어나고 있습니다.
원주 밥상공동체에서도 계속되고 있습니다. 곳곳에서 이런 아름다운
역사가 이어지고 있습니다. 이처럼 교회는 모든 성도들의 사랑의 결
핍, 영적인 필요가 충족되는 공동체가 되어야 합니다.

"양식이 없어 주림이 아니며 물이 없어 갈함이 아니요 여호와의
말씀을 듣지 못한 기갈이라"(암 8:11)

교회는 영혼의 갈증을 생수와 같은 말씀으로 늘 충족시키는 생명수
가 흘러야 합니다. 광야와 같은 메마른 심령에 시내가 흐르고 꽃이 피
고 열매를 맺고 노루와 사슴이 뛰놀게 해 주어야 합니다. 이것이 필요

를 충족시키는 교회의 진정한 모습입니다.

세상의 많은 사람들이 사랑의 궁핍을 겪고 있습니다. 사랑이 메말라가고 있습니다. 부모들은 각기 직장 생활에 바쁘고 아이들은 각기 공부하기에 바쁩니다. 대화가 단절되어 있습니다. 한 지붕 세 가족으로 사는 사람들이 허다합니다.

현재 한국인의 이혼율은 30% 안팎이라고 합니다. 하지만 법적 이혼을 하지 않고도 자식이나 사회적 체면 때문에 마지못해 살고 있는 사람들까지 포함하면 절반도 넘는 가정들이 사랑의 곤핍 속에 살고 있다는 결론에 도달하게 됩니다. 이렇게 사랑의 갈증을 느끼고 사는 사람들이 교회에서 산소 같은 사랑을 공급받고 시들하던 사랑이 다시 회복되어 생동감 넘치는 가정으로 회복되는 역사가 일어나야 합니다. 가정이 살아야 교회가 살고, 교회가 살아야 나라가 삽니다. 이런 일이 바로 교회가 감당해야 할 몫입니다.

또한 육신의 질병으로 인해 고통받고 있는 형제들을 위해 온 교회가 중보 기도해서 병에서 놓여 건강을 얻게 해야 하며, 영혼의 질병으로 인해 마귀의 올무에서 헤어 나오지 못하는 심령들이 십자가의 사랑과 부활의 능력을 덧입고 나사렛 예수의 이름으로 마귀의 결박을 끊고 자유함을 얻도록 기도의 권능이 나타나는 교회가 되어야 합니다.

신앙생활이 잘못되면 교회는 속박하는 곳이 되고 맙니다. 먹으면 안 된다, 마시면 안 된다, 가도 안 된다, 만나도 안 된다, 이것도 안 된다, 저것도 안 된다, 안 된다만 가르치는 교회는 율법에 얽매어 복음 안에서 참 자유를 누리지 못합니다. 우리는 율법을 지키면서도 예수 그리스도께서 주신 복음 안에서 자유를 누려야 합니다.

"진리를 알지니 진리가 너희를 자유롭게 하리라"(요 8:32)

교회는 이렇게 물질의 곤핍, 사랑의 곤핍, 영혼의 곤핍을 느끼는 사람들이 주께 나아와 필요에 따라 채움을 받는 곳이 되어야 합니다. 교회에 아프고 시린 마음, 헐벗고 굶주린 영혼을 부여안고 온 사람들을 채워 주지는 못할망정 상처를 덧내고 눈물 흘리고 돌아가게 만드는 것은 죄악입니다. 찾아오는 모든 이들의 필요를 충족시키는 교회가 되어야 합니다.

오천 명의 사람들이 예수께 나아와 말씀을 듣다가 날이 저물게 되었습니다. 이에 예수님께서는 제자들에게 "너희가 군중에게 먹을 것을 주라" 명령하셨습니다. 그러자 제자들은 "우리가 가서 이백 데나리온의 떡을 사다 먹이리이까?"라고 질문하며 할 수 없다고 대답했습니다. 그때 보리떡 다섯 개와 물고기 두 마리를 한 소년이 가지고 나왔습니다. 그리고 벳새다 들녘에서는 천국 잔치가 벌어졌습니다. 할렐루야!

물고기 두 마리와 떡 다섯 개는 나 자신을 위해 먹는다면 한 끼 식사로 끝나는 작은 도시락입니다. 그러나 주님은 그것을 내어 놓으라고 말씀하셨습니다. 누구에게나 오병이어는 있습니다. "못한다, 안 된다, 없다"라고 말하지 말고, "할 수 있다, 하면 된다, 해 보자"라고 말하십시오. 적은 것이지만 적극적으로 하나님께 드릴 때 기적이 일어납니다. 필요를 충족시키는 교회가 되기 위해서는 보리떡 다섯 개와 물고기 두 마리를 드려야 합니다. 초대교회 성도들과 같이 밭과 집을 팔아 드리는 믿음이 필요합니다.

우리의 진정한 헌신이 형제의 필요를 충족시킬 수 있습니다. 헌신을 받으신 하나님께서 기적을 베풀어 주십니다. 물질을 드리고, 사랑을 나누고, 기도를 드리십시오. 형제가 살고, 교회가 사는 기적이 일어나게 될 것입니다.

3. 천국 같은 교회

로마서 14장 13-18절

천국은 교회의 본점입니다. 교회는 천국의 지점입니다. 본점을 가 보지 않아도 지점을 보면 본점의 규모와 능력을 알 수 있습니다. 지점을 열었는데 볼품없이 작은 규모라면 그 본점은 보지 않아도 뻔합니다. 어느 지역에 모 은행이 지점을 연다고 생각해 봅시다. 조립식 패널로 지은 건물에 지점을 엽니까? 지하층에 지점을 엽니까? 건물 옥상에 지점을 엽니까? 그러면 어디에 지점을 엽니까? 대로변 사거리, 사람들 눈에 잘 띄는 곳에 실내 장식도 최고급 재료로만 사용해서 고객이 믿고 돈을 맡길 수 있게끔 할 것입니다.

당신은 천국에 가 보신 적 있으십니까? 저도 못 가 봤습니다. 그러나 자신 있게 말할 수 있습니다. 세계에서 아름답기로 유명한 스위스의 레만(Leman) 호(湖)보다도, 미국의 옐로스톤 국립공원보다도 백 배, 천 배 좋은 곳이 천국입니다.

요한계시록 21장 18절에서 22장 5절까지의 말씀에는 천국의 모습이 생생하게 기록되어 있습니다. 성곽은 온통 여러 보석들로 치장되어 있고, 생명수가 강이 되어 흐르고, 생명나무에서는 열두 가지 실과가 맺히고, 하나님의 빛이 비침으로 햇빛도 쓸데없는 그런 아름다운 곳이라 말씀하고 있습니다.

이는 물질적인 이야기가 아니고 상징적이고, 영적인 이야기입니다. 천국이 본점이요 교회가 지점이라면, 교회도 어두움이 없어야 합니다. 정금같이 존귀한 하나님의 자녀들이 있는 곳이어야 합니다. 보석과 같은 존재들이 있는 곳이어야 합니다. 생명이 넘치는 곳이어야 합니다. 성령의 열매를 맺어 그 열매를 세상에 나누어 주는 곳이어야 합니다.

이해심 넓은 성도가 됩시다

천국 같은 교회가 되려면 우리가 먼저 이해심 넓은 성도가 되어야 합니다. 사도 바울이 로마 교회에 편지를 쓸 당시 로마 교회는 유대인 신자들과 이방인 출신 신자들이 섞여 있었습니다. 그런데 이 두 부류의 사람들이 심각한 갈등을 겪었던 문제가 있었습니다. 그 대표적인 문제가 바로 유대인들이 절기를 지키는 문제와 이방인들이 이방 신전에서 제사에 사용되었던 고기를 먹는 문제였습니다. 이에 대해 사도 바울은 서로 비판하거나 상대를 시험에 빠지게 하지 말고, 서로 용납하고 덕을 세움으로 교회가 천국과 같은 분위기를 유지하는 데 힘쓰라고 권면하고 있습니다.

로마 교회가 겪었던 문제는 신앙의 본질적인 문제는 아니었습니다. 이것은 현대의 교회들도 마찬가지입니다. 대부분 교회 내에서 일어나는 다툼은 본질적인 교리 문제나 신학적 문제가 원인인 경우는 드뭅니다. 오히려 비본질적인 문제로 인한 다툼이 더 많은 것이 사실입니다. 이런 것을 '아디아포라(Adiaphora)'라고 합니다.

아디아포라는 인간사에 있어 특별히 선과 악으로 구분되지 않고, 성경에서도 특별히 하라거나 하지 말라는 언급이 없는 문제들입니다. 풀어 말하면, 구원이나 진리에는 아무런 영향을 미치지 않으나 성도 개개인의 삶 속에서 수시로 제기될 수 있는 문제를 말합니다. 예를 들어 한국교회에서 술이나 담배로 인한 문제, 보신탕을 먹는 문제 등이 이에 해당됩니다. 신앙에 있어서 본질적인 문제는 아니지만 이런 문제들 때문에 천국과 같아야 할 교회가 시장판이 되고 지옥이 되기도 하는 것입니다. 그렇기 때문에 우리는 아디아포라에 대한 바른 인식을 가지고 서로를 용납하고 덕을 세우는 이해심 많은 성도가 되어야 합니다.

우리는 세상의 변화에 대해서도 이해심 많은 성도가 되어야 합니다. 앨빈 토플러는 『제3의 물결』이라는 책에서 세계는 강력한 새 물결 속에 휩싸여 있다고 말했습니다. 제1의 물결은 농경 시대의 물결입니다. 이 물결은 인류 문명이 출현할 때부터 1만 년 정도 흘러왔는데 변화의 정도가 아주 느렸습니다. 제2의 물결은 18세기 후반 영국에서부터 시작된 산업화 시대의 물결입니다. 이 물결은 300년 정도 흘러왔는데 제1의 물결보다 변화의 정도가 대단히 빨랐습니다. 제3의 물결은 20세기 후반에서부터 시작된 정보화 시대의 물결입니다. 이 물결은 너무나 빠르게 흐르고 있어서 20, 30년 정도로 끝날 것 같다고 예측합니다. 이후에는 또 어떤 물결이 일어날는지 모릅니다.

지금 우리는 제3의 물결이 정신없이 빠르게 흐르고 있는 정보화 시대에 살고 있습니다. 정보화 시대의 편리함은 이루 말할 수 없이 많습니다. 미국에 유학 간 자녀들과 전화 통화는 보통이고, 멀리 떨어져 있는 사람들과 컴퓨터 모니터를 통해 화상 회의를 하기도 하고, 앉은 자리에서 자신에게 필요한 세계의 정보를 들으면서 물건도 사고 팔 수 있습니다. 앞으로는 자기 집에서 모니터 화면으로 예배드리고 휴대폰으로 헌금을 결제하게 될지도 모릅니다.

그런데 정보화 시대에 살면서 편리한 일만 있는 것이 아닙니다. 이 급격한 물결이 이상한 상황을 만들어 내고 있습니다. 가치 체계가 분열되고 가정이나 교회, 국가 모두가 흔들리는 혼란이 가중되고 있습니다. 과학의 포로가 되고, 물질의 노예가 되고, 쾌락의 도구가 되는 현상이 곳곳에서 일어나고 있습니다. 이처럼 세상은 변화의 물결을 따라 급격히 변해 가고 있는데, 교회와 성도들이 변하지 않으면 어떻게 되겠습니까? 교회는 지옥이 되고 말 것입니다. 자신의 중심을 온전히 하나님께 두면서도, 세상의 변화를 이해하고 교회의 변화와 발전을 꾀하는 성도들이 되어야 할 것입니다.

약자를 존중하는 성도가 됩시다

국가도, 기업도, 개인도 시대의 흐름에 따라 목표를 잘 수정하지 않으면 소련이 붕괴되고 동구권이 몰락하고 대마불사(大馬不死)를 외치던 대기업들이 하루아침에 무너지는 것 같은 경우를 피할 수 없습니다. 교회도 마찬가지입니다. 서구 교회의 몰락을 거울삼아야 합니다. 미국 장로교회의 교인 수가 35년째 계속 감소하고 있습니다. 2001년에는 31,549명의 교인이 줄어들었는데도, 미국 장로교회는 그래도 아직 250만 명의 교인을 가지고 있는 큰 교단이라고 큰소리를 치고 있습니다. 지속적인 교인 수의 감소라는 흐름을 바꾸어 놓을 근본적인 대책을 마련하지 못한 채 내리막길을 가면서도 아직은 괜찮다, 아직은 괜찮다고 말하고 있으니 더욱 큰일입니다.

로마 교회의 문제는 신앙의 뿌리부터 흔드는 근본적인 문제가 아니었습니다(롬 14:13-18).

> "서로 비판하지 말고 도리어 부딪칠 것이나 거칠 것을 형제 앞에
> 두지 아니하도록 주의하라."(롬 14:13)

믿음이 강한 자들에 의해 믿음이 약한 자들이 시험에 들지 않도록 하라는 것입니다. 교회에 먼저 온 사람들에 의해 나중에 온 사람들이 시험에 들지 않도록 배려하라는 당부입니다. "속되고 속되지 않은 것," (14-15절) 즉 아디아포라의 문제를 가지고 판단할 일이 있으면 언제나 믿음이 연약한 형제가 근심에 빠져 실족하지 않도록 하라고 권면하고 있습니다. 그 형제를 위해 그리스도께서 십자가에서 피 흘려 죽으셨다는 것을 생각한다면 먹는 문제, 마시는 문제, 스포츠나 오락에 관한 문제를 가지고 형제를 망하게 하면 안 된다는 것입니다. 즉, "너희의 선한 것이 비방을 받지 않게 하라"(16절)는 말씀은 이런 이야기입니다.

로마 교회에서는 신전에서 나오는 고기를 먹는 것이 믿음이 강한 형제들에게는 아무런 거리낌도 없는 문제였기 때문에 아무 생각 없이 먹었습니다. 그런데 믿음이 약한 형제들이 귀신에게 제사 드렸던 고기를 먹는 것을 보고 '우리 형제들이 귀신 붙어 있는 고기를 먹는구나.' 하고 시험에 빠지게 되었던 모양입니다. 그래서 바울은 우리의 신앙의 자유를 형제를 위해 유보하라는 말씀한 것입니다.

가령 보신탕의 문제로 말하면 이해가 빠를 것입니다. 김 집사가 보신탕을 맛있게 먹고 음식점에서 나오다 김 집사가 전도한 새 신자와 마

주쳤습니다. 새 신자는 신앙인으로서 보신탕 먹는 일은 도리가 아니라고 생각하고 있었기 때문에 시험에 빠졌습니다. 그렇다면 보신탕은 신앙의 본질과는 하등 상관이 없는 '아디아포라'의 문제이지만 형제를 위해 삼가는 것이 성숙한 신앙의 태도라는 말씀입니다.

"하나님의 나라는 먹는 것과 마시는 것이 아니요 오직 성령 안에 있는 의와…"(17절 상)라는 말씀을 생각해 봅시다. 여기에서는 '하나님의 나라'라는 뜻을 두 가지 의미로 해석할 수 있습니다. 하나는 그리스도의 재림 이후에 완전한 신적 통치로 이루어질 새 하늘과 새 땅을 의미합니다. 또 하나는 하나님께서 통치하시는 주권이 강조된 현세적 하나님 나라, 즉 교회를 가리킵니다. 여기에서 본문이 말씀하고 있는 하나님의 나라는 저 세상의 하나님 나라가 아니라 현세의 교회를 가리키는 것입니다. 그렇다면 하나님의 나라, 즉 교회는 먹는 것과 마시는 문제가 아니라 오직 성령 안에서 정의가 강물처럼 흐를 때 참된 교회라 할 수 있습니다.

정의에 대한 해석도 새로워야 합니다. 본문에서 사용된 의는 '디카이오쉬네'인데 하나님과의 관계에서 죄로부터 구속된 것을 의미합니다(롬 3:22). 이것을 '칭의'라고 합니다. 그런데 본문의 '의'는 하나님과의 관계에서 칭의를 말하는 것이 아니고 윤리적, 사회적으로 보아 신자들 상호간에 정의를 이루어 가는 것을 의미합니다.

"믿음이 강한 우리는 마땅히 믿음이 약한 자의 약점을 담당하고
자기를 기쁘게 하지 아니할 것이라."(롬 15:1)

우리가 추구해야 할 정의는 강한 자가 연약한 자를 도와주고 세워 주는 정의여야 합니다. 세상은 약자를 밟습니다. 이런 세상은 악한 세상

입니다. 교회는 약한 자의 약점을 강한 자가 보완해 주고 이인삼각으로 목표 지점을 향해 함께 가는 곳입니다.

강물은 소리 없이 흐릅니다. 언제나 위에서 아래로 흐릅니다. 교회는 이와 같이 정의가 흘러야 합니다. 소리 소문 없이 정의가 실현되고, 강한 자가 약한 자를 돌아보는 실천이 끊임없이 일어나야 참된 교회입니다. 천국 지점으로 세움 받은 교회가 정의가 강물처럼 유유히 흘러가는 교회다운 교회가 되도록 약한 자를 돌아보고 사랑을 실천하는 성도가 됩시다.

화목한 교회를 만드는 성도가 됩시다

조직 신학에서는 교회를 여러 가지로 분류합니다. 모이는 교회와 흩어지는 교회, 보이는 교회와 보이지 않는 교회, 교훈하는 교회와 교훈받는 교회, 유기체로서의 교회와 조직체로서의 교회, 전투적 교회와 승리적 교회가 바로 그것입니다.

여기서 전투적 교회라는 것은 어둠의 권세와 싸우는 지상 교회를 말하고, 승리적 교회는 마귀와의 싸움에서 승리한 성도만이 모인 천상의 교회를 말합니다. 그러나 '아! 그래서 지상의 교회는 늘 싸우고 갈라지고 다툼이 끊이지 않는구나.'라고 생각하면 오해입니다. 지상의 교회를 전투적 교회라 함은 마귀의 권세와 싸우는 것을 의미하는 것이지 교회 안에서 성도끼리 싸우는 것을 의미하는 것이 아니기 때문입니다.

그런데 한국교회의 현실은 그렇지 않은 것이 사실입니다. 한국교회는 싸워야 할 적군과 마귀를 앞에 놔둔 채 아군끼리 싸우는 경우가 너무나 많이 있습니다. 아군끼리 싸우다 분열하여 200여 개나 되는 수많은 교단이 난립하게 되었습니다.

교회는 천국의 지점입니다. 천국은 어떤 곳입니까? 화평한 곳입니다. 주님의 평안이 있는 곳입니다. 우리의 교회도 그런 천국의 지점이 되어야 합니다.

성경에서 '평강'이라는 말은 '에이레네'인데 하나님과의 관계가 회복되어 누리는 화평을 뜻합니다.

> "하나님의 나라는 먹는 것과 마시는 것이 아니요 오직 성령 안에
> 있는 의와 평강과 희락이니라."(롬 14:17)

이 구절에 나타난 '평강'은 전후 문맥상 하나님과 더불어 누리는 화평을 얻은(롬 5:1 참조) 그리스도인들이 상호 이루는 조화를 의미합니다. 공동체 구성원 간에 조화를 이루기 위해서는 서로 양보해야 합니다. 서로 이해해야 합니다. 서로 인정해야 합니다. 이렇게 양보하고 이해하고 인정할 때 그 공동체는 화목한 공동체가 될 수가 있습니다.

교회에서 형제끼리 싸우면서 할 만큼 중요한 일이란 존재하지 않습니다. 예수님께서도 분명히 가르치셨습니다.

> "그러므로 예물을 제단에 드리려다가 거기서 네 형제에게 원망들을
> 만한 일이 있는 것이 생각나거든 예물을 제단 앞에 두고 먼저 가서
> 형제와 화목하고 그 후에 와서 예물을 드리라"(마 5:23-24)

하나님께서 가장 기뻐하시는 것이 제사, 곧 예배입니다. 그런 예배도 형제와 다투고 싸우고 반목한 상태에서 드리는 것은 받지 않으신다는 말씀입니다. 그러므로 반드시 형제와 화해하고 나서 예배드려야 합

니다. 이런 예배라야 산 제사가 되는 것입니다.

> "모든 것이 하나님께로서 났으며 그가 그리스도로 말미암아 우리
> 를 자기와 화목하게 하시고 또 우리에게 화목하게 하는 직분을 주
> 셨으니"(고후 5:18)

화목의 비결은 간단합니다. 잠언 25장 15절 말씀처럼 부드러운 혀
가 뼈를 꺾습니다. 부드러운 혀가 화목하게 합니다. 서로 간에 화목한
교회가 되는 것, 이것이 하나님께서 우리에게 주신 사명입니다.

기쁨이 넘치는 교회를 만드는 성도가 됩시다

생명이 충만하면 작은 일에도 웃습니다. 그러나 생명이 사그라들고
있으면 어떤 일에도 웃지 않습니다. 의학적으로 15초만 크게 웃으면
수명이 48시간 연장되고, 웃을 때 NK 세포가 40% 증가해서 암세포
를 죽인다는 사실이 밝혀졌습니다. 이러한 사실을 우리 조상들은 이미
알고 있었습니다. 그래서 "한 번 웃으면 한 번 젊어지고, 한 번 화내면
한 번 늙는다(一笑一少 一怒一老)"라고 말했습니다. 사람이 죽어 가고
있는 증거는 웃음이 사라지는 것입니다. 생명이 약동하는 증거는 기쁨
이 표현되는 것입니다. 억지로라도 웃으면 엔돌핀(Endorphin)이 나
오고 건강해집니다.

개인이나 단체나 망하기 전에 공통적인 징조가 있는데 그것은 바로
기쁨이 사라진다는 것입니다. 개인의 얼굴에 웃음이 사라지고 공동체
분위기가 싸늘해지고 웃는 사람은 마치 정신병자 취급을 받게 되는 분

위기, 그런 단체는 얼마 안 가서 반드시 망합니다.

교회도 마찬가지입니다. 부흥하는 교회와 부흥하지 않는 교회의 차이는 성도들의 모습 속에서 찾아볼 수 있습니다. 부흥하지 않는 교회의 교인들은 교회도 억지로 갑니다. 억지로 교회에 가서도 가자마자 잠자는 자세를 취합니다. 입에는 원망과 불평이 가득합니다. 하나님께서는 주무시나, 왜 우리 교회는 재미가 없고 다툼과 갈등이 이렇게 많은가 회의합니다. 그래서 담임 목사를 비방하고 다른 교회를 기웃거리게 됩니다. 그에 비해 부흥하는 교회의 성도들은 교회 갈 때 벌써 발걸음이 가볍습니다. 신이 납니다. 찬송이 저절로 나옵니다. 감사와 기쁨이 가득합니다. 입에서는 하나님 자랑, 교회 자랑, 목사 자랑이 끊이지 않습니다.

우리 그리스도인들에게 구원의 기쁨은 늘 지금, 현재에 재현되어야 할 감격입니다만 과거의 기쁨으로 잊혀지고 있다는 데 문제가 있습니다. 성도 여러분, 우리가 구원받은 것은 과거에 끝난 사건이 아니고 오늘도 계속되는 현재적 사건이요, 미래에 천국에서 완성될 사건임을 기억하시기 바랍니다. 구원의 사건이 과거에 끝나 버린 사건이 되고 말면 기쁨도 끝나 버리고 맙니다. 나에게 기쁨이 있는지, 신앙생활, 교회생활에 신바람이 나는지, 예배 시간이 기다려지는지, 성도들의 모임이 기다려지는지 다시 한 번 자신을 돌이켜 보시기 바랍니다.

모든 나라, 모든 시대의 교회가 초대교회로 돌아가자고 말하며 초대교회를 모델로 삼는 이유는 기쁨이 넘치고 살아 있는 교회였기 때문입니다. 그들은 핍박을 받으면서도 기뻐했습니다.

"사도들은 그 이름을 위하여 능욕 받는 일에 합당한 자로 여기심을 기뻐하면서 공회 앞을 떠나니라."(행 5:41)

자신들이 핍박받는 자의 대열에 서게 된 것을 감사하며 기뻐했다는 말입니다. 이들이 하도 기쁨이 충만하니까 세상 사람들은 이해를 할 수가 없어서 저들이 새 술에 취했나 보다 하고 조롱할 정도였습니다(행 2:13). 스데반은 돌에 맞아 죽으면서도 천사의 얼굴을 하고 잠들었습니다. 그는 예수님께서 하나님 우편에 서신 채로 두 팔 벌려 그를 기다리고 계신 모습을 보았습니다(행 7:55-56).

우리 그리스도인들이 기쁨을 누릴 수 있는 조건은 너무나 많습니다. 예수를 믿으면 죄 사함과 구원을 받아 하나님의 자녀가 되고, 천국 생명책에 이름이 기록되고, 천국 시민이 됩니다. 또 나는 비록 질그릇이지만 보배 예수를 담고 있으니 보배합이 됩니다. 살아서는 성령과 동행하고, 죽어서는 천국에서 영생 복락을 누리게 됩니다.

이런 믿음이 있는데 왜 슬퍼하고 탄식합니까? 기쁨을 잃어버리는 것은 사탄의 충동입니다. 사탄은 사람을 망하게 할 때 먼저 기쁨을 빼앗아 갑니다. 기쁨이 사라지면 그 자리에 근심, 걱정, 염려가 스며들어 옵니다. 그 근심, 걱정, 염려를 내쫓지 않고 자리를 잡도록 내버려두면 그들이 결국 영혼을 파괴합니다. 병들게 합니다. 때문에 비관적인 생각만 하게 되고 소망이 사라집니다. 그래서 단테의 『신곡』에 보면 지옥 현관에 현판이 달려 있는데 "마지막 희망까지 끊어진 사람들이 들어가는 집"이라고 쓰여 있다고 합니다

이스라엘이 망했을 때의 광경을 설명한 선지자의 말을 들어 봅시다.

"우리의 마음에는 기쁨이 그쳤고 우리의 춤은 변하여 슬픔이 되었사오며"(애 5:15)

"포도나무가 시들었고 무화과나무가 말랐으며 석류나무와 대추나

무와 사과나무와 및 밭의 모든 나무가 다 시들었으니 이러므로 사
람의 즐거움이 말랐도다."(욜 1:12)

이것은 무슨 의미입니까? 기쁨이 그치고 즐거움이 말랐으니 이미 망
했다는 것입니다. 그러나 같은 환경 속에서도 기쁨이 끊어지지 않으면
소망이 있습니다. 그리고 반드시 하나님께서 회복시켜 주십니다.

때때로 우리는 교회에서 열심히 봉사하지만 기쁨이 생기지 않고, 봉
사를 하면 할수록 괴롭다는 사람들을 보게 됩니다. 이런 경우, 원인은
둘 중에 하나입니다. 자신이 하고 있는 일이 하나님께서 주신 은사가
아니든지, 아니면 받은 분량보다 큰 일을 맡은 것입니다.

이런 경우도 있습니다. 봉사를 오래 했는데도 여전히 남의 옷 입은
것같이 불편하다면 하나님께서 과연 자신에게 허락하신 은사인지 점검
해 볼 필요가 있습니다. 또 봉사를 쉬고 있는 경우, 몸과 마음이 편하
지 않고 불편하다면 이는 자신이 받은 은사를 묻어 두기 때문에 다시
봉사하라고 성령님께서 충동하는 것임을 알아야 합니다. 그때 즉시 순
종하면 기쁨을 회복할 수 있습니다.

본인은 열심히 일하고 기쁨도 있는데 옆에 있는 사람들이 하나둘 떨
어져 나가 영문을 모르겠다는 사람도 있습니다. 그러나 이것은 은사가
아닙니다. 단순한 열심입니다. 그렇다면 어떻게 은사가 아닌 열심이라
고 알 수 있을까요? 열매가 없기 때문입니다.

하나님께서 주신 은사는 반드시 성령의 열매를 맺게 되어 있습니다.
교회에 유익을 끼치고 주변의 사람들을 세워 나갑니다. 그러므로 하나
님께 받은 은사대로 일할 때 즐거움이 따르게 되어 있습니다. 열심히
봉사함으로 자신에게 기쁨이 있고, 남에게 덕을 끼치며, 교회에 유익
이 되고, 하나님께 영광 돌리는 결과가 있을 때 하나님께서 나에게 주

신 은사를 잘 활용하고 있는 것입니다.

우리가 2002년 한일 월드컵을 치러 내고 얻은 것이 무엇입니까? 돈을 얼마 벌고 못 벌고는 문제가 아닙니다. 온 국민이 월드컵을 통해 얻은 기쁨이야말로 돈으로 환산할 수 없는 큰 자산 아닙니까? 우리도 할수 있다, 하면 된다, 해 보자 하는 긍정적 사고와 국민이 하나 된 통합된 에너지야말로 엄청난 가치를 창출한 것입니다.

상황이 어떠할지라도 기쁨이 있으면 희망이 있습니다. 교회에서 일을 할 때는 즐겁고 기쁘게 일하십시오. 이것이 받은 은사를 가지고 일하는 성도의 모습인 것입니다.

> "비록 무화과나무가 무성하지 못하며 포도나무에 열매가 없으
> 며 감람나무에 소출이 없으며 밭에 먹을 것이 없으며 우리에 양
> 이 없으며 외양간에 소가 없을지라도 나는 여호와로 말미암아 즐
> 거워하며 나의 구원의 하나님으로 말미암아 기뻐하리로다."(합
> 3:17-18)

이 말씀처럼 상황이 어떠할지라도 기쁨과 희망이 넘쳐나는 교회가되어야겠습니다.

> "여호와의 속량함을 받은 자들이 돌아오되 노래하며 시온에 이르
> 러 그들의 머리 위에 영영한 희락을 띠고 기쁨과 즐거움을 얻으리
> 니 슬픔과 탄식이 사라지로다."(사 35:10)

하나님께 사랑받을 일만 하는 성도가 됩시다

"우리 많은 사람이 그리스도 안에서 한 몸이 되어 서로 지체가 되었느니라."(롬 12:5)

사도 바울은 교회를 몸으로 비유했습니다(롬 12:3-5). 몸에 많은 지체가 있는 것처럼 교회에도 많은 성도들이 있습니다. 몸에 있는 지체 중에 머리만 일하고 나머지는 가만히 있으면 몸에 장애가 발생한 것입니다. 마찬가지로 교회에서 성직자만 일하고 성도들은 가만히 있다면 병든 교회인 것입니다. 모든 지체가 활발하게 자기의 기능을 행해야 건강한 사람인 것같이, 모든 성도가 자기의 은사를 따라 열심히 일하는 교회가 건강한 교회인 것입니다.

여기서 한 가지 의문 나는 점이 있습니다. 여러 지체, 곧 많은 성도들이 각자 받은 은사대로 일을 하다 보면 혼란하고 무질서할 수도 있을 텐데 오히려 교회가 평안하여 든든히 서 가게 되는 비결은 무엇일까요? 바로 하나님께서 각 사람에게 나눠 주신 믿음의 분량대로 일하기 때문입니다. 하나님께서는 어느 하나라도 부족하거나 넘치는 것 없이 믿음의 분량에 따라, 교회에 맞게 적절한 은사를 주십니다.

교회 안에 있는 모든 성도들에게는 각자 그 믿음의 분량대로 하나님께서 주신 은사가 있습니다. 모든 성도는 그 믿음의 분량에 따라 하나님께서 각양의 은사를 주신만큼 그 은사들을 최대한 발휘해야 합니다. 자신의 은사를 최대한 발휘하여 주님의 몸 된 교회를 세워 나가는 것, 그것이 바로 하나님께서 우리 각자에게 은사를 주신 목적입니다.

하지만 성도들은 부족함 많은 존재인지라 공동생활에서 서로 다투고, 갈등하고, 분쟁이 일어날 수가 있습니다. 이것을 방지하기 위해 말씀하고 있는 것이 바로 "마땅히 생각할 그 이상의 생각을 품지 말라"(롬 12:3)는 것입니다. 이 말씀의 뜻을 이해하려면 마태복음 25장에서 예수님께서 말씀하신 달란트 비유를 생각해 보면 됩니다. 주인이 종들에게 다섯 달란트, 두 달란트, 한 달란트를 주었듯이 하나님께서도 우리 각자에게 믿음의 분량에 맞도록 은사를 나누어 주셨습니다. 따라서 자신이 받은 능력이 다른 사람의 능력에 미치지 못한다고 남을 질시하거나 부러워할 이유가 없습니다. 오른손잡이인 사람은 오른손이 왼손보다 일을 더 많이 하고 왼손이 오른손에 비해 다소 서툽니다. 그렇다고 해서 왼손이 오른손을 질시한다면 그 사람은 제 기능을 발휘하지 못할 것입니다. 왼손과 오른손이 조화롭게 연합하여 일할 때 비로소 몸 전체가 제대로 기능을 발휘할 수 있는 것입니다.

믿음의 분량대로 일하기 위해서는 이렇게 지혜롭게 생각하는 것이 필요합니다. '믿음의 분량'이라고 할 때 믿음은 구원에 이르는 믿음을 말하는 것이 아니고 변화된 그리스도인들에게 주신 영적인 능력, 은사를 뜻하는 것입니다. 영적인 능력, 곧 은사는 내가 갖고 싶다고 가질 수 있는 것이 아닙니다. 하나님께서 각 사람에게 가장 적절하게 나누어 주신 것이기 때문입니다. 그러므로 분량 이상의 생각을 품는 교만을 경계하고 하나님께서 주신 은사의 분량대로 겸손하게 섬기라는 말씀인 것입니다.

우리 교회는 철저하게 목회자 중심의 교회를 벗어나 성도들이 함께 일하는 평신도 사역을 지향하는 교회입니다. 그래서 믿음의 분량대로 사역자를 세워 나가는 일에 힘쓰고 있습니다. 나는 다섯 달란트를 받았는지, 두 달란트를 받았는지, 한 달란트를 받았는지 자신이 받은 은사와 분량을 헤아려 최선을 다해 봉사하는 성도들 되시기 바랍니다.

"우리 각 사람에게 그리스도의 선물의 분량대로 은혜를 주셨나

니…이는 성도를 온전하게 하여 봉사의 일을 하게 하며 그리스도
의 몸을 세우려 하심이라."(엡 4:7, 12)

군사로 다니는 사람들은 자기 생활에 얽매이는 자가 하나도 없습
니다. 왜냐 하면 군사로 모집한 자를 기쁘게 하기 위함입니다(딤후
2:4). 이처럼 하나님의 군사로 뽑힘 받은 우리도 하나님을 기쁘시게
하는 삶을 살아야 합니다. "이로써 그리스도를 섬기는 자는 하나님을
기쁘시게 하며"(롬 14:18 상) 믿음이 자라 하나님께 받은 은사대로 일
하는 사람은 점점 자신의 기쁨을 구하던 자리에서 하나님을 기쁘시게
하는 자리로 나아가게 됩니다. 이것이 영적 성장이요 성숙한 그리스도
인의 모습입니다. 하나님을 기쁘시게 하는 것이 하나님께 영광 돌리는
것입니다. 하나님께 사랑받을 일만 하여 하나님께 기쁨이 되고, 하나
님께 영광 돌리는 성도가 됩시다.

영적 질서를 세워 세상 사람들에게 칭찬받는 성도가 됩시다

교회가 그리스도를 섬기면 하나님께 기뻐하심을 받으며 사람들에게
도 칭찬을 받습니다(롬 14:18). 교회가 세상의 악한 것을 물리치고 사
람들에게 칭찬받으려면 영적 질서를 세워야 합니다.

"열두 사도가 모든 제자들을 불러 이르되 우리가 하나님의 말씀을
제쳐 놓고 접대를 일삼는 것이 마땅하지 아니하니 형제들아 너희
가운데서 성령과 지혜가 충만하여 칭찬 받는 사람 일곱을 택하라.
우리가 이 일을 그들에게 맡기고 우리는 오로지 기도하는 일과 말

씀사역에 힘쓰리라 하니"(행 6:2-4)

공궤 사역에 치중한 나머지 가장 중요한 기도와 말씀 전파에 소홀해지는 어려움을 겪던 사도들은 그들을 대신할 일곱 집사를 뽑았습니다. 일곱 집사는 처음부터 사도들을 도울 목적으로 선택되었습니다(행 6:1-6). 그리고 일곱 집사가 선택되자 교회는 더욱더 부흥했습니다.

이처럼 교회에 제직을 세우는 이유는 목사를 돕기 위함입니다. 목사님은 모세, 장로님은 아론과 훌입니다. 아론과 훌이 모세의 팔을 붙잡아 세웠을 때 전투에서 승기를 잡았습니다. 그러나 지친 나머지 팔을 내렸을 때 전투에서 밀리게 되었습니다. 이처럼 제직들은 목사의 팔을 붙잡아 세워 세상의 악을 이기고 그리스도를 섬기는 전쟁에서 승리해야지 목사의 팔을 꺾으면 안 됩니다.

목사는 제사장이 아니나 제사장의 그림자가 있고, 선지자가 아니나 선지자권이 있고, 왕이 아니나 교회에서 왕권이 있습니다. 이것이 세워지고 지켜질 때 세상 사람들이 교회의 영적 질서를 보고 경외심을 갖습니다. 또 교회는 세상에 대해 깨끗함으로 사람들에게 존경받아야 합니다. 하나님께서는 직분, 외모, 지위를 떠나 중심이 깨끗한 사람을 찾으십니다. 중심의 성결을 보십니다. 이러한 사람은 세상에서도 칭찬받습니다. 세상과 짝하여 하나님을 떠난 관계를 청산하고 예수님과 하나 되어 영적으로 성결한 삶을 살아갈 때 하나님뿐만 아니라 세상 사람들에게도 칭찬받는 성도가 될 수 있습니다.

우리의 신앙 속에 제거해야 할 찌끼가 무엇인지 생각하고, 영적으로나 육적으로나 하나님보다 더 사랑하는 것을 끊고 스스로 성결하게 함으로 하나님의 기적을 일으키는 일꾼이 되시기를 바랍니다. 그리하여 세상 사람들에게도 칭찬받는 일꾼이 되어야겠습니다.

4. 은사를 따라 섬기는 교회

고린도전서 12장 4-11절

세상을 살다 보면 비슷하면서도 서로 다른 개념 때문에 혼동을 겪는 경우가 가끔 있습니다. 예를 들면, '지혜'와 '지식'이라는 말이 그렇습니다. 지혜와 지식은 비슷하면서도 다른 뜻을 지니고 있습니다. 그런데 막상 어떻게 다른가 설명해 보라고 하면 명확하게 설명하기가 쉽지 않습니다. 사전에 보니 지식은 사물에 대해 아는 것 혹은 사건에 대해 아는 것을 말한다고 되어 있습니다. 지혜는 사물의 도리나 선악 따위를 잘 분별하는 것을 말한다고 합니다. 가령 "그 사람은 만물박사야. 모르는 게 없어."라는 말은 이분이 지식이 많다는 것을 의미합니까, 지혜가 많다는 것을 의미합니까? 아마 지식이 많다는 뜻이 강할 것입니다. 또 "그 목사님한테 가면 헝클어진 실타래를 푸는 것같이 문제가 솔솔 풀린다고 하더라."라고 말할 때는 지식이 많다는 의미입니까, 지혜가 많다는 의미입니까? 아마 지혜가 많다는 뜻이 강할 것입니다. 그렇지만 지식 없이 지혜가 빛날 수 없고, 또 지혜 없이 지식이 빛을 발할 수 없습니다. 지혜와 지식, 이 둘은 칼로 두부를 자르듯이 나눌 수 있는 것은 아닙니다. 지혜가 있을 때 지식을 더 많이 얻을 수 없고, 지식을 많이 쌓으면 지혜가 더 깊어지게 되기 때문입니다.

성경에도 이와 같이 조금은 헷갈리고 혼동하기 쉬운 개념이 여럿 있습니다. 그 중에 대표적인 개념이 '은혜'와 '은사'입니다. 은혜는 헬라어로 '카리스(Charis)'라고 합니다. 종교 개혁자 마르틴 루터는 "은혜란 그리스도로 말미암아 죄와 율법으로부터 구원받음을 의미한다."고 말했습니다. 이런 정의를 염두에 두고 현재 우리가 사용하고 있는 은혜라는 말이 과연 제대로 쓰이고 있는지 생각해 봅시다. "오늘 목사님 설교에 은혜 받았습니다." "오늘 성가대 찬양에 은혜가 넘쳤습니다." 이 말은 틀린 말이라고 할 수는 없지만 꼭 맞는 말도 아닙니다. 왜냐 하면 은혜는 구원과 관계해서 사용하는 말이기 때문입니다.

"우리가 아직 죄인 되었을 때에 그리스도께서 우리를 위하여 죽으심으로 하나님께서 우리에 대한 자기의 사랑을 확증하셨느니라."
(롬 5:8)

이 말씀에 담긴 의미대로 은혜란 그리스도를 통해 나타난 하나님의 사랑입니다. 그 사랑 때문에 우리가 구원을 받은 것입니다. 따라서 은혜란 구원과 관계된 말입니다.

그렇다면 은사란 무엇일까요? 은사는 헬라어로 '카리스마(Charisma)'라고 합니다. 우리말로도 은혜와 은사가 비슷하듯 헬라어로도 은혜와 은사는 카리스와 카리스마로 비슷합니다. 은사는 값없이 주어지는 하나님의 선물을 말하는데, 값없이 주어진다는 측면은 은혜와 같지만 구원에 관계된 것이 아니라는 측면에서 은혜와는 다릅니다. 은사는 "이는 성도를 온전하게 하여 봉사의 일을 하며 그리스도의 몸을 세우려 하심이라"(엡 4:11-12)고 말씀하신 것처럼 일과 관계가 깊습니다. 즉, 은사는 사역을 위해 주신 하나님의 선물입니다. 흔히 사람들이 "그 목사님의 카리스마는 대단해." "그 지도자는 카리스마가 탁월해."라는 말을 합니다. 이럴 때 카리스마는 '사람을 끄는 매력', '사람을 휘어잡는 능력'이라는 뜻입니다. 그러나 카리스마의 본래 의미는 '하나님의 거룩한 선물'입니다.

은혜는 구원에 관계된 것이기 때문에 믿는 자는 누구나 똑같이 다 받는 보편성을 가지고 있습니다. 따라서 은혜 받지 못했다는 말은 구원받지 못했다는 말이요, 천국에 갈 수 없다는 말입니다. 그러므로 목사님의 설교를 듣고 나서 "감동적이었습니다.", "좋았습니다."라는 말씀을 드리는 것이 더욱 타당하리라고 생각합니다. 그에 비해 은사는 '하나님의 선물'이라고 앞에서 언급했습니다. 선물은 특수한 것입니다. 선물은 누구에게나 다 똑같이 주어지지 않습니다. 아들이 어릴 때에는 장난감 총을 사 주면 좋아하겠지만, 그 아들이 고등학교에 들어갔는데도 장난감 총을 사 준다면 아들이 좋아하겠습니까? 이와 같이 은사는 정도에 따라 달라집니다. 사람에 따라서도 다릅니다. 하나님의 일을 더 잘할 수 있게 하기 위해 하나님께서 주시는 선물이기 때문입니다.

하나님께서는 다양한 은사를 주셨습니다

백인백색(百人百色)이라는 말이 있습니다. 많은 사람이 저마다 달리 가지는 특색이 있다는 뜻입니다. 은사도 이와 같습니다.

"은사는 여러 가지나 성령은 같고 직분은 여러 가지나 주는 같으며 또 역사는 여러 가지나 모든 것을 사람 가운데서 이루시는 하나님은 같으니"(고전 12:4-6)

이 말씀을 자세히 보면 같은 말씀을 세 번 다르게 표현하면서 강조하고 있음을 발견할 수 있습니다. 즉, 은사 · 직분 · 이루심은 같은 말의 다른 표현입니다. 은사는 '카리스마'로 값없이 주시는 선물을 말하고, 직임은 '디아코네오(diakoneo)'라는 말로 '봉사한다, 섬긴다'는 뜻이며, 역사는 '에네르게마톤(energematon)'이라는 말로 에너지라는 말이 여기서 나왔는데 '활동한다'는 뜻입니다. 하나님께서는 왜 우리에게 은사를 주셨습니까? 봉사하고 섬기라고 주셨습니다. 봉사하고 섬기며 하나님의 일을 활동적으로 하라고 주신 것입니다.

또 이 말씀에서는 '같다'는 표현이 반복되고 있는데 무엇이 같다는 것입니까? 성령과 주와 하나님이 같다고 말씀합니다. 즉, 성부 · 성자 · 성령이 같다는 것입니다. 삼위일체 하나님께서 은사를 주신다는 것입니다. 이제 구체적으로 얼마나 많은 종류의 은사가 있는가 알아보겠습니다.

사도 바울은 고린도전서 12장 8-10절에서 지혜, 지식, 믿음, 병 고치는 은사, 능력, 예언, 영 분별, 방언, 통역 등 아홉 가지 은사를 말씀하고 있습니다. 그러나 이 아홉 가지가 전부가 아닙니다. 사도로, 선지자로, 교사로 일하는 것, 서로 돕는 것, 다스리는 것도 은사입니다(고전 12:28). 복음을 전하고, 목사로 일하는 것도 은사입니다(엡 4:11). 기도의 은사가 있습니다(약 5:16). 독신의 은사가 있습니다(고전 7:7-9). 예언, 섬김, 권위, 구제, 긍휼의 은사가 있습니다(롬 12:6-8). 또 고린도전서 13장을 '사랑 장'이라고 하는데, 사랑은 은사 중에 가장 큰 은사입니다. 이 밖에도 수많은 다양한 은사가 있지만 성경에서는 24가지 은사를 찾아볼 수 있습니다.

당신은 무슨 은사를 받으셨습니까? 위에서 언급된 24가지 중에 나와 상관있는 것은 하나도 없다고 실망되시는 분 있으십니까? 실망하지 마십시오. 하나님께서는 분명히 당신에게 좋은 선물을 주셨습니다. 단지 선물을 깊이 감추어 놓으셨기 때문에 보물찾기를 할 때처럼 공들여 찾아야 하는 것입니다.

보물을 찾으십시오. 진흙 속에 감추어진 진주를 찾으십시오. 광산 속에 묻혀 있는 금강석을 캐내십시오. 돌 속에 들어 있는 보석을 갈고 닦으십시오. 빛나는 보석이 찬란하게 모습을 드러내게 될 것입니다.

굼벵이도 구르는 재주가 있다고 했습니다. 하물며 하나님께서 당신의 자녀인 우리에게 은사를 주시지 않으셨겠습니까? 아들까지도 우리에게 내어 주신 하나님께서 어찌 우리에게 은사를 주시지 않으셨겠습니까? 자신을 돌아보십시오. 하나님께서는 값진 선물을 우리 모두에게 주셨습니다. 교회에서 어떤 일로 봉사할 때 내 마음이 편하고 기쁘고 즐거웠다, 형제들에게 덕을 끼치고, 교회에 유익이 되었으며, 하나님께 영광을 돌리게 되었다고 하면 그것이 바로 자신의 은사입니다.

은사는 여러 가지입니다. 나의 은사를 발견하고 소중히 여기며, 그 은사를 통하여 하나님께 영광 돌리고 교회를 유익하게 하고 형제를 도와주며 기쁨으로 봉사해야 합니다. 뿐만 아니라 다른 형제들의 은사도 존중해야 합니다. 서로 다른 은사를 가진 성도들이 모여 합심 협력하여 주님의 몸 된 교회를 반석 위에 세워 나가는 충성된 일꾼이 됩시다.

하나님께서는 교회의 유익을 위해 은사를 주셨습니다

하나님께서 우리에게 은사를 주신 목적이 무엇인가 하는 문제는 대단히 중요합니다. 은사를 주신 목적에 부합되지 않게 은사를 사용하게 될 경우 하나님께 원망이 돌아가기 때문입니다. 그런 의미에서 은사를 주신 목적을 바로 알고 바로 역사해야 합니다.

> "각 사람에게 성령을 나타내심은 유익하게 하려 하심이라."(고전 12:7)

하나님께서 우리에게 은사를 주신 목적은 바로 "유익하게 하려 하심"입니다. 즉 교회 공동체를 유익하게 하기 위함입니다.

성부 하나님께서는 성령님을 각 사람에게 보내셔서 그들에게 가장 알맞은 각양 은사들을 공급하십니다. 성령께서는 교회 공동체를 영적으로 활성화시켜 하나님 나라를 확장시키기 위해 은사를 주십니다. 은사를 가지고 개인의 명예나 허영을 채우고 다른 사람이 가진 은사들과 서로 견주고 다툼이나 하라고 주신 것이 아닙니다.

어떤 아버지가 아들의 생일날 컴퓨터를 선물로 사 주었습니다. 그랬더니 아들이 컴퓨터를 가지고 밤을 새면서 공부를 하는데 어찌나 열심히 하는지 그만 자라고 말려야 할 정도였습니다. 그러던 며칠 후 담임 선생님이 드릴 말씀이 있다며 전화를 했습니다. 아버지는 우리 아들이 열심히 공부를 하더니 학기말 시험에서 성적이 많이 올랐나 보다 하며 기대를 안고 학교에 갔습니다. 그런데 이게 웬일입니까. 성적은 바닥을 기고, 아들은 수업 시간마다 졸다가 얻어맞기 일쑤랍니다. 도대체 어떻게 된 일인지 자초지종을 알아보니, 아들은 컴퓨터로 공부를 한 것이 아니라 인터넷으로 음란물을 보거나 채팅을 하느라 정신을 뺏겨 버린 것이었습니다. 아버지는 공부하는 데 요긴하게 쓰라고 컴퓨터를 사 주었지만 아들은 다른 목적으로 컴퓨터를 사용했고, 결국 좋지 않은 결과를 초래한 것입니다.

이와 마찬가지의 경우가 고린도교회에도 있었습니다. 하나님께서는 하나님 나라의 확장과 교회 공동체의 유익을 위해 은사를 주셨지만 교인들은 하나님의 뜻대로 은사를 사용하지 않았습니다. 오히려 자신이 받은 은사를 통해 자신을 드러내려고 다툼을 벌였습니다(고전 14장). 그래서 바울은 고린도 교회의 교인들에게 "하나님은 무질서의 하나님이 아니시요 오직 화평의 하나님"(고전 14:33)이시므로 "모든 것을 덕을 세우기 위하여 하고"(고전 14:26) "모든 것을 품위 있게 질서대로 하라"(고전 14:40)고 권면하고 있습니다.

박태선을 기억하십니까? 그가 병 고치는 은사를 행할 때 수많은 사람들이 가는 곳마다 모여들었습니다. 교만해진 그는 물에다가 손 씻고 기도한 후 생수라고 팔아서 그 돈으로 신앙촌을 만들어 경제 왕국을 꿈꾸었습니다. 한술 더 떠서 자기가 하나님이라고 주장하며 수많은 사람을 미혹시키다가 결국 죽고 말았습니다. 그뿐 아닙니다. 김기동, 이재록, 김기화 등 등 많은 이단들이 은사를 받았으나 그 은사로 자신의 영광을 드러내고 이익을 얻으려 하다 결국 멸망의 길을 걷게 된 것입니다.

> "마음이 부패하여지고 진리를 잃어 버려 경건을 이익의 방도로 생각하는 자들의 다툼이 일어나느니라."(딤전 6:5)

하나님께서 거저 주신 은사를 돈벌이에 사용하면 절대 안 됩니다. 복음은 거저 주어야 복음입니다. 은사를 자기의 성공과 유익을 위하여 사용하면 재앙이 됩니다. 하나님께서 주신 은사는 하나님의 영광을 위해 사용되어야 합니다. 자신이 받은 은사를 교회의 유익을 위해 사용할 때 경건의 능력이 나타나고 교회 공동체가 든든히 서 가게 됩니다.

은사는 언제나 다른 사람을 위해 주어집니다. 과일 나무 스스로 자기의 열매를 먹는 법이 없듯이 성령의 열매도 다른 사람을 위해 있는 것입니다. 다른 사람을 기쁘게 하고 행복하게 하고 즐겁게 하고 평안하게 하는 것이 성령께서 주시는 은사입니다. 자신의 유익을 위해 은사를 사용하면 애초에 하나님께서 주셨던 목적을 잃어버립니다. 방황합니다. 허무를 느끼게 됩니다.

하나님께 받은 은사로 자신의 유익을 구하지 마십시오. 사랑을 받으려고 하면 영원히 가난한 마음으로 살 수밖에 없지만, 사랑을 베풀려고 하면 영원히 부자로 살 수 있음을 기억하십시오. 하나님께 받은 은사로 형제를 섬기십시오. 돈이 있는 사람은 돈을 가지고, 건강이 있는 사람은 건강한 몸으로, 재주가 있는 사람은 가진 재주로 형제를 섬기십시오. 그럴 때 기쁨이 있습니다. 행복이 꽃피게 될 것입니다.

하나님의 뜻대로 은사를 주셨습니다

신창원이란 사람을 기억하십니까? 강도와 살인죄로 감옥살이를 하던 중 탈옥하여 무려 30개월이나 도피 생활을 함으로써 온 나라를 시끄럽게 했던 사람이었습니다. 그가 검거된 후 도피 생활 동안 쓴 일기가 언론에 공개되었는데, 부자들은 잘못을 저질러 감옥에 가도 보석금 내고 다 풀려난다며 세상의 부자들을 향해 분노를 토하고 있었습니다. 그래서 돈 많고 권력 있는 사람들과 전쟁을 선포하고 싸우기 위해 돈이 필요해서 돈을 모았다고 했습니다. 돈이면 안 되는 것이 없는 불평등한 세상에 분노하고 돈 많은 사람을 증오하면서도 그는 돈을 훔쳤습니다. 그리고 훔친 돈을 가지고 부자들과 싸우려고 했다는 기사를 보면서 돈의 노예가 된 사람의 종말이 이와 같다고 생각했습니다.

세상 사람들은 돈으로 안 되는 일이 없다고 말합니다. 그러나 돈으로도 안 되는 일이 많은 세상이 좋은 세상입니다. 권력으로도 안 되는 일이 많아야 참된 민주주의입니다. 믿음, 소망, 사랑, 우정, 정의, 효도와 같이 돈을 주고도 살 수 없는 덕목들을 소중히 여기고 높은 가치를 두는 세상이 아름다운 세상입니다.

미국 민주당의 상원의원 중 로버트 버드(Robert Carlyle Byrd)라는 의원이 있습니다. 그는 40년간 상원의원을 역임하고 있는 2010년에 세상을 떠났습니다. 또한 유명한 헌법학자이기도 해서 별명이 '걸어다니는 의회 규범집'이었습니다. 이 버드 의원이 어느 날 운전 중 앞차를 들이받는 사고를 내고 파출소에 연행되었습니다. 파출소에 도착한 뒤 그의 신분증을 본 경찰이 상원의원에게 면책 특권이 있으므로 그냥 돌아가도록 조치했습니다. 그러나 버드 의원은 10일 후 재판소에 직접 나가 온갖 잡범들 속에 끼여 의자에 앉아 재판 순서를 기다렸습니다. 마침내 자기 차례가 되자 혐의 사실을 모두 시인하고 벌금을 물었다고 합니다. 법적으로 상원의원에게는 면책 특권이 있어 재판을 받지 않아도 되었지만 평등과 정의를 추구하는 법 정신이 죽지 않도록 하기 위해 면책 특권을 사양한 것입니다. 이런 의원이 있기에 비록 미국이 많은 범죄를 저지르고 있지만 강대국이자 선진국으로 영화를 누리고 있다는 생각이 들었습니다.

"이 모든 일은 같은 한 성령이 행하사 그의 뜻대로 각 사람에게 나

누어 주시는 것이니라."(고전 12:11)

이 말씀은 은사는 돈으로 살 수 없다는 뜻입니다. 영적인 세계는 돈으로 어찌해 볼 수 없는 세상입니다. 성령의 은사는 성령님께서 하나님의 뜻대로 각 사람에게 나눠 주십니다. 각 사람에게 알맞은 은사를 주사 균형과 조화를 이루고 교회를 유익하게 하도록 역사하십니다. 은사는 하나님의 선물이요, 성령께서 가져다주시는 선물입니다. 그러므로 주시는 것은 하나님의 뜻입니다. 전적으로 하나님의 주권에 속합니다.

"너희는 더욱 큰 은사를 사모하라. 내가 또한 가장 좋은 길을 너희에게 보이리라."(고전 12:31)

더욱 큰 은사를 사모하며 간구하십시오. 하나님께서는 사모에 대한 영혼을 만족케 하시는 영의 아버지이십니다. 하나님께 은사를 사모하며 간구하면 하나님께서 선물로 주십니다.

그러나 하나님께 은사를 간구할 때 명심해야 할 것이 있습니다. 자신의 욕심으로 은사를 간구하면 안 됩니다. 자신의 유익을 위하여 은사를 구하면 안 됩니다. 성직 매매를 영어로 'simony'라고 합니다. 베드로와 요한이 사마리아 사람들을 위하여 안수 기도를 드림으로 성령이 임하는 것을 보고, 사마리아 성에 살던 유명한 마술사 시몬이 돈을 내며 자기에게도 이러한 권능을 달라고 간청한 데서 나온 말입니다. 최초로 성직의 은사를 돈으로 사려고 했던 마술사 시몬의 이름을 붙인 것입니다(행 8:4-20). 하나님의 은사는 돈으로 살 수 없습니다. 자신의 유익과 욕심을 위하여 얻을 수도 없음을 다시 한 번 명심하시기 바랍니다.

"지피지기백전불태(知彼知己百戰不殆)"라는 말이 있습니다. 바로 손자병법에 나오는 말입니다. 상대를 알고 나를 알면 백 번 싸워도 위태롭지 않다. 즉 백전백승할 수 있다는 말입니다.

영적 전쟁에 용사로 부름 받은 십자가 용사들이여, 자신의 은사가 무엇인지 아십니까? 자신의 은사가 무엇인지 모르면 큰일입니다. 마치 군인이 자신의 병과가 무엇인지 모르면 전쟁을 수행할 수 없는 것과 같습니다. 군인에게 반드시 주특기가 있는 것처럼 십자가 용사가 된 그리스도인에게도 반드시 주특기가 있는데 그것이 바로 은사입니다. 그러므로 자신이 받은 은사가 무엇인지 알고 계신 분들은 더욱 갈고 닦아 더욱 확실하게 은사를 사용해야 합니다. 그리고 더욱 큰 은사를 사모하는 큰 일꾼으로 성장하여 하나님께 영광 돌리고 교회를 유익하게 하는 신앙생활을 합시다.

다른 사람의 은사도 존중해야 합니다

사람이 성숙하지 못하면 남이 자기와 같기를 바랍니다. 남이 자기와 같기를 바라면 갈등이 지속됩니다. 당신은 맨날 왜 그 모양인지 모르겠다고 원망합니다. 당신은 왜 달라지지 않는지 모르겠다고 원망합니다. 그 답은 간단합니다. 당신은 내가 아니기 때문입니다.

획일화된 사회는 성숙하지 못한 사회입니다. 독재 국가, 공산주의 국가, 명령과 구호 한 마디에 국가 전체가 움직이는 나라, 똑같은 옷과 똑같은 표정과 똑같은 목소리만 있는 나라, 이런 세상을 부러워하는 사람은 아무도 없습니다. 있다면 히틀러를 꿈꾸고 스탈린을 꿈꾸고 김일성을 꿈꾸는 사람일 뿐입니다. 이런 세상은 사람의 눈으로 보기에는 앞서 나가는 것 같으나 그 한계가 금방 드러나고 뒤떨어지게 마련입니다.

"그들은 풀같이 속히 베임을 당할 것이며 푸른 채소 같이 쇠잔할 것임이로다…잠시 후에는 악인이 없어지리니 네가 그곳을 자세히 살필지라도 없으리로다."(시 37:2, 10)

하나님께서는 다양한 은사를 주셨습니다. 또 사람마다 각각의 은사를 주셨습니다.

> "우리에게 주신 은혜대로 받은 은사가 각각 다르니 혹 예언이면 믿음의 분수대로, 혹 섬기는 일이면 섬기는 일로, 혹 가리키는 자면 가리키는 일로, 혹 위로하는 자면 위로하는 일로, 구제하는 자는 성실함으로, 다스리는 자는 부지런함으로, 긍휼을 베푸는 자는 즐거움으로 할 것이니라"(롬 12:6-8)

"섬기는 일이면 섬기는 일로, 가르치는 자면 가르치는 일로…." 이 말씀은 무슨 뜻일까요? 간단한 이 말씀 속에 깊고 오묘한 뜻이 있습니다. 구제는 구제대로 하고, 섬기는 일이면 섬기는 일 그대로 해야지 그 이상도 그 이하도 하지 말라는 것입니다. 목적이 변해도 안 되고 은사성이 이질화되어서도 안 된다는 것입니다.

여러 번 강조했듯이 은사는 하나님께 선물로 받은 것입니다. 때문에 우리가 하나님께 받은 은사는 다른 성도들에게 존중받아야 하고, 또 다른 성도들이 받은 은사도 존중해야 합니다. 우리 사회의 병리적 현상 중에 하나가 첫째만 있고 둘째와 셋째는 없다는 것입니다. 신앙이 생활을 지배하고 변화시킬 때 참된 신앙생활을 하고 있다고 말할 수 있습니다. 그런데 첫째만 중요하게 생각하고 내세우는 이런 풍조가 생활 속에 깊이 침투해 오히려 신앙을 지배하고 변화시키고 왜곡시키는 데 문제의 심각성이 있습니다. 그 결과 성도들은 은사도 남 앞에 쉽게 드러낼 수 있는 은사를 더 선호하게 되었습니다. 병 고치는 은사, 예언의 은사 같은 것들은 인기가 있습니다. 방언의 은사는 자신의 체험과 기도 생활을 위해서는 필요하지만 교회 유익을 위해서는 별 소용없다는 생각에 인기가 없습니다. 섬기는 은사, 구제하는 은사, 긍휼을 베푸는 은사, 위로하는 은사를 사모하고 구하는 성도는 본 기억이 없을 정도입니다. 그러나 하나님께서 교회와 사람에게 맞는 은사를 골고루 주신 사실을 늘 기억한다면 이런 풍조는 있을 수 없는 것입니다.

한국의 그리스도인들에게서 보이는 문제점이 또 하나 있습니다. 은혜를 받으면 하나님께 자기가 받은 은사와는 전혀 상관없이 신학교에 진학해서 목사가 되는 것입니다. 목사가 많이 배출되니 교회도 엄청나게 늘어납니다. 그런데 이들 중에 목회 사역이 자신의 은사가 아닌 사람이 너무나 많습니다. 자신이 받은 은사가 아니기 때문에 몸에 안 맞는 옷을 입은 것같이 불편합니다. 목회자 본인과 성도들이 함께 힘들고 어색하고 불미스런 일도 종종 발생합니다.

하나님께서 사람을 기계적으로 똑같이 만들지 않으시고 모두 다르게 만드셨듯이 우리들도 각기 받은 은사를 가지고 봉사하며 살아야 합니다. 받은 대로 사십시오. 이렇게 살아야 하나님께서 기뻐하십니다. 남이 받은 은사를 무시하거나 비난하고 정죄하면 교회 공동체는 무너질 수밖에 없습니다. 다양한 은사 안에서 일치를 이루어야 합니다. 그러기 위해서는 다음과 같은 노력들이 필요합니다.

교회는 차별이 아니라 구별이 있습니다(롬 12:4).

우리 몸에 여러 지체가 있듯 교회도 여러 지체가 모여 있습니다. 세상 어느 단체도 교회만큼 다양한 지체들이 모여 있는 단체는 없습니다. 남녀노소, 빈부귀천, 유무식을 막론하고 전국 각지, 그것도 모자라 전 세계에서 모였습니다. 세상에서는 함께할 수 없는 다양한 각계각층의 사람들이 모여 교회에서 봉사합니다. 집사로, 권사로, 안수 집사로, 장로로, 구역장으로, 교사로, 성가대원으로, 차량 봉사 부원으로, 식당 봉사로, 도서관 관리로, 문화 강좌 강의로, 수지침 교실에서, 방송실에서, 여러 가지로 봉사합니다. 그러다가 누구는 폼 나는 봉사를 하는데, 나는 남들이 알아주지도 않는 궂은 일만 도맡아 한다고 인간적인 불평이 생길 수도 있습니다.

그러나 이러한 인간적인 불평이 생길 때 우리가 꼭 명심해야 할 것이 있습니다. 바로 교회 안에서는 차별이 없다는 것입니다. 다만 구별이 있을 뿐입니다. 심장과 위장이 하는 일이 다르듯이, 누가 높고 누가 더 귀하다고 비교 평가할 수 없듯이 어느 직분, 어느 봉사 하나 귀하지 않은 것이 없습니다. 누구 하나 귀하지 않은 지체가 없으며, 그 한 사람이 빠지면 병든 교회가 되는 것입니다.

프랑스에 가면 파리의 하수도를 둘러보는 관광 코스가 있습니다. 나폴레옹 시대에 건설한 하수도가 너무나 잘 되어 있어서 아무리 비가 많이 와도 배수에 문제가 없습니다. 그러다 보니 파리에서는 수해를 모릅니다. 눈에 보이는 화려한 도시의 빌딩, 도로, 기간 시설만 잘 되어 있다고 선진국이라 할 수 없음을 알 수 있는 사례입니다.

그렇습니다. 교회에서도 보이지 않는 음지에 있는 지체, 말없는 봉사자, 땀 흘리는 분들 모두가 귀한 존재들입니다. 유대인이나 헬라인이나 차별이 없이 그리스도께서 모든 사람의 주가 되셨다는 말씀처럼(롬 10:12) 구원에는 차별이 없습니다. 따라서 교회에서도 차별이 없습니다. 다만 다른 직분이 있습니다. '직분'이라는 말은 '기능'이라는 말입니다. 헬라어로 '프락시스(praxis)'라고 하는데, 영어로는 실천, 행동 또는 기능이라 번역합니다. 목사의 기능, 장로의 기능, 권사의 기능이라는 말과 같이 각 기능이 다를 뿐 차별은 결코 없습니다. 이 성경의 정신대로 우리 교회는 차별 없는 교회를 지향합니다. 그러므로 교회는 다양한 사람들이 모였으나 한마음, 한 믿음, 한 사랑으로 한 몸 이룬 공동체인 것입니다.

여럿이 하나 되는 교회, 다양성 안에서 일치를 이루는 교회, 차별은 없고 다만 구별이 있을 뿐인 교회와 성도들이 될 수 있도록 늘 힘씁시다.

직분은 명예가 아닌 도구입니다.

직분은 명예가 아닙니다. 자기가 맡은 일을 최선을 다해 실천하여 제 기능을 다해야 하는 것입니다. 하나님께서는 당신을 기쁘게 하려는 목적으로 우리를 부르셔서 교회의 제직이 되게 하셨습니다. 그러나 우리는 부족하기 때문에 하나님께서 기뻐하는 일을 혼자 전적으로 감당하지 못합니다. 그래서 작은 부분 하나씩을 우리에게 떼어 맡기신 것입니다.

목사를 성직자라 합니다. 그러나 목사만이 성직자가 아닙니다. 예수 믿는 사람들이 예수의 정신으로 일하면 그가 맡은 모든 일은 성직입니다. 장로나 집사나 권사나 세상에서 맡은 직업 혹은 가사로서 성직을 행하는 전문가입니다. 교회에서도 목사처럼 완전한 전문가는 아니지만 반(半)전문가가 되어 하나님의 도구로 쓰임 받게 되는 것입니다.

한국교회에서는 은사와 직분을 명예와 지위로 잘못 아는 잘못된 풍조가 만연해 있습니다. 그러나 분명한 것은 '교회에서 명예라는 말을 붙일 직분은 없다'는 것입니다. 명예 권사, 명예 집사 이런 것은 법에도 없고 성경 정신에도 위배됩니다. 직분은 일을 하라고 주신 것이지 부르기 좋으라고 주신 것이 아닙니다. 직분이 명예로 인식되기 시작하면 교회 안에 높은 자리 좋아하는 귀족 신자들이 생겨나게 됩니다. 귀족 신자들이 생겨나게 되면 주를 위하여 헌신하는 일꾼들의 사기가 저하되어 교회 안에 분란이 생깁니다.

1999년, 한 교단에서 대형 사고가 일어난 적이 있습니다. 1998년 부총회장 선거에서 떨어진 목사님이 개표가 의심스럽다고 소송을 내 재판이 열리고 재검표를 했는데 정말 잘못된 것이 판명되었습니다. 당시 세 명이 출마를 했는데 3위의 표를 2위의 표에 끼워 넣어 1위보다 더 많도록 하여 결국 2위가 최다표로 당선한 것이 드러났습니다. 의도적인 조작인지 맡은 이들의 실수였는지 끝내 확인되지는 않았지만, 사회적으로나 교계적으로나 엄청난 파장을 불러일으켰습니다. 이는 명예를 탐했기 때문에 생긴 문제라고 할 수 있습니다.

장로나 권사, 안수 집사가 될 때 준비하는 임직 기념품도 금전적으로 과다 책정하면 이 또한 매관매직입니다. 교회는 하나님을 기쁘시게 하는 그리스도의 몸인데 그 본분을 잊고 하나님보다는 사람을 기쁘게 하는 방법을 찾으면 아무리 수만 명이 모여도 하나님께서 떠난 교회요, 따라서 그리스도의 몸이 아닙니다.

> "몸 가운데서 분쟁이 없고 오직 여러 지체가 서로 같이 돌보게 하셨으니"(고전 12:25)

당시 고린도교회에는 명예를 탐하는 사람들이 있었고 그로 인해 분쟁이 일어났습니다. 이처럼 의의 도구가 되고 하나님을 기쁘시게 하는 도구가 되어야 할 지체들이 명예를 탐하게 되면 분쟁과 불의의 도구가 되고 하나님의 영광을 가리는 결과를 낳게 됩니다.

1999년, 탈옥하여 무려 2년 6개월 동안 신출귀몰한 도피 생활을 하던 신창원이 드디어 경찰에 잡혔습니다. 그 당시 일부 사람들은 신창원을 통해 대리 만족을 얻고 그를 영웅으로 미화하며 잡힌 것을 안타까워하는 웃지 못할 일이 벌어지기도 했습니다. 신창원은 비록 중학교를 중퇴했지만 머리가 좋았습니다. 또한 부산교도소에서 무기 징역형을 받고 얼마나 체력 단련에 힘썼는지 1,500명 재소자 중에 격투기 1등, 팔씨름 1등을 했습니다. 이렇게 머리도 좋고 체력도 뛰어난 사람을 왜 감옥에 가둡니까? 아깝지 않습니까? 그가 불의의 병기이기 때문입니다 (롬 6:13 참조).

교회에서도 마찬가지입니다. 하나님께 받은 직분을 감당하기 위해 최선을 다해 충성하는 의의 병기가 되지 않고 명예직으로만 알고 있으면 종말에는 "악하고 게으른 종아!" 하고 책망 받습니다. 쓸모없는 도구가 되고 맙니다. 교회에서는 어떤 직분을 맡든지 명예란 없습니다. 내가 맡은 직분은 하나님께서 기뻐하는 의의 병기가 되기 위한 도구임을 늘 기억하고 충성하는 성도가 되어야 합니다.

한 몸 의식을 가져야 합니다(롬 12:5).

> "이와 같이 우리 많은 사람이 그리스도 안에서 한 몸이 되어 서로
> 지체가 되었느니라."(롬 12:5)

교회는 그 구성원인 성도들이 그리스도를 중심으로 연합한 공동체임을 강조하고 있습니다. 때문에 성도들은 서로에 대해 한 몸 의식을 가

져야 합니다. 한 몸을 이루는 지체가 되어야 합니다.

얼마 전 미국에서 수천억 원 하는 비행기가 기체 결함으로 비행 금지 조치를 받은 적이 있습니다. 그런데 그 결함이 어디에 있었는지 아십니까? 비행기를 조립하는 데 쓰였던 작은 나사 하나가 불량품이었다고 합니다. 작은 나사 하나의 불량으로 수천억 원 하는 비행기가 무용지물이 된 것입니다. 또 얼마 전에는 우주선이 발사 직후 폭발한 적이 있는데, 전기 배선 하나가 잘못되어 폭발했다는 발표를 보았습니다. 별것 아닌 것 같은 전기 배선 하나 때문에 수조 원을 연기로 날려 보낸 것입니다.

교회도 마찬가지입니다. 지체 한 사람 한 사람이 별 볼일 없는 것 같아도 한 몸을 이루는 데 이와 같이 요긴한 존재입니다.

고린도전서 12장 14-27절 말씀은 지체론의 결정판입니다. 한 몸은 분쟁이 일어날 수가 없습니다. 교회에서 분쟁이 일어나는 것은 한 몸이 되지 못했기 때문입니다. 서로 같이하고 서로 돌아보는 것이 한 몸의 지체라는 말씀입니다(고전 12:25). 함께 기뻐하고, 함께 슬퍼하고, 함께 고통당하며 동고동락하는 것이 한 몸 된 교회의 지체들이 해야 할 일임을 의미합니다. 여러 지체가 모였지만 온몸이 하나인 것처럼 여러 모양의 다양한 사람이 모였으나 교회는 하나입니다.

한 몸을 이루기 위해 필요한 요소 열 가지를 '한 몸 10계명'이라는 제목으로 정리해 보았습니다.

1. 다르다는 사실을 인정하라(고전 12:14-17).
2. 저들도 하나님의 작품이다(고전 12:18).
3. 우월감을 갖지 마라(고전 12:21).
4. 저도 존귀(요긴)한 존재다(고전 12:22).
5. 서로 다투지 마라(고전 12;25).

6. 서로 돌아보라(고전 12:25).
7. 서로 동고동락하라(고전 12:26).
8. 함께하여 온전함을 이루라(고전 12:27).
9. 분수를 지켜라(롬 12:3).
10. 믿음의 분량대로 봉사하라(롬 12:3).

오늘날 교회가 해야 할 일은 하나 되는 일을 힘써 지키는 것입니다. 이것을 위해 한 몸 10계명을 기억하고 지키면 큰 성과가 있을 것입니다.

"평안의 매는 줄로 성령이 하나 되게 하신 것을 힘써 지키라."(엡 4:3)

하나 되기 위해서는 다르다는 사실을 인정해야 합니다. 다르다는 것은 비판의 대상이 아니라 축복의 대상입니다. 서로의 역할이 모두 다르지만 그것이 예수 그리스도 안에서 하나를 만드는 것입니다.

그럼 무엇이 자신의 은사인지 어떻게 알 수 있을까요? 그 일을 할 때 재미있고 신나고 기쁨이 있다면 그것이 바로 은사입니다. 밤을 새워도 피곤치 않으면 그것이 은사입니다. 그러면 저는 밤을 새워 낚시를 해도 피곤하지 않고 즐거운데 그것이 은사일까요? 많은 사람들이 밤을 새워 치는 고스톱이 은사일까요? 이런 것은 은사가 아닙니다. 교회에 유익이 되지 않기 때문입니다. 어떤 일을 할 때 즐겁고 신나고 기쁨이 있으면서도 교회에 유익이 되는 것이 은사의 기본입니다.

하나님께서는 우리가 남의 흉내 내는 것을 원하지 않으십니다. 우리가 하나님께 받은 것을 가지고 기뻐하고 감사하고 찬양하기를 원하십니다. 다른 사람의 은사를 부러워하지 마십시오. 내게 주신 은사가 가장 좋은 은사라고 생각할 때 비로소 남의 은사도 존중하게 될 것입니다. 그때 교회 공동체에 평화가 오며 조화를 이루게 됩니다. 자신의 은사를 소중하게 여기고 다른 형제의 은사를 존중하십시오. 그리하여 교회를 조화롭고 질서 있게 지켜 나가는 성도가 됩시다.

자신이 받은 은사로 봉사해야 합니다

현재 한국교회에 나타나고 있는 병리 현상은 이미 2천 년 전 고린도교회에서도 모두 나타나 있습니다. 때문에 고린도교회는 한국교회의 병을 고칠 수 있는 처방전이요, 교과서입니다.

고린도교회는 한국교회처럼 뜨거운 교회였습니다. 열심히 기도했고 부흥했습니다. 그런 반면 고린도의 사회상은 타락하고 음란했습니다. '고린토마족'이라는 단어는 '고린도 사람같이'라는 뜻인데, '바람을 피운다'라는 말로 통했을 정도로 음란한 풍속을 지닌 도시였습니다. 교회가 뜨겁고 부흥하는 반면, 많은 문제도 동시에 지니고 있었습니다. 교회 안에 분쟁이 끊이질 않았고 질서가 없었습니다. 그 원인은 바로 은사 문제였습니다. 방언 받은 사람들이 예배 시간에 서로 먼저 방언으로 기도하려고 나서고, 이에 질세라 방언 받은 다른 사람들도 함께 방언 기도를 해 대는 바람에 아수라장이 되었습니다. 그런 가운데 사도 바울의 은사론이 나오게 된 것입니다.

"하나님이 교회 중에 몇을 세우셨으니 첫째는 사도요 둘째는 선지자요 셋째는 교사요 그 다음은 능력을 행하는 자요 그 다음은 병고치는 은사와 서로 돕는 것과 다스리는 것과 각종 방언을 말하는

것이라."(고전 12:28)

사도 바울이 말하고 있는 은사를 자세히 보면, 사람들 앞에 서는 직분의 은사와 밖으로 드러나는 외향적 은사라는 공통점이 있습니다. 당시 고린도교회에서도 한국교회와 같이 "어떤 은사가 좋다" 하면 그 은사가 많이 드러나는 교회로 좍 몰리고, 또 "어떤 은사가 좋다" 하면 그 은사가 많이 나타난다는 기도원으로 좍 몰려들었다는 말입니다. 이를 보고 사도 바울이 안타까운 심정으로 왜 하나님께서 당신에게 준 당신만의 은사, 당신의 적성에 꼭 맞는 은사를 버려두고 소문을 따라 다니고 유행을 따라 다니느냐고 책망했습니다. 우리는 자신만의 은사로 봉사해야 합니다.

20세기 기독교 최고 지성이라 불리는 존 스토트(John Stott) 목사님이 쓰신 책 중에 『그리스도의 십자가』(The Cross of Crist)라는 유명한 책이 있습니다. 이 책 맨 앞의 헌정사를 보면 참으로 놀랍습니다. '헌정사' 하면 "아내에게 드립니다.", "어머님께 드립니다.", "스승님께 드립니다."라고 하는 것이 보통인데, 이 책에는 이렇게 기록되어 있습니다.

"1956년부터 1986년까지 30년 동안 매우 충성스럽고 유능하게 봉사해 온 것에 대해 감사하며 프랜시스 화이트헤드에게 드림."

화이트헤드는 존 스토트 목사님의 여비서입니다. 이 여비서가 얼마나 박사님을 잘 섬겼으면 자신의 귀중한 역작을 비서에게 헌정했을까요? 이 비서야말로 섬기는 은사를 받은 사람입니다.

출애굽기 17장에는 이스라엘과 아말렉의 전쟁이 기록되어 있습니다. 모세가 손을 들고 하나님께 기도하면 이스라엘이 이기다가도, 모세가 지쳐 손을 내리면 아말렉에게 유리하게 돌아갔습니다. 이를 보고 아론과 훌이 어떻게 했습니까? 모세를 돌 위에 앉혀 놓고 한쪽 손은 아론이, 또 한쪽 손은 훌이 붙잡고 섰습니다. 아론과 훌의 도움으로 모세는 지침 없이 하나님께 기도할 수 있었고, 전쟁은 이스라엘의 승리로 끝났습니다. 이런 역할이 바로 돕는 은사, 섬기는 은사입니다.

19세기의 가장 유명한 부흥사 중 한 명이었던 D. L. 무디(Dwight Lyman Moody)는 목사가 아니었습니다. 그는 제대로 공부하지 못한 구두 수선공이었지만 회심하여 전도자가 됐는데 평생 100만 명을 전도했다고 합니다. 무디의 전도단에는 두 명의 보배가 있었습니다. 한 명은 무디가 설교하기 전에 항상 찬양을 불렀던 생키(Ira David Sankey)라는 여자 가수입니다. 생키가 얼마나 은혜스럽게 찬양을 했던지 그가 찬양하기만 하면 사람들은 마음 문을 열고 눈물을 흘렸습니다. 그리고 나서 무디가 나와 설교하면 놀라운 성령의 역사가 일어났습니다. 또 한 명의 보배는 토레이 박사라는 사람인데, 그는 유명한 신학자요 목사였지만 설교를 잘하지는 못했다고 합니다. 그래서 토레이 박사가 항상 무디를 따라다니면서 글을 써 주거나 설교문을 작성해 주었다고 합니다. 이분은 얼마 전에 돌아가신 예수원 설립자 대천덕(루벤 아처 토레이 3세) 신부의 할아버지입니다. 생키나 토레이(Ruben Archer Torrey) 박사의 섬기는 은사가 있었기에 기독교 역사상 가장 위대한 전도자 무디가 가능했던 것입니다.

우리나라 사람들은 섬기는 일이 잘 안 되는 것 같습니다. 그러나 하나님 나라에서는 섬기는 자가 큰 자입니다. 예수님께서도 이 땅을 지배하러 오신 것이 아니라 섬기러 왔노라고 말씀하셨습니다. 하나님께 받은 것으로 봉사하다 보면 기쁘고 즐겁고 사역이 확장됩니다. 테레사 수녀도 섬기는 은사를 활용하여 계속 봉사하다 보니 노벨 평화상도 받고 세계의 존경을 받은 것이 아닙니까. 최일도 목사도 이런 은사를 최대한 활용하여 갑절의 은혜를 받은 것입니다.

학생들에게 잘 가르친다고 소문난 선생님이 있는가 하면, 수업 시간마다 잠이 쏟아질 정도로 못 가르친다고 소문난 선생님이 있습니다. 많이 배우면 모두 잘 가르치는 선생님이 될 수 있습니까? 못 가르치는 선생님은 모두 많이 배우지 못한 선생님입니까? 그렇지 않습니다. 공부하는 은사와 가르치는 은사가 다르기 때문입니다. 이처럼 자신이 받지 않은 은사로 봉사하려 하면 힘이 듭니다. 봉사하다가 낙심하고, 시험에 들고, 몇 달 못가 그만두고, 남에게 상처 주고, 심지어 교회도 떠나게 되는 결과를 낳는다면 이는 자신이 받은 은사가 아닌 것으로 일하기 때문입니다.

우리는 받은 은사로 봉사해야 합니다. 그러기 위해 자신이 받은 은사가 무엇인지를 찾고, 그것을 갈고 닦을 수 있도록 노력해야 합니다. 그래야 교회 생활이 재미있습니다. 우리 교회는 모든 성도들이 하나님께 받은 것으로 봉사할 수 있도록 돕기 위해 수많은 문을 열어 놓았습니다. 문화 강좌에서 도자기 만드는 법을 가르치고, 어학을 가르치고, 빵 만들기나 각종 공예를 가르치고, 음악을 가르치고, 연극을 가르치고, 꽃꽂이, 붓글씨, 동양화, 서양화를 가르치고…. 여러분이 가진 것을 모두 사용하도록 문을 열었습니다. 상담실, 수지침, 호스피스부, 도서관, 겨자씨, 신문 만들기, 오케스트라, 성경 공부 교사, 전도 팀, 봉사 팀, 미용 봉사로도 활동합니다. 자신이 받은 은사로 봉사하다 보니 자기 돈과 시간을 투자하고 땀을 흘리면서도 얼마나 보람 있게 기쁨으로 일하는지 모릅니다.

은사 중심적 사역을 하는 교회가 부흥합니다. 은사 중심적 사역이 아니라 목회자 중심 사역, 연륜 중심 사역을 하는 교회는 성장하지 못합니다. 은사 중심적으로 접근하다 보면 봉사자들의 믿음이 자라고 은사가 확대되고 전문가가 됩니다. 남에게 도움을 줍니다. 교회가 부흥합니다. 하나님께서 기뻐 영광을 받으십니다. 1석 4조의 효과를 거두게 됩니다.

받은 은사로 봉사하십시오. 하나님께서 우리에게 주신 은사를 묻어 놓으면 사라지고 맙니다. 그러나 사용하면 하나님께서 축복하십니다. 보리떡 다섯 개와 물고기 두 마리로 오천 명을 먹이고도 열두 광주리가 남게 하신 하나님께서 우리에게 주신 은사를 통하여 기적을 일으키실 것입니다. 하나님께 받은 은사로 하나님께는 영광, 교회에는 유익, 자신은 큰 기쁨을 얻는 성도가 됩시다.

가장 큰 은사를 사모합시다

보통 고린도전서 12장을 '은사 장'이라고 하고, 고린도전서 13장을 '사랑 장'이라고 합니다. 그러나 이것은 잘못된 분류입니다. 고린도전서 13장도 '은사 장'에 속합니다. 12장에서 다룬 은사에 대한 결론이 13장인 것입니다.

"너희는 더욱 큰 은사를 사모하라 내가 또한 가장 좋은 길을 너희에게 보이리라"(고전 12:31)

이 말씀은 사도 바울이 고린도전서 12장에서 수많은 은사를 언급한 후에, 이보다 더 큰 은사가 있는데 이를 밝히겠다는 의미로 쓴 것입니다. 그리고 31절에 이어서 가장 큰 은사에 대해 이야기했습니다. 그런데 AD 1228~1551년까지 성경의 장과 절을 나누는 작업이 이루어지면서 이 부분부터가 그만 고린도전서 13장으로 나누어지는 바람에, 사람들이 새로운 장이 시작된다는 사실에 가려서 사도 바울이 말하고자 한 가장 큰 은사가 무엇인지 잊어버리고 말았습니다. 그렇다면 사도 바울이 말하고자 한 가장 큰 은사가 무엇이겠습니까? 바로 사랑입니다.

고린도전서 13장 1-3절에 보면, 방언·천사의 말·예언·모든 비밀과 모든 지식을 아는 것·믿음·구제·몸을 내어 줌이라는 표현이 등장합니다. 이것들이 바로 은사를 말하는 것입니다. 예를 들어 천사의 말은 예언이라고 볼 수 있습니다. 모든 비밀과 모든 지식을 아는 것은 지혜의 은사입니다. 몸을 내어 줌은 긍휼의 은사라고 볼 수 있습니다. 이러한 은사를 아무리 가졌을지라도 사랑이 없으면 아무 유익이 없다는 것입니다. 자신에게도, 교회 앞에도, 형제에게도, 하나님께도 아무 유익이 없다는 것입니다. 하나님께서 우리에게 은사를 주신 목적은 하나님과 교회와 성도들과 자기에게 유익하게 하려 하심입니다(고전 12:7). 그렇지만 아무리 많은 능력과 기적을 행하고, 남을 가르치고, 봉사하고, 구제하고, 헌신해도 사랑하지 않으면서 행하는 것은 모두 헛것이라는 말씀입니다. 그런데 반해 아무리 작은 일이라도 사랑으로 하는 일은 큰 유익이 되는 것입니다.

마태복음 25장에는 마지막 날 주님께서 벌이실 최후 심판에 대해 묘사하고 있습니다. 최후 심판 날, 주님은 모든 민족을 양과 염소로 구분하여 양은 오른편에 두시고 염소는 왼편에 두십니다. 이때 오른편에 있는 의인들에게 주님이 하신 칭찬이 무엇입니까? 주님이 주릴 때 먹을 것을 주었고, 목마를 때에 마시게 하였고, 나그네 되었을 때에 영접하였고, 벗었을 때에 옷을 입혔고, 병들었을 때에 돌아보았고, 옥에 갇혔을 때에 와서 보았다고 하십니다. 이 말을 들은 의인들이 그런 적 없다고 대답했을 때 "너희가 여기 내 형제 중에 지극히 작은 자 하나에게

한 것이 곧 내게 한 것이니라"(40절)고 말씀하셨습니다. 이처럼 비록 작은 선행이라도 사랑이 담겨 있을 때에야 비로소 주님께 칭찬받고 유익이 되는 것입니다.

우리의 삶은 단 한 번입니다. 단 한 번밖에 살 수 없는 삶인데 이왕이면 은사 중에서도 가장 큰 은사를 받아 멋지게 봉사하며 살고 싶지 않으십니까? 뭔가 남에게 보이기 위한 은사를 바라기보다 하나님과 모든 형제들이 기뻐하고 교회가 흥왕하며 자신이 성화되어 가는 사랑의 은사를 받고 싶지 않으십니까?

우리 모두 더 큰 은사를 사모합시다. 사랑의 은사를 폭포수와 같이 넘치도록 받으실 수 있기 바랍니다. 사랑은 모든 것을 하나 되게 하고 치료하는 약입니다. 사랑은 분열을 하나 되게 합니다. 사랑은 원수를 친구로 만듭니다. 사랑은 허다한 죄를 덮습니다. 사랑은 엄격한 의미에서 은사라기보다는 은사를 은사 되게 하는 기본 바탕입니다. 모든 은사는 사랑의 바탕 위에 서지 않으면 유익이 될 수 없기 때문입니다.

은사론의 결론은 사랑입니다. 어떤 은사도 사랑이 없으면 아무것도 아닙니다. 아무 유익이 없습니다. 자신이 받은 은사를 통하여 하나님께 영광 돌리시기 원하십니까? 먼저 서로 사랑합시다. 하나님을 사랑하지 않고 행하는 모든 은사는 하나님 앞에서 인정받을 수 없습니다. 형제를 사랑하지 않고 행하는 모든 은사도 하나님께 열납되지 못합니다. 사랑으로 행하는 은사라야 칭찬받을 수 있음을 늘 기억해야 합니다. 사랑은 모든 것의 완성입니다.

은사에 대한 이해가 잘못되어 한국교회가 혼란스러운 것이 현실입니다. 아무쪼록 모든 성도들이 은사에 대해 바른 이해를 가지고, 자신이 받은 은사가 무엇인지 밝히 깨달아 주님과 교회를 위해 봉사하는 은사자가 되어야 하겠습니다.

5. 교회를 교회 되게 하라

로마서 12장 1-8절

유럽 곳곳에 고딕 건축 양식을 따라 아름답고 웅장하게 지어진 교회들을 매스컴을 통해서든지, 여행을 통해서든지 본 적이 있으실 것입니다. 그러나 주일날이 되면 이 아름답고 웅장한 교회에 모여 예배드리는 사람들은 소수의 노인들뿐입니다. 대신 관광객들이 그 교회의 빈 공간을 채우고 사진 찍기에 바쁩니다.

이런 교회도 옛날에는 수많은 신자들로 넘쳐났었습니다. 그런데 언제부턴가 썰물처럼 사람들이 빠져나갔고 이제는 박물관 같은 관광 명소로 전락해 버렸습니다. 왜 이런 현상이 일어났겠습니까? 바로 교회의 생명이 떠났기 때문입니다.

교회의 생명이 어디에 있다고 생각하십니까? 교회의 생명은 교회를 이루고 있는 한 사람 한 사람, 곧 성도들에게 있습니다. 성도들이 넘쳐나는 교회는 생명력이 넘칩니다. 그러나 성도들이 썰물처럼 빠져나가고 그나마 남아 있는 교인들도 생기가 없다면 그 교회는 죽어 가고 있는 것입니다.

미국의 주식 시장이 재채기를 하면 한국의 주식 시장은 독감에 걸린다는 말이 있습니다. 그러나 이 말은 비단 경제적인 측면에만 해당되는 이야기가 아니라 신앙의 흐름에도 해당된다는 생각이 듭니다. 미국 교회를 보면 장로교, 감리교 같은 전통적인 교회들은 교인들이 점점 감소하고 있습니다. 반면에 성령의 역사를 강조하는 오순절 계통의 교회들은 성장을 거듭하고 있습니다. 한국교회는 미국 선교사들에 의해 복음을 받았기 때문에 미국 교회의 흐름을 따라가는 경향이 있습니다. 그러다 보니 전통적 교회의 성도들은 점점 감소하고 오순절 계통의 교회는 교인들이 점점 증가하는 현상이 한국에도 그대로 적용되고 있습니다. 게다가 교통과 통신의 발달로 미국 교회의 흐름이 한국교회에 영향을 미치는 속도도 점점 빨라지고 있습니다.

1970년대에 들어 세계 기독교계가 새로운 경험을 하게 되는 일이 일어났습니다. 바로 교회가 삼위일체 하나님 중 삼위(三位)이신 성령님을 바라보기 시작한 것입니다. 물론 그전에도 성령께서는 언제나 우리와 함께 계셨습니다. 또 성도들은 각종 신조와 찬양과 예배를 통해 성령께서 기독교 신앙의 중심적 위치를 차지하고 있음을 고백해 왔습니다. 신학자들도 성령론 연구를 게을리 하지 않았으며, 기독교 사상에서 성령이 얼마나 중요한 위치를 차지하는지 늘 확언해 왔습니다. 하지만 1970년대에 들어 신학과 신조를 뛰어넘어 일상생활에서 성령을 직접 체험하고자 하는 갈망이 하나님의 백성들에게 휘몰아쳤는데, 이러한 현상은 일찍이 교회 역사에서 전례를 찾아볼 수 없었던 것입니다.

이처럼 새로운 차원의 성령 체험을 갈망하는 움직임의 두드러진 특징은 "영적 은사를 재발견하자"는 것이었습니다. 여기서 '재발견'이라는 말을 쓰게 된 이유는 1900년도에 이미 성령을 체험하고자 하는 운동이 시작된 적이 있었기 때문입니다. 1900년 12월 31일, 캔자스의 토피카(Topeka)에 위치한 베델성경학교에서 송구영신 예배를 드릴 때, 찰스 파햄(Charles Fox Parham) 목사가 아그네스 오즈만이라는 여인에게 안수 기도를 했는데 방언이 터졌고 이것을 시작으로 오순절 운동이 시작되었습니다. 예수님께서 승천하신 후 사도들과 제자들 120명이 마가 다락방에 모여 기도하던 중 성령이 임한 때가 오순절이었기 때문에 성령 운동을 '오순절 운동'이라 부르게 되었습니다.

또 1906년 미국의 LA에서 아주사 거리 부흥 운동이 일어났습니다. 1906년 4월 9일, LA 외곽 아주사(Azusa) 거리의 후미진 단층집에서 정규 교육을 받지 못한 순회 설교자 윌리엄 조셉 세이모어(William Joseph Seymour)가 예배를 인도했는데 이때 기도하던 흑인들에게 성령이 임하였습니다. 방언, 신유, 기타 표적들이 나타났고 3년간 집회가 계속되었습니다. 그리고 이 성령 운동은 전 미국으로 번져 갔습니다.

기성 교회들이 성령 운동을 경계하자 오순절 운동에 가담한 지도자들에 의해 교파가 창설된 것이 하나님의 성회, 곧 순복음교회가 된 것입니다. 이러한 미국의 흐름이 한국교회에도 영향을 미쳐서 1907년 한국교회에도 최초로 대부흥 운동이 일어났습니다. 1907년 1월 14일, 평양에서 블레어(W. N. Blair) 목사가 부흥회를 인도할 때 온 회중이 성령의 임재를 강하게 체험했고, 그 해 봄에 길선주 목사가 경기도 지역 사경회를 인도하던 중 대부흥 운동이 일어난 것입니다.

이후 1970년대 미국에서 성령 운동이 다시 일어났을 때 한국에서도 성령 운동이 일어났습니다. 그 당시 제가 학생이었던지라 성령 운동이 일어나자 교회마다 방언을 하는 것이 좋으냐 나쁘냐 논란이 있었던 것이 어렴풋이 기억납니다. 성령의 역사를 강조하는 교단인 하나님의 성회(순복음교회)가 이때 급속도로 성장했습니다. 그래서 성도들의 숫자로 볼 때 한국의 교단 하면 장로교, 감리교, 성결교의 순서였던 것이 지금은 장로교, 감리교, 하나님의 성회(순복음), 성결교의 순이 되었고, 머지않아 한국에서 두 번째로 큰 교단이 될 가능성이 예견될 만큼 급속도로 성장한 것입니다. 이런 현상을 두고 교회 미래학자들은 한결같이 "21세기 성도들에게 교단은 무의미하게 될 것이다. 다만 성령 충만한 교회와 그렇지 않은 교회로 나누어질 것이다."라고 말합니다.

물론 교회마다 전통도 중요하고, 교단도 중요하고, 건물도 중요합니다. 그러나 교회의 생명은 건물이 아닙니다. 교단도 아닙니다. 전통도 아닙니다. 교회는 성도 한 사람 한 사람이 성령 충만하여 자신의 은사를 발견하고 그 은사를 따라 헌신하는 일꾼들이 될 때 풍성한 생명을 갖게 되는 것입니다. 성도 개개인이 풍성한 생명을 누릴 때 교회가 교회 되고 교회다운 교회가 되는 것입니다.

그렇다면 성령 충만하여 자신의 은사를 발견하고, 그 은사를 따라 헌신하는 성도가 되려면 어떻게 해야 합니까?

세상의 물결을 헤치고 나아가는 성도가 되어야 합니다

지금 우리는 앨빈 토플러가 말한 대로 제3의 물결, 즉 정보화 시대에 살고 있습니다. 정보화 시대에 살면서 우리가 누리는 편리함은 이루 말할 수 없이 많습니다. 그러나 우리가 살고 있는 이 사회가 유토피아라고 할 수 있습니까? 그렇지 않습니다. 상황이 너무나 빠른 속도로 급격히 흘러가다 보니 자신도 모르는 사이에 이 물결에 휩쓸려 과학의 포로가 되고, 물질의 노예가 되고, 쾌락의 도구로 전락하고, 가치 체계가 무너져 종내는 가정과 사회와 국가가 혼란에 빠지고 분열되고 있기 때문입니다.

일찍이 사도 바울은 이러한 흐름들을 예견하고 이 세대를 본받지 말라고 권고하고 있습니다.

> "그러므로 형제들아 내가 하나님의 모든 자비하심으로 너희를 권하노니 너희 몸을 하나님이 기뻐하시는 거룩한 산 제물로 드리라. 이는 너희가 드릴 영적 예배니라. 너희는 이 세대를 본받지 말고 오직 마음을 새롭게 함으로 변화를 받아 하나님의 선하시고 기뻐하시고 온전하신 뜻이 무엇인지 분별하도록 하라."(롬 12:1-2)

이 말씀을 통해 사도 바울은 하나님 앞에서 성도들이 어떤 자세로 실천하며 살아야 하는지 설명하고 있습니다. 사도 바울은 모든 성도들에게 자신의 몸을 하나님이 기뻐하시는 거룩한 산 제사로 드릴 것을 권면하고 있습니다. 여기에서 말하는 몸은 육체만 가리키는 것이 아니라 마음과 의지까지도 포함됩니다.

2002-2003년 동안 사람들이 즐겨 보았던 "야인시대"라는 드라마를 기억하십니까? 시청률이 50%를 넘었다며 떠들썩했어도 저는 그 드라마에 별 관심이 없었습니다. 그러던 중 목회자들을 위한 어느 세미나에 참석했다가 처음으로 그 드라마를 보게 되었습니다. 저녁 프로그램이 진행 중이었는데 10시가 되자 서둘러 프로그램을 끝내더라고요. 저는 빨리 끝나서 좋구나 생각하고 숙소로 돌아왔는데 함께 참석했던 다른 목사님들이 모두 TV 앞에 앉더니 "야인시대"를 보는 겁니다. 그래서 도대체 어떤 드라마기에 세미나도 빨리 끝낼 정도인가 싶어 함께 보

게 되었습니다. 그날은 김두한의 사랑 이야기가 주된 내용이었는데, 김두한은 어떤 유부녀를 좋아하고 그 유부녀도 남편은 있지만 김두한을 못 잊고 있었습니다. 그 여인의 남편도 둘의 감정을 눈치채는 상황이었습니다. 한마디로 몸은 남편과 있지만 마음은 김두한에게 향하고 있는 그런 사랑 이야기였습니다.

"너희 몸을 거룩한 산 제사로 드리라"고 하는 말씀은 바로 이런 경우를 두고 하는 말씀입니다. 몸은 이 사람에게 속해 있는데 마음은 저 사람에게 속해 있다면 진정한 사랑이 될 수 없는 것처럼, 몸과 영혼이 함께하지 않으면 살아 있는 예배, 영적인 예배가 될 수 없는 것입니다. 육신의 남편도 눈치를 채는데 하물며 영의 아버지이신 하나님이 그것을 모르시겠습니까? 그러므로 우리 성도들은 온몸과 마음을 하나님께 드려야 합니다. 예수님께서도 "하나님은 영이시니 예배하는 자가 영과 진리로 예배할지니라"(요 4:24)고 말씀하셨습니다. 또한 하나님은 질투하시는 하나님이라고 스스로 말씀하셨습니다(출 20:5, 34:14, 신 4:24, 5:9, 6:15, 수 24:19). 하나님과 재물, 하나님과 우상을 함께 섬길 수 없음을 말씀하신 것입니다.

그러면 성도의 삶 전체를 거룩한 산 제사로 드리는 방법은 무엇일까요? 바로 "이 세대를 본받지 말고 오직 마음을 새롭게 함으로 변화를 받아 하나님의 뜻을 분별하는 것"입니다. 이 세대의 어떤 점을 본받으면 안 될까요? 과학 만능, 물질 만능이라고 생각하는 정신을 본받으면 안 됩니다.

과학이 과연 사람을 살리고, 건지고, 고치고, 행복하게 해 줄 수 있을까요? 인간을 복제하여 모든 질병을 퇴치하고 수명을 120세로 늘리겠다는 인간의 욕심은 과학이 하나님을 대신할 수 있다는 오만에 지나지 않습니다. 또 물질만 있으면 모든 것이 다 해결되리라 생각하여 물질을 얻기에 급급한 채 정신없이 살아가는 군상들의 모습을 보십시오. 물질을 통해 행복을 찾기 원하지만 수백만 명의 카드 신용 불량자가 생겨서 사회적 문제로 대두되고 있습니다. 복권에 중독되어 수천 장의 즉석 복권을 훔쳐 밤마다 계속 긁어 대다가 돈도 못 벌고 붙잡혀 구속된 사람도 있습니다. 과학이나 물질은 인간의 근본 문제를 해결해 주지 못합니다. 그런데 이러한 세상에 휩쓸려 정신을 잃는다면 올바른 하나님의 사람이라고 할 수 있을까요?

연어는 자신이 태어난 강 상류로 올라와 알을 낳기 위해 3~4년 동안 자그만치 수만km의 대양을 돌고 거센 폭포를 거슬러 올라옵니다. 연어가 태어난 곳으로 올라오기 너무나 힘들다고 중간에 포기하고 아무 곳에나 알을 낳는다는 이야기 들어 본 적 있습니까? 이처럼 살아 있는 성도는 세상의 물결이 아무리 거세고, 세상 풍조가 아무리 험하고 유행이 아무리 바뀌어도 오직 본향을 향해 세상을 거슬러 올라가야 합니다. 이것이 살아 있는 신앙입니다.

"우리는 뒤로 물러가 멸망할 자가 아니요 오직 영혼을 구원함에 이르는 믿음을 가진 자니라."(히 10:39)

유행 따라 세상에 휩쓸리지 말아야 합니다. 세상의 물결이 아무리 거세도 뒤로 물러서지 마십시오. 물러가면 멸망에 빠지게 됩니다. 과학 만능, 물질 만능의 세상 풍조를 이기십시오. 세속화의 물결을 헤치고 주님께로 나아와 하나님의 기쁨이 되시기 바랍니다.

믿음의 분량대로 일하는 성도가 되어야 합니다

사도행전에 보면 초대교회는 사도들에 의해 주도되었습니다. 어찌나 빠르게 성장하는지 폭발적으로 성장하는 교회 일을 사도들만으로는 도저히 감당할 수 없었기 때문에 성령과 지혜가 충만한 일곱 집사를 세워 구제하는 일을 맡겼습니다. 그리고 사도들은 기도하는 것과 말씀 전하는 일에 전념함으로 사도들과 집사들 간에 역할 분담이 자연스럽게 이루어지게 되었습니다. 이것이 사도행전 6장에 나타나는 내용입니다.

그 후 기독교가 로마의 공식 종교가 되면서 다시 성직자 중심주의로 돌아가서 모든 일들을 성직자들이 감당하게 되었습니다. 그러다가 루터가 등장하여 종교개혁을 시도하면서 모든 신자들이 제사장이며, 성직자만이 사람들을 대신하여 하나님 앞에 고할 수 있는 것이 아니라 각 사람이 하나님 앞에 직접 죄를 고백하고 용서받을 수 있다고 외쳤는데 이를 '만인 제사장설'이라 합니다.

그런데 묘하게도 종교개혁이 끝나고 루터파 교회는 로마 가톨릭 교회의 성직자 중심주의를 그대로 따라갔습니다. 만인이 제사장이라는 진리를 발견했으면서도 만인이 제사장 역할을 할 수 있도록 모든 신자들에게 사역을 나누어 주는 일에 실패했던 것입니다. 이렇게 400년이 흐른 후 1972년 미국 교회의 지도자 레이 스테드만(Ray Stedman) 목사가 『교회의 생명』이라는 책을 출간했는데 베스트셀러가 되었습니다. 그는 이 책에서 영적 은사와 만인 사역이 자신이 목회하고 있는 페닌슐라 성서 교회를 건강하게 만들었고 교회에 생명력을 불어넣었다고 밝히고 있습니다. 또한 그는 교회를 'body,' 즉 몸이라고 말하고 있습니다. 교회는 'church'가 아니고 'body(몸)'라고 한 이 말에 주목해야 합니다.

"우리가 한 몸에 많은 지체를 가졌으나 모든 지체가 같은 기능을
가진 것이 아니니"(롬 12:4)

사도 바울은 교회를 몸으로 비유하고 있습니다. 몸에는 많은 지체가
있습니다. 몸에 있는 지체 중에 머리만 일하고 나머지는 가만히 있으면
몸에 장애가 발생한 것입니다. 이처럼 교회에도 많은 성도들이 있습니
다. 그리고 교회에서 성직자만 일하고 성도들은 가만히 있다면 이는 병
든 교회인 것입니다. 모든 지체가 자기의 기능을 활발하게 행하는 사람
이 건강한 사람인 것같이 모든 성도가 자기의 은사를 따라 열심히 일하
는 교회가 건강한 교회인 것입니다.

그렇다면 여러 지체, 곧 많은 성도들이 각자 받은 은사대로 일을 하
는데 서로 중복되거나 혼란이 일어나지 않고 오히려 교회가 평안하여
든든히 서 가게 되는 비결은 무엇일까요? 바로 하나님께서 각 사람에
게 나눠 주신 믿음의 분량대로 일하기 때문입니다. 하나님께서는 모든
성도들에게 각자 그 믿음의 분량대로, 교회와 개인의 형편에 맞게 각종
은사를 주셨습니다. 그렇기 때문에 모든 성도는 몸 된 교회를 세우기
위해 그 은사들을 최대한 발휘해야 합니다. 그것이 바로 하나님께서 각
자에게 은사를 주신 목적입니다(엡 4:7, 12).

하지만 우리는 불완전한 존재인지라 공동생활에서 서로 다투고, 갈
등하고, 분쟁이 일어날 수 있습니다. 때문에 사도 바울은 이것을 방지
하기 위해 한 가지 권면하고 있는데 그것이 바로 "마땅히 생각할 그 이
상의 생각을 품지 말라"(롬 12:3)는 것입니다. 이 말씀의 뜻을 이해하
려면 마태복음 25장의 달란트 비유를 생각해 보면 됩니다. 주인이 종
들에게 다섯 달란트, 두 달란트, 한 달란트를 주었듯이 하나님께서도
우리 각자에게 믿음의 분량에 맞도록 은사를 나누어 주셨습니다. 따라

서 자신이 받은 능력이 다른 사람의 능력에 미치지 못한다고 남을 질시하거나 부러워할 이유가 없습니다. 오른손잡이인 사람은 오른손이 왼손보다 일을 더 많이 하고 왼손이 오른손에 비해 다소 서툰 것이 사실입니다. 그렇다고 해서 왼손이 오른손을 질시한다면 그 사람은 제 기능을 발휘하지 못할 것입니다. 왼손과 오른손이 조화롭게 연합하여 일할 때 비로소 몸 전체가 제대로 기능을 발휘할 수 있습니다.

믿음의 분량대로 일하기 위해서는 이렇게 지혜롭게 생각하는 것이 필요합니다. '믿음의 분량'이라고 할 때의 '믿음'은 구원에 이르는 믿음을 말하는 것이 아니고 변화된 그리스도인들에게 주신 '영적인 능력' '은사'를 뜻하는 것입니다.

영적인 능력, 곧 은사는 내가 갖고 싶다고 가질 수 있는 것이 아닙니다. 하나님께서 각 사람에게 맞는 은사를 가장 적절하게 나누어 주셨습니다. 그러므로 분량 이상의 생각을 품는 교만을 경계하고 겸손함으로 주신 은사의 분량대로 섬기라는 말씀입니다. 그래서 우리 교회도 철저하게 목회자 중심 사역에서 벗어나 성도들이 함께 일하는 평신도 사역을 지향하는 교회입니다. 그래서 믿음의 분량대로 사역자를 세워 나가는 일에 힘쓰고 있습니다. 내가 다섯 달란트를 받았는지, 두 달란트를 받았는지, 한 달란트를 받았는지 자신이 받은 은사와 분량을 헤아려 최선을 다해 봉사해야겠습니다.

받은 은사대로 즐겁게 일하는 성도가 되어야 합니다

하나님께서 우리에게 주신 은사의 종류는 참으로 많습니다. 이제 성경에 나타난 은사의 종류에 대하여 알아봅시다.

로마서 12장 6-8절에서는 예언, 섬김, 가르침, 권위, 구제, 지도력, 긍휼의 은사에 대해 말씀하고 있습니다. 또 고린도전서 12장 8-10절과 28절에서는 지혜, 지식, 믿음, 병 고침, 능력 행함, 영 분별, 방언, 방언 통역, 사도적 은사, 서로 돕는 것, 다스림의 은사에 대해 말씀합니다. 그리고 에베소서 4장 11절에서는 복음 전하는 자와 목사로서의 은사에 대해 말씀하고 있으며, 이 외에도 독신 혹은 금욕의 은사(고전 7:7), 자발적 빈곤의 은사(고전 13:3), 순교의 은사(고전 13:3), 선교의 은사(엡 3:6-8), 후한 대접(벧전 4:9), 중보 기도의 은사, 귀신 축출의 은사 등이 있습니다.

여기에서 한 가지 명심해야 할 것은, 은사는 내가 갖고 싶어 갖는 것이 아니고 하나님께서 주신 것이라는 것입니다. '은사'는 '선물'이라는 뜻입니다. 심방을 하다 보면 대통령이나 높은 사람들에게 훈장이나 상장을 받은 분들을 가끔 보게 되는데, 대부분 자기 집의 가장 눈에 잘 띄는 곳에 자랑스럽게 걸어 놓고 있습니다. 사람에게 받은 것도 이와 같이 귀하게 여기는데 하물며 하나님께 선물을 받았다면 얼마나 귀하겠습니까? 은사는 하나님의 선물입니다. 그러므로 천한 것이 없습니다. 모두 다 귀한 것입니다.

우리가 하나님께 받은 은사는 각기 다릅니다. 그런데 많은 은사들 중 나는 무슨 은사를 받았는지 모르겠다는 분들이 간혹 있습니다. 이런 분들을 위해 은사를 발견할 수 있도록 도와주는 검사법이 나와 있습니다. 또 어떤 분들은 일을 하기는 하는데 이것이 나의 은사인지 아닌지 분명하지 않다는 분들이 있습니다. 그럴 때는 이 일이 자신에게 기쁨이 되고, 남에게 덕이 되며, 교회에 유익이 되고, 하나님께 영광이 되는지 살펴보십시오. 그렇지 않다면 하나님께 받은 은사가 아닙니다.

하나님께서 주신 은사는 반드시 성령의 열매를 맺게 되어 있습니다.

교회에 유익을 끼치고 주변의 사람들을 세워 나갑니다. 그러므로 하나님께 받은 은사대로 일할 때 즐거움이 따르게 되어 있습니다.

> "병사로 복무하는 자는 자기 생활에 얽매이는 자가 하나도 없나니
> 이는 병사로 모집한 자를 기쁘게 하려 함이라."(딤후 2:4)

믿음이 자라 하나님께 받은 은사대로 일하는 사람은 점점 자신의 기쁨을 구하던 자리에서 하나님을 기쁘시게 하는 자리로 나아가게 됩니다. 이것이 영적 성장이요 성숙한 그리스도인의 모습입니다.

교회를 교회 되게 하는 것은 건물도 아니고, 헌금도 아닙니다. 생명이 약동하는 신자들이 모여 교회를 교회 되게 하는 것입니다. 세상의 물결에 휩쓸려 떠내려가지 않고 오히려 거슬러 올라가는 살아 있는 성도가 되어야 합니다. 믿음의 분량대로 최선을 다해 맡은 일을 감당하는 충성된 일꾼 됩시다. 받은 은사대로 즐겁게 일하여 하나님께 영광 돌리고 교회다운 교회를 세워 나가는 신령한 은사자가 됩시다.

제2장 날마다 개혁하는 교회

1. 선도하는 교회

사도행전 5장 12-16절

거룩한빛광성교회가 일산에 터를 잡고 1997년 1월 9일에 창
립 예배를 드린 후 이제까지 우리에게 향하신 하나님의 놀라운
축복과 은총은 말로 다 표현할 수가 없습니다. 만세 반석 위에 교회는
평안하여 든든히 서 갔고 교인의 수도 날마다 더하게 되었습니다. 그
동안 어린이로부터 노인에 이르기까지 2003년 현재 6,000명이 등록
하였고, 현재 4,500명(2012년 1월 현재 13,000명)의 교인이 재적
하고 있는 중형 교회로 성장했습니다. 하나님께서는 수적인 성장뿐 아
니라 선교 사업도 축복해 주셔서 5개 교회(2012년 현재 14개)를 개척
하거나 건축하도록 도와주셨고, 선교 헌금도 드릴 수 있게 도와주셨습
니다. 또한 세계 각지에 4명의 선교사를 파송하고, 국내와 해외, 사회
선교 기관 등 103곳(2012년 1월 현재 171곳)의 섬기는 지체를 가질
수 있도록 허락해 주셨습니다.

또한 하나님께서는 우리 교회에 세 가지 목표를 주셨습니다. 그 중에 첫 번째 목표가 '섬기는 교회'로서 이 목표에 따라 지역 사회를 섬기기 위해 사회 선교관을 세우고 문화 강좌, 도서관, 상담실, 십대들의 둥지, CMS 영어 교실, 호스피스 사역, 수지침 치료 교실, 한나래 선교원(2012년 현재 드림초중학교, 해피월드복지재단, 파주시노인복지관, 파주시문산종합사회복지관) 등을 운영해 오고 있는데 지역 사회에서 매우 좋은 평판을 얻고 있습니다. 두 번째 목표는 '인재를 양성하는 교회'로서 이 목표에 따라 그 동안 300여 명에게 2억여 원의 장학금을 지급했으며 2003년에도 6,000만 원(2012년 3억 원)의 예산을 세우고 장학금을 지급하여 그리스도를 따르며 세상을 섬기는 인재를 양성하는 데 주력하고 있습니다. 세 번째 목표는 '상식이 통하는 교회'로서 참다운 상식이 통하는 교회를 만들기 위하여 한국교회 최초로 시도한 것이 있습니다. 바로 한국교회 최초로 목사 신임 투표, 장로 임기제, 직능별 장로제를 도입한 것입니다. 이를 통해 합리적인 규약을 만들어 교회를 운영한 결과, 평신도들이 앞장서 교회를 이끌어 가는 건강한 교회로 자라나고 있습니다. 그리하여 많은 교회들이 우리 교회의 소문을 듣고 교회 운영 방안에 대해 문의해 올 정도가 되었습니다.

사회 선교와 개인 구원의 두 날개로 힘차게 비상하는 교회를 꿈꾸며 뒤돌아보지 않고 달려오는 동안 하나님께서는 참으로 넘치는 은혜를 부어 주셨습니다. 일산에서 가장 좋은 교회로 소문나게 되었고, 가장 선교 많이 하고 봉사 많이 하는 교회, 분위기 좋고 활력이 넘치는 교회로 인정받게 되었습니다. 이 모든 것이 다 하나님의 은혜요, 어느 것 하나 하나님의 손길이 안 미친 것이 없음을 고백하지 않을 수 없습니다.

우리 교회가 언제나 앞장서서 21세기를 선도하는 교회, 한국 기독교를 선도하는 교회, 고양 일산 지역을 선도하는 교회가 되어야겠다는 비전과 함께 '교계와 사회를 선도하는 교회를 만들리라'라고 결단하는 성도가 됩시다.

열심히 모이는 교회가 선도하는 교회입니다

학창 시절 신앙생활을 하면서 친구들과 대화를 나누다 보면 교회 발전에 있어 질(신앙의 내용)이 중요한가, 양(교인 수)이 중요한가 하는 문제가 단골 주제로 등장했습니다. 그때는 젊은 패기에 "수가 아무리 많으면 뭐하냐? 오합지졸은 힘을 쓰지 못하는 법이다. '창조적 소수'가 역사를 변혁시키고, '남은 자'가 역사의 주인이 되며, '거룩한 그루터기'가 새싹을 내는 법이다."라고 이야기했던 기억이 납니다. 그런데 나이를 먹을수록, 세월이 흘러갈수록 양(교인 수)의 위력이 크다는 것을 절실히 느낍니다.

6 · 25 전쟁을 생각해 보십시오. 인천 상륙 작전으로 전쟁 초반 불리했던 전세를 완전히 뒤집은 남한군과 유엔군은 진격에 진격을 거듭하여 압록강까지 쳐 올라갔습니다. 이렇게 다 이긴 전쟁에 중공군이 개입하면서 후퇴에 후퇴를 거듭, 결국 38선에서 엎치락뒤치락하다가 휴전하게 되는 쓰라린 경험을 했습니다. 이때 어떻게 해서 중공군에게 맥을 못 추었습니까? 중공군이 화력이 좋았기 때문입니까? 아닙니다. 얼마나 많은 수의 군인들이 쳐 내려 오는지 총을 쏘던 국군들의 총알이 떨어지고 총선이 녹는 바람에 패배하고 1 · 4 후퇴의 비극을 맞은 것입니다. 소위 인해전술에 지고 만 것입니다.

사람이 많은 것이 중요합니다. 정치 경제학자 중에도 대국이 되기 위해서는 인구가 적어도 1억쯤은 되어야 한다고 말하는 사람이 있습니다. 교회도 마찬가지입니다. 모이는 것이 힘이 됩니다. 열심히 모일 때 큰 일을 할 수 있습니다.

> "사도들의 손을 통하여 민간에 표적과 기사가 많이 일어나매 믿는
> 사람이 다 마음을 같이하여 솔로몬 행각에 모이고"(행 5:12)

초대교회는 믿는 사람이 다 마음을 같이하여 모이기에 힘썼다는 것을 말해 주고 있습니다. 제가 어린 시절 교회 다닐 때를 생각해 보면, 주일 대예배 때나 주일 저녁 예배 때나 비슷한 인원이 모여 예배드렸던 것으로 기억됩니다. 특별히 부흥회라도 열릴 때면 얼마나 많은 사람이 모이는지 발 디딜 틈이 없어 강대상까지 올라가고 창문을 열고 밖에서 듣기도 했습니다. 이웃 마을에 있는 교회에서 부흥회가 열리면 말씀을 사모하는 마음에 작은 군용 플래시 하나만 가지고 여러 명이 밤길을 돌아오기도 했던 아름다웠던 추억이 있습니다.

그런데 어느 때부터인가 주일 대예배에 출석하는 교인은 늘었는데 저녁 예배나 새벽 기도회, 부흥회 같은 시간에 참석하는 신자들은 대폭 감소하는 추세가 됐습니다. 그만큼 모이지를 않고, 모임의 중요성도 크게 생각하지 않습니다. 교회가 세상을 선도하고 다른 교회들을 선도하기 위해서는 모이기에 열심을 내야 합니다. 그러나 '모이기에 열심한다'는 것은 늘 모여 있는 것을 의미하지 않습니다. 늘 모여 있는 교회는 박태선의 전도관같이 위험합니다. 이단 사교 집단이 될 가능성이 높습니다. 열심히 모이는 교회는 또한 열심히 흩어지는 교회의 사명을 잘 감당하는 교회입니다.

'흩어지는 교회'란 예수 그리스도를 마음에 모신 성도들이 교회에 모여 은혜 받고 그 받은 은혜를 마음에 품고 세상을 향해 나아가 복음을 전

하고 직장과 학원과 병영과 마을에서 소금과 빛의 사명을 다한다는 것을 일컫는 신학적 용어입니다. 흩어지는 교회의 사명을 감당하는 것은 영적 전쟁을 치르는 것입니다. 영적 전쟁을 치르다 보면 영적 에너지가 소멸됩니다. 따라서 은혜가 고갈됩니다. 그러면 또 교회에 모여 은혜를 충전하고 세상으로 흩어지는 것입니다. 말씀과 기도와 찬양으로 은혜를 충만히 받고 또 세상으로 나아가는 것, 이것을 반복하기를 잘하는 교회가 살아 있는 교회, 사명을 다하는 교회가 될 수 있는 것입니다. 그런데 세상에 흩어져 들어갔다가 그곳에 포로로 잡혀 돌아오지 않는 사람이 생깁니다. 술의 포로, 마약의 포로 등등 돌아오지 않는 해병이 되어 버리면 곤란합니다. 명절에 고향에 간 공단의 기술 인력들이 연휴가 끝났는데 공장으로 복귀하지 않으면 회사는 망하고 맙니다. 이처럼 흩어져 세상에 나간 성도들은 주일을 맞이해서 100% 원대 복귀해야 합니다.

우리 교회는 이제 '주일 출석 90% 운동'을 벌이고자 합니다. 십일조 90%, 주일 출석 90%, 이 두 가지만 달성하면 교회는 못 할 일이 없습니다. 모여야 힘이 있습니다. 혹시 모닥불을 피워 보신 적이 있습니까? 모닥불을 피웠다가 불을 끄는 방법이 무엇인지 아십니까? 장작을 하나하나 흩어 놓으면 불은 꺼지고 맙니다. 장작은 모아 놓으면 활활 타오르게 마련입니다. 성도들도 마찬가지입니다. 모아 놓지 않으면 힘을 낼 수 없습니다. 선교하며 세상을 변혁시킬 능력이 없습니다.

평북 곡산에 김태웅 목사님이라는 분이 있었습니다. 6·25가 발발하면서 신앙의 자유를 잃게 되자 남으로 피난 가지 못한 교인들과 산속에 굴을 파고 신앙의 절개를 지키며 살았습니다. 자그마치 1953년부터 1972년까지 20년 동안 산속 생활을 하였습니다. 낮에는 토굴에서 잠자고, 밤에는 풀뿌리를 캐거나 짐승을 사냥해서 먹고 예배드리며 예수님 재림을 기다리는 생활이었습니다. 1972년 어느 날, 김일성이 이

근처를 지나간다고 새로 길을 닦게 되었는데 길을 내려고 불도저로 산을 밀다가 토굴이 발견되어 모두 잡혀 사형을 당하게 되었습니다. 이때 목사님과 신도들은 사형장에서 "내 구주 예수를 더욱 사랑 엎드려 비는 말 들으소서" 찬송을 부르며 장렬히 순교했다고 합니다.

우리에게는 신앙의 자유가 있습니다. 그런데 자유가 있고 마음껏 예배를 드릴 수 있어서 오히려 나태하고 게을러진다면 이 얼마나 모순입니까? 열심히 모입시다. 열심히 예배하고 기도하고 찬양하고 성령 충만하고 능력 받아 새 시대를 선도하는 교회를 이룩하게 되기를 소원합니다.

> "모이기를 폐하는 어떤 사람들의 습관과 같이 하지 말고 오직 권하여 그날이 가까움을 볼수록 더욱 그리하자"(히 10:25)

칭찬 듣는 교회가 선도하는 교회입니다

칭찬 듣기 위해서 교회를 짓고, 칭찬 듣기 위해서 선교를 하고, 칭찬 듣기 위해서 구제하고, 칭찬 듣기 위해서 봉사를 한다는 것은 유치한 일입니다. 그러나 칭찬 들을 것이 아무것도 없는 교회는 존재 이유가 없습니다. 교회는 이유를 불문하고 칭찬 들어야 합니다.

교회가 지역 사회에서 칭찬 듣고 아름다운 소문이 나면 선교에 유익하게 되며, 하나님께도 영광을 돌리게 됩니다. 초대교회는 백성들에게 칭송을 받았습니다. 그 결과 많은 사람이 예수를 믿고 주께 나오는 수가 큰 무리를 이루게 되었습니다.

한국교회의 병폐 중 하나는 신앙생활에 있어서 수직적 관계, 즉 하나님과 깊은 교제를 갖는 데는 열심과 은혜가 충만하지만, 신앙생활의 수평적 관계인 형제와 이웃, 세상과의 관계에서는 칭찬을 받지 못한다는 데 문제가 있습니다. 거룩한빛광성교회는 이러한 문제의 반성으로부터 출발을 했습니다. 그래서 애초부터 개인 구원과 사회 구원의 두 날개를 힘차게 펼치면서 교회 안에서의 잔치로 끝나는 것이 아니라, 하나님으로부터도 칭찬받고 세상으로부터도 칭찬받는 교회로 건설하리라 다짐하고 출발했던 것입니다. 교회는 안팎으로부터 칭찬받아야 합니다. 하나님께로부터, 그리고 세상 사람들로부터 칭찬받아야 합니다.

언젠가 전북 익산에 있는 갈릴리교회가 주최하는 목회자 세미나에 강사로 참석한 적이 있습니다. '목회자가 살아야 교회가 산다'라는 주제로 2박 3일 동안 열린 세미나였는데 저는 여기서 마지막 강의를 맡았습니다. 세미나에 참석하기 전 450명의 목회자들이 모였다는 말을 듣고, 대규모의 세미나를 7년 연속으로 개최할 정도의 교회라면 아주 큰 교회일 것이라고 생각하고 도착했는데 단층 건물에 무척 낡은 교회라 놀라지 않을 수가 없었습니다. 이 많은 목사님들이 어디서 묵었을까 궁금해하고 있었는데, 이것이 웬일입니까? 교회는 허름해도 대학생을 기숙시키면서 인재를 양성한다는 뜻으로 3층짜리 학사관을 훌륭하게 지어 놓고 있었습니다. 학사관에 머물던 대학생들이 방학을 맞아 고향에 간 사이에 그곳을 목사님들 숙소로 사용한 것이었습니다.

나중에 알고 보니 갈릴리교회는 교회 재정의 65%를 선교비로 사용하고, 인재를 양성하는 일을 최우선의 과제로 행하고 있었습니다. 덕분에 익산에 있는 350개 교회 중에 제일 좋은 교회라고 소문나고 칭찬 듣는 교회였습니다. 익산에 처음 온 사람들이 어느 교회가 좋으냐고 택시 운전사들에게 물으면 권하는 교회가 바로 갈릴리 교회랍니다. 이런 모범적인 갈릴리교회를 보면서 은혜의 배달부 노릇을 하러 갔다가 오히려 큰 은혜를 받고 돌아왔습니다. 이렇게 칭찬받을 만한 교회가 있다는 것이 얼마나 하나님의 기쁨인지 모르겠습니다. 우리 교회도 더욱 칭찬받는 교회가 되기 위해 힘써야 합니다. 2,000년간 모든 교회들의 모델이 된 초대교회와 요한계시록에서 주님께 칭찬받은 서머나교회와 빌라델비아교회와 같이 승리의 면류관을 약속 받는 교회가 되어야 합니다.

> "그 나머지는 감히 그들과 상종하는 사람이 없으나 백성이 칭송하더라 믿고 주께로 나아오는 자가 더 많으니 남녀의 큰 무리더라."
> (행 5:13-14)

초대교회는 사람들에게 칭찬받는 교회였습니다. 교회가 칭찬을 받으니 교인들이 날로 늘어만 갔습니다. 사람께 칭찬받는 교인은 주님께도 칭찬받습니다.

> "볼지어다 내가 네 앞에 열린 문을 두었으니 능히 닫을 사람이 없으리라 내가 네 행위를 아노니 네가 작은 능력을 가지고서도 내 말을 지키며 내 이름을 배반하지 아니하였도다."(계 3:8)

예수님께서 빌라델비아교회를 칭찬하신 말씀입니다. 예수님께서 길을 열어 주시면 아무도 그 길을 막을 수가 없습니다. 교회 안에는 사랑이 넘치고, 교회 밖에서는 고난 당한 형제를 돌아보고, 세상의 죄를 꾸짖고 정의를 외치며, 어두운 세상에 빛을 비추는 등대와 같은 교회, 이런 교회가 칭찬을 받는 교회요, 세상을 선도할 수 있는 교회가 될 수 있습니다. 교회다운 교회를 세워 나가는 비전을 가집시다. 나아가 21세기를 선도하며, 지역 사회를 선도하며, 한국 기독교를 선도하여 사람들에게 칭찬받는 교회의 성도들이 됩시다.

고쳐 주는 교회가 선도하는 교회입니다

사람들이 평생 가지 않을수록 좋은 곳이 있다면 아마 병원과 교도소가 아닐까 합니다. 그런데 병원에 얼마나 환자가 많습니까? 주차장마다 차가 꽉 들어차 있고, 유명한 의사는 10년간 진료 예약이 되어 있다고 합니다. 교도소도 재소자가 차고 넘쳐 새로 지어야 할 판이라는 말을 들었습니다.

교회를 종합병원에 비유하는 분들이 많이 있습니다. 사실 교회는 종합병원입니다. 병원에서도 고침을 받는 사람이 있고 고침을 받지 못하는 사람이 있습니다. 교회에서도 병 고침을 받는 사람이 있고, 병 고침을 받지 못하는 사람이 있습니다. 이 시간 병에 대해 그리스도인이 가져야 할 바른 신앙의 자세를 정립하도록 합시다.

병에 걸리면 병원에 가는 것이 옳은 일입니까, 기도하는 것이 옳은 일입니까? 어떤 병은 병원에 가고, 어떤 병은 기도로 고쳐야 할까요? 신앙에 따라 여러 견해로 달라질 수 있을 것입니다. 그러면 성경에서는 어떻게 말씀하시는지 살펴봅시다.

> "심지어 병든 사람을 메고 거리에 나가 침대와 요 위에 누이고 베드로가 지날 때에 혹 그의 그림자라도 누구에게 덮일까 바라고 예루살렘 부근의 수많은 사람들도 모여 병든 사람과 더러운 귀신에게 괴로움을 받는 사람을 데리고 와서 다 나음을 얻으니라"(행 5:15-16)

이 말씀에서 병을 고친 사람이 누구입니까? 의사입니까, 목사입니까? 베드로 사도, 즉 목사지요. 그렇다면 베드로 사도는 어떤 병을 고쳤습니까? 병든 사람, 귀신 들린 사람 모두 고쳤다고 말씀하고 있습니다. 그렇다면 주님을 믿고 기도함으로 교회에서 목사가 병 고치는 것이 정상입니까, 비정상입니까? 정상입니다. 적어도 이것이 성경적입니다.

여기서 우리는 과학의 발달에 따라 영역이 세분화가 된 것을 감안해야 합니다. 옛날에는 의사가 적었습니다. 의학이 발달하지 못했습니다. 그러나 현대는 의학이 발달하고 의사가 많아졌습니다. 그러므로 영역이 나뉘고 세분화된 것입니다. 그러므로 의학과 의술을 부인하고 기도로만 고침을 받아야 된다고 주장하는 것은 도그마요, 편협한 신앙이라 하겠습니다.

그러나 2000년 전이나 지금이나 사람의 신체와 정신은 마찬가지입니다. 조금도 달라지지 않았습니다. 그러므로 여전히 베드로 사도가 베풀었던 권능의 역사가 오늘도 똑같이 발휘될 수 있습니다. 이것을 믿는 것이 중요합니다.

2001년에 세계적으로 가장 우수한 의학 논문으로 뽑힌 논문이 우리나라 의학자가 쓴 논문이었습니다. 불임에 관한 연구 결과였는데, 기도하고 시술 받은 불임 여성들이 기도하지 않고 시술 받은 불임 여성들보다 훨씬 임신 확률이 높다는 연구 결과를 발표한 내용이었습니다.

의사의 치료도 하나님께서 하나의 방법으로 주신 것입니다. 의사의 치료도 중요합니다. 의사의 치료를 무시하지 마십시오. 그러나 의사와 과학을 너무 맹신한 나머지 기도하지 않고, 신앙으로 이겨내려는 노력을 하지 않는 것도 잘못된 것입니다. 성경에는 기적과 치유의 이야기가 가득한데 이 성경 말씀을 믿지 않고 남의 나라 이야기처럼 생각하고 산다면 참 신앙이 아닙니다.

교회는 신앙으로 고쳐 주는 믿음의 성도들이 가득해야 합니다. 병든 형제를 위해 기도하여 마음의 상처를 치료해 주고, 육신의 질병을 고쳐 주고, 마귀가 주는 영적인 문제도 치유하는 역사가 일어나는 교회가 되기를 간절히 바랍니다.

> "너희 중에 병든 자가 있느냐 그는 교회의 장로들을 청할 것이요
> 그들은 주의 이름으로 기름을 바르며 그를 위하여 기도할지니라.
> 믿음의 기도는 병든 자를 구원하리니 주께서 그를 일으키시리라
> 혹시 죄를 범하였을지라도 사하심을 얻으리라"(약 5:14-15)

이 말씀에서 장로는 설교하고 치리하는 장로인 목사를 말하고, 기름은 약을 뜻합니다. 약을 사용하고 의학을 사용하는 것이 정상이요, 기도하는 것도 정상이라는 말씀입니다. 어느 것 하나만이 정상이라고 고집하는 것은 편협한 신앙입니다.

인간에게는 기적이 하나님께는 상식입니다. 상식이 통하는 교회는 기적이 일어나는 교회입니다. 하나님의 상식을 나의 상식으로 받아들이면 치유의 기적이 날마다 일어나게 됩니다.

믿음을 사용하여 서로를 고쳐 주는 교회가 되어야 합니다. 하나님의 상식을 나의 상식으로 받아들여야 합니다. 마음 상한 형제를 치료하고, 육신의 질병을 고쳐 주고, 영혼의 질병까지도 치유하여 세상과 모든 교회를 선도하는 교회가 되기를 바랍니다.

한국교회와 21세기를 선도하는 교회가 되려면 모이고 흩어지는 일에 열심을 다하고, 하나님과 세상 사람 모두에게 칭찬 듣고, 영육의 질병을 고쳐 주는 교회가 되어야 합니다. 우리 교회가 선도하는 교회가 될 수 있도록 성령님께 간구하고 의지하고 노력하십시오. 주님의 나라를 이 땅에 세워 나가는 성도가 되어야겠습니다.

2. 교육에 성공하라

마태복음 16장 1-12절

거룩한빛광성교회는 창립 때부터 '섬기는 교회, 인재를 양성하는 교회, 상식이 통하는 교회'라는 3대 목표를 세우고 하나님 보시기에 바르고 기쁜 교회가 되려고 노력해 왔습니다. 그 중에서도 인재를 양성하기 위해 교육에 성공하는 교회가 되려고 부단히 노력해 왔습니다. 그래서 개척 때부터 교육부 예산은 부서에서 요구하는 대로 100% 들어주는 것을 원칙으로 삼아 일해 왔습니다. 새로이 건축을 시작하여 진행하면서도 교육부 예산은 그대로 실행하고 있습니다.

그러나 재정이 충분하다고 교육이 다 성공하는 것은 아닙니다. 무엇보다도 중요한 것이 교육자요, 교육자의 정신입니다. 그런데 오늘날 '교회학교 교사는 3D 직분'이라는 말이 생길 정도가 되었고, 교회학교 교사는 늘 부족하여 연말 연초가 되면 교사들을 충원하려고 부장 부감 선생님들이 바쁘게 뛰어 다니는 모습을 흔히 볼 수 있게 되었습니다.

해마다 여름방학이 시작되면 교회마다 수련회로 바쁩니다. 영·유아·유치·아동부의 여름성경학교부터 중·고등부와 청년회의 수련회에 이르기까지 설렘과 기대 속에 땀을 흘리며 행사를 치릅니다. 해마다 행사를 치르면서 새로운 변화를 기대하지만 그 결과는 기대에 미치지 못할 때가 대부분입니다.

결과도 별 만족스럽지 않은데 굳이 교회가 무더운 여름철에 심혈을 기울여 많은 비용을 들이면서, 때로는 위험을 감수하면서까지 수련회를 해야 하는 이유는 무엇일까요? 왜냐 하면 교회에 잘 나오는 아이들이라고 할지라도 절대적으로 학교 위주로 시간을 사용하기 때문에 교회에서는 집중적인 교육을 받을 기회가 없었기 때문입니다. 그래서 방학을 하자마자 다른 곳으로 눈을 돌릴 틈을 주지 않고 곧바로 여름성경학교와 수련회를 통해서 집중 교육을 하는 것입니다. 요즈음은 그것마저도 해외 어학 연수하러 가는 학생들이 많고 이런저런 일이 늘어나다 보니 점점 참여율이 떨어지고 있는 추세입니다.

또 여름성경학교나 여름 수련회에 심혈을 기울이는 이유는 교육은 어릴 때 할수록 효과가 높기 때문입니다. 그래서 유아·유치부, 아동부, 중·고등학생들이 다른 데 마음을 빼앗기기 이전에 하나님의 지혜를 가르쳐야 합니다.

구세군의 창시자 윌리엄 부드(William Booth)의 어머니인 캐서린 부드(Catherin Booth) 여사는 여덟 명의 자녀를 모두 훌륭한 신앙인으로 키웠기 때문에 사람들로부터 존경의 대상이 되었습니다. 한 기자가 그 까닭을 물었습니다.

"어떻게 그렇게 자녀들을 모두 훌륭하게 키울 수 있었습니까?"

그녀는 이렇게 대답했습니다.

"마귀가 가르치기 전에 먼저 가르쳤기 때문입니다."

사람이 일단 마귀의 교육 영향권에 들어가면 거기서 빠져 나오는 데 많은 시간을 필요로 합니다. 그러기 때문에 교회에서도 조기 교육에 집중 투자해야 하는 것입니다. 천주교에서 이런 말을 한 것이 생각납니다.

"4세 이하 어린이들의 교육을 천주교에 맡겨 준다면 전 세계를 천주교인으로 채울 수 있다."

이들은 조기 교육의 중요성을 일찍이 간파하고 있었던 것입니다.

어린 시절에는 기억력이 비상합니다. 충격적이었던 사건, 감동적이었던 사건이 어른이 되어도 평생 기억 속에 남아 있습니다. 그런데 어린 시절에 충격 받은 기억은 부정적인 인격과 자아 형성에 영향을 미치고 심지어는 정신병을 일으키는 단초가 되기도 합니다. 그 반면에 감동 받은 기억은 건강한 자아 형성에 영향을 미쳐서 인생을 풍요롭고 아름답게 가꾸는 데 밑거름이 됩니다. 그래서 부모들은 충격을 기억시키지 않고 감동을 기억시킬 수 있도록 사랑과 정성으로 자녀를 키워야 합니다. 그 자체가 좋은 신앙 교육이 되는 것입니다. 자녀들의 뇌리에 남아 있는 부모의 이미지가 자녀들의 삶을 좌우합니다.

제2차 세계 대전이 끝난 후 서구의 학자들은 어째서 히틀러(Adolf Hitler)가 그 많은 유대인을 죽일 수 있었는지, 어떻게 그렇게 광적이고 잔인할 수 있었는지 많은 연구를 했습니다. 그리고 "그의 불우한 어린 시절의 영향"이라고 결론을 내렸습니다. 히틀러가 어렸을 때 어머니가 바람을 피웠는데 그 대상이 유대인 남자였습니다. 그래서 어린 시절부터 "내가 이 다음에 크면 유대인들을 모두 죽여 버리겠다. 우리 가정의 파괴범은 유대 놈들이다."라며 복수심을 가슴에 품고 자랐던 것입니다.

예수님께서는 어린아이들의 머리에 손을 얹고 축복해 주셨습니다. 아이들은 복을 빌어 주는 것만큼 성장합니다. 가정에서 부모님들의 축복 속에 자라고, 교회에서 교역자와 선생님들의 축복 속에 자라는 아이들은 건강한 자아상을 가질 수밖에 없습니다. 그들은 인생 길에서 악인의 꾀를 따르지 않고 죄인들의 길에 서지 않고 오만한 자들의 자리에 앉지 않게 됩니다(시 1:1). 어려서부터 하나님이 마음에 새겨져 있고 죄가 무엇인지 알기 때문입니다.

우리는 가정교육에 성공하는 부모가 되어야 합니다. 후세 교육에 성공하는 교사들이 되어야 합니다. 교회 교육에 성공하는 거룩한빛광성교회가 될 수 있도록 마음과 뜻과 정성을 합하여 인재 양성에 최선을 다합시다. 제자 교육의 모범을 보이신 예수님을 따릅시다. 그럼 우리가 교육에 성공하기 위해서는 무엇이 필요하겠습니까?

시대 정신을 알아야 합니다

이 시대를 한마디로 표현한다면 무엇이라 표현할 수 있을까요? 하버드대학교의 경제학 교수인 갈브레이드(J. K. Galbraith)는 '불확실성의 시대'라고 말했습니다. 혹자는 '가치관 부재 시대'라고 말하기도 합니다. 제가 볼 때 이 시대는 '혼돈의 시대'입니다. 무엇이 옳고 그른지 구분할 수 없는 가치관 혼돈의 시대입니다. 동성애자들이 권리를 주장하면 세상도 덩달아 그에 동조하여 인권 운운합니다. 그러면 세상 사람들은 '동성애도 옳은가 보다' 생각하고 동성애를 당연시합니다. 이런 풍조가 만연한 세상이 바로 혼돈의 시대입니다.

혹자는 이 시대를 3S, 즉 Speed(속도), Sex(성), Sports(운동)의 시대라고도 합니다. 사람들은 속도와 성과 운동에 미쳐 있습니다. 속도에 대해 생각해 보십시오. 점점 빨리, 점점 빨리를 원합니다. 느린 것을 참지 못합니다. 인터넷 광고 중에 "미친 속도를 드립니다" 하는 문구가 있을 정도입니다. 사람들이 속도에 미치고 있습니다.

성 문제도 상당히 심각합니다. 우리나라의 초등학교 5학년부터 고등학교 3학년까지의 학생 2,370명을 대상으로 설문 조사한 결과, "혼전 성 관계가 가능하다"고 생각하는 청소년이 66%에 달하는 것으로 나타났습니다. 동성애에 대해서는 40%가 "동성애자의 입장을 존중해야 된다"고 답했습니다. 음란물을 접하게 된 경로로는 83%가 컴퓨터를 들었습니다. 성 경험을 한 학생은 전체의 10.7%였습니다. 또 비행 청소년을 대상으로 성 경험이 있는지 조사한 결과 남자는 57.4%, 여자는 82%가 "성 경험을 했다"고 답했습니다.

또 스포츠에 사람들이 얼마나 열광하고 있습니까? 스포츠 스타가 가수나 영화 배우를 넘어서서 국민적 스타 대접을 받고 있습니다. 2003년 6월, 이승엽 선수가 친 300호 홈런 볼을 주운 사람이 1억 2,000만 원을 받고 볼을 팔았다는 기사를 본 적이 있습니다. 미국에서는 유명 선수가 대기록을 수립한 공이라면 몇 십 억을 호가하기도 합니다. 이런 사건 속에서 이 시대의 정신을 읽을 수 있습니다.

> "너희가 저녁에 하늘이 붉으면 날이 좋겠다 하고 아침에 하늘이
> 붉고 흐리면 오늘은 날이 굳겠다 하나니 너희가 날씨는 분별할 줄
> 아면서 시대의 표적을 분별할 수 없느냐?"(마 16:2-3)

예수님께서는 일상적인 일기 변화를 예로 들면서 시대의 표적을 모르는 바리새인과 사두개인들을 꾸짖으셨습니다. 저녁 하늘이 붉으면 다음 날 아침이 맑고, 아침 하늘이 붉으면 그날은 흐리게 되는 것이 유대 지방 기후의 특징이었습니다. 이런 일기 상태를 보고 다음 날 날씨

는 척척 알아맞히면서 하늘에서 온 표적인 예수 그리스도를 알아보지 못한 그들의 영적 무지를 꾸짖으신 것입니다.

바리새인과 사두개인들은 종교적, 정치적 지도자들이었습니다. 그럼에도 불구하고 영적인 무지를 드러냄으로 종교적 지도자가 갖추어야 할 중요한 부분에서 허점을 드러낸 것입니다. 마찬가지입니다. 우리들도 자녀들을 교육하고, 후세들을 교육하고, 교회 교육을 성공적으로 이끌기 위해서는 반드시 시대 정신을 알아야 합니다. 그리고 피교육자들의 영적 상태를 알아야만 합니다.

우리가 살고 있는 21세기는 정보화 시대입니다. 과학 기술의 무한한 발달로 편리한 세상이 되어 가고 있지만 삶의 질에서는 가장 이상적인 유토피아가 아닌 가장 부정적인 디스토피아, 즉 심각한 비인간화 현상이 일어나고 있습니다.

이 시대 속에서 자라나는 우리의 자녀들은 가치관의 혼란을 겪고 있으며, 영혼이 탄식하며, 갈 바를 알지 못하여 방황하고 있습니다. 왜곡된 성 문화와 가치관으로 인해 경건한 하나님의 자녀들이 오히려 비난받고 변두리로 몰리는 기이한 현상이 일어나고 있습니다. 이에 대해 성경은 이미 이렇게 예언하고 있습니다.

"무릇 그리스도 예수 안에서 경건하게 살고자 하는 자는 박해를 받으리라."(딤후 3:12)

정조관념은 구시대의 낡은 유물로, 정조관념을 가지고 있는 사람은 고리타분한 사람으로 비웃음의 대상이 되는 세상이 되어 가고 있습니다. 우리의 자녀들은 우리들보다 이런 어두운 시대를 훨씬 오래 살아가야 합니다. 우리의 사랑하는 자녀들을 어떻게 도와줄 수 있을까요? 우리의 자녀가 사탄의 문화에 대적하며 그리스도 안에서 경건한 문화를 세상에 꽃피울 수 있는 강력한 십자가 용사가 되기 위해서는 어려서부터 예수 그리스도의 보혈로 씻음 받은 확신과 성령의 기름 부으심을 체험하게 해야 합니다. 그러기 위해서는 우리의 자녀들, 사랑하는 피교육자들이 처해 있는 환경을 이해하고, 시대정신의 사악함을 파악하고, 저들의 영혼의 곤핍함을 알아야만 합니다(사 50:4). 그럴 때 진정한 교육이 이루어질 수 있습니다.

그리스도인들은 항상 시대정신의 악함을 깨달아야 합니다. 우리 자녀들의 영혼의 곤핍함을 이해하고, 그들을 위로하고 격려하며 바른 길로 인도하여 교육에 성공하는 부모와 선생님이 됩시다.

누룩을 주의해야 합니다

교육의 환경적 요인을 말할 때 반드시 이야기되는 사람이 맹자의 어머니입니다. 맹자가 어렸을 때 묘지 근처로 이사를 갔습니다. 맹자의 어머니가 밥 먹을 시간이 되어도 오지 않는 아들을 찾아가 보니 친구들과 정신없이 놀고 있는데 "아이고, 아이고" 하며 죽은 사람 장례 치르는 흉내를 내며 놀고 있는 것이었습니다.

교육상 안 되겠다 생각하고 이사를 했는데 시장 옆이었습니다. 이번에 아들이 노는 것을 보니 매일 장사하는 놀이만 하는 것이었습니다. 그래서 여기도 안 되겠다 생각하고 서당 옆으로 이사를 갔더니 공부하는 흉내를 내면서 노는 것이었습니다. 이렇게 시작된 공부를 통하여 성현의 반열에 드는 훌륭한 학자가 되었다고 해서 '맹모삼천지교(孟母三遷之敎)'라는 말이 생긴 것입니다.

요즈음은 이 이야기를 재해석하기도 합니다. 맹자가 모든 사회 계층을 아우르는 덕이 있는 학자가 될 수 있었던 이유는 묘지 근처 동네에서 살면서 사람은 언젠가 죽는다는 사실 앞에서 인생을 알고 겸손을 배웠기 때문이고, 장터 근처에서 살면서 서민들의 애환을 알고 경제 원리를 알고 인간 이해가 깊어졌기 때문이고, 그 바탕 위에 학문을 세웠기 때문에 훌륭한 학자가 되었다는 것입니다. 아무튼 교육에 있어서 환경이 차지하는 비중이 매우 크다는 사실을 말해 줍니다.

그런데 교육에 환경 못지않게 중요한 것이 있습니다. 무엇인지 아십니까? 바로 지도자입니다. 선생을 잘 만나느냐, 그렇지 않느냐에 따라 인생의 길이 완전히 달라질 수 있습니다.

예수님 당시 이스라엘은 종교적 사회였는데 그들의 지도자들이 바리새인과 사두개인들이었습니다.

> "예수께서 이르시되 삼가 바리새인과 사두개인들의 누룩을 주의
> 하라."(마 16:6)

제자들은 예수님께서 말씀하신 뜻을 깨닫지 못하고 어리둥절해 하고 있었습니다. 예수께서 다시 한 번 제자들에게 떡에 관한 것이 아니라고 구체적으로 말씀하시며 "바리새인과 사두개인들의 누룩을 주의하라."(마 6:11)라고 하시자 제자들이 그때서야 그들의 교훈을 삼가라는 말씀이신 것을 깨달았습니다. 그러면 예수님께서는 왜 이스라엘 백성들의 지도자인 바리새인과 사두개인들을 주의하라고 하셨을까요?

바리새인은 BC 4세기경 종교개혁을 주장하던 하시딤(Hasidim)의 후예들로서, BC 170년경 하시딤 파가 주동한 마카비 혁명 이후 바리새파란 이름을 얻었습니다. 이들은 율법 준수에 철저했기에 백성들의

존경을 받았으나 너무 철저하게 지킨 나머지 지나친 형식주의에 기울었고, 예수께서 이를 비난하자 예수님을 대적하게 된 것입니다.

사두개인은 다윗 시대 사독 대제사장의 이름에서 유래한 당파로서 사독의 후예임을 자처하는 제사장들이 BC 160년경에 만든 당파입니다. 이들은 종교적 기득권을 위하여 로마 정부와 야합하여 천사, 사탄 등의 영계는 물론 부활과 영생 등 내세를 믿지 않았습니다. 한마디로 종교 귀족이자 정치적인 집단이었습니다.

제사장 집단과 종교개혁을 외치는 집단은 서로 앙숙 관계임에도 예수님을 대적하는 일에는 하나가 되었습니다. 이들은 종교적 지도자이면서도 백성들을 바르게 인도하지 못했습니다. 바리새인들은 형식에 얽매여 민중들에게 신앙으로 인한 자유와 기쁨을 얻을 수 있는 기회를 박탈하고 자기의 의를 뽐내고 있었습니다. 사두개인들은 기득권을 유지하고 성전세와 성전 장사 등의 이권을 통하여 부귀와 영화를 꾀하는 물량주의, 기회주의적인 집단으로 전락해 있었던 것입니다. 이러한 바리새인과 사두개인들을 누룩에 비유하여 예수님께서 "삼가 주의하라"고 제자들에게 주의를 주신 것입니다.

누룩은 빵을 만들 때 밀가루를 발효시키는 발효소입니다. 부풀게 하는 성질 때문에 성경에서는 죄악을 확장하고 전염시키는 모습(마 16:6)이나 복음을 확장시키는 능력을 가진 천국의 모습(마 13:13) 두 가지로 묘사되고 있습니다. 오늘 예수님께서 말씀하신 바리새인과 사두개인의 누룩은 죄악을 뜻합니다.

지도자는 마땅히 피지도자를 바른 길로 인도해야 할 책임이 있습니다. 그럼에도 불구하고 바리새인과 사두개인들은 백성들을 멸망의 길로 인도했던 악한 지도자들이었습니다. 이들에 대해 예수님께서 "맹인이 맹인을 인도한다"(마 15:14)고 질타하셨습니다. 지도자가 잘못되면 자신뿐만 아니라 피지도자를 망쳐 놓게 된다고 책망하신 것입니다 (눅 12:52).

부모와 선생 된 우리가 조심해야 할 누룩에 대해 생각해 봅시다. 우리의 사고 속에, 혹은 생활 습관 속에 교묘하게 퍼져 있는 누룩을 찾아 봅시다. 물질 본위적 사고의 누룩은 없습니까? 결과 중시적 사고의 누룩은 없습니까? 혼합적 신앙의 누룩은 없습니까? 기복적이고 현세적인 누룩은 없습니까? 이런 누룩을 찾아 버리지 않는다면 이 누룩은 우리의 자녀들, 우리가 가르치는 학생들, 우리의 영향권에 있는 사람들에게 점점 퍼져 나갈 것입니다. 그러면 우리 교회와 우리의 신앙과 한국 기독교는 기복적 종교, 상대적 진리, 세상과 혼합된 타락한 종교가 되고 말 것입니다.

우리를 깨끗하게 하기 위해 예수님께서 피 흘려 죽으셨습니다. 그러므로 우리는 그 보혈의 공로로 죄 씻음 받고 누룩 없는 자가 되었습니다. 우리들은 순전한 복음을 전해야 합니다. 물질보다 사람을 귀하게 여기고, 기복 신앙을 물리치고, 오직 예수의 절대적 신앙만을 자녀들에게 가르쳐야 할 사명이 있습니다(고전 5:7). 내 안에 있는 묵은 누룩을 내버리십시오. 순수한 복음만을 전하는 아비와 스승이 되십시오.

십자가의 길을 가르쳐야 합니다

교육 중에 가장 좋은 교육은 본을 보이는 것입니다.

"내가 그리스도를 본받는 자가 된 것같이 너희는 나를 본받는 자
가 되라."(고전 11:1)

이같이 말할 수 있는 사도 바울은 정녕 위대한 신앙인입니다. 바닷가의 어미 게가 자기는 옆 걸음을 치면서 새끼에게 자꾸 똑바로 걸으라고 채근합니다. 새끼 게는 엄마의 옆 걸음밖에 본 것이 없으니 자꾸 옆으로만 걷게 됩니다. 혀 짧은 아버지가 '바담 풍(風)' 하면서 아들에게 따라 하라고 하니까 '바람 풍'이 '바담 풍'이 됩니다. 쥐어박아도 계속 '바담 풍'만 할 수밖에 없습니다.

올바르게 가르치려면 올바른 본을 보여 주어야 합니다. 마찬가지로 십자가의 길을 가르치는 유일한 방법은 십자가를 지는 것입니다. 아이들은 삶을 통해 배우기 때문입니다. 도로시 로놀트는 「삶을 통해 배우는 아이들」이라는 시에서 이를 잘 말해 주고 있습니다.

꾸중 속에 자란 아이 저주를 배우고
적개심 속에 자란 아이 싸움을 배우고
비웃음 속에 자란 아이 자기 속에 숨는 법을 배우고
부끄러움 속에 자란 아이 죄의식을 배우고
관용 속에 자란 아이 인내하는 법을 배우고
격려 속에 자란 아이 자신감을 배우고
칭찬 속에 자란 아이 감사하는 마음을 배우고
공평함과 보호 속에 자란 아이 신념을 갖는 법을 배우고
인정 속에 자란 아이 자신을 좋아하는 법을 배우고
포용과 우정 속에 자란 아이 세상에서 사랑을 찾는 법을 배운다

저는 여기에 "십자가 사랑을 받은 아이 십자가 지는 법을 배운다"라는 말을 하나 더 붙이고 싶습니다.

예수님께서는 바리새인과 사두개인들이 예수를 시험하여 하늘로부

터 오는 표적을 보여 달라고 요구하자 악하고 음란한 세대에게는 요나의 표적밖에는 보여 줄 것이 없다고 말씀하시고 떠나셨습니다(마 16:1, 4). 유대인과 헬라인 두 집단을 오가며 복음을 전했던 바울은 유대인은 표적을 구하고 헬라인은 지혜를 찾는다고 두 민족의 특징을 꼬집어 말했습니다(고전 1:22).

유대인은 표적을 좋아합니다. 모세가 보였던 수많은 표적들을 좋아합니다. 그래서 예수님께 나아와 당신이 하나님의 아들이라면 그런 표적을 보여 증명하라고 요구한 것입니다. 그때 예수님께서 의미심장한 말씀을 하십니다. "너희들에게는 어떤 표적을 보여 주어도 소용이 없다. 이미 보리떡 다섯 개와 물고기 두 마리로 오천 명을 먹이고 열두 광주리 남긴 것을 보지 않았느냐? 그런데도 믿지 않는 너희에게 무엇을 더 보여 주겠느냐? 하나 더 보여 줄 것이 있다면 요나의 표적밖에는 없느니라."라고 하신 것입니다. 요나의 표적이 무엇입니까? 요나가 물고기 뱃속에 들어갔다가 3일 만에 살아난 것을 말합니다. 이것은 곧 예수님께서 십자가에 죽으시고 3일 만에 부활하실 것을 예언하신 것입니다.

구약의 요나 선지자는 예수님의 죽으심을 예표한 인물입니다. 그러니까 요나의 표적은 곧 십자가를 뜻합니다. 예수님께서 가실 십자가의 길을 예고하신 것입니다. 우리는 자녀들을 교육하면서, 교회학교에서 제자들을 양육하면서 십자가의 길을 가르쳐야 합니다. 십자가를 빼놓고 면류관만 가르치면 안 됩니다. 굼벵이의 오랜 기다림이 없이는 한여름 매미의 시원한 울음도 없습니다. 알 속의 답답한 침묵이 없이는 창공을 비상하는 독수리의 위용도 없습니다.

교육이란 날 수 있는 날개를 달아 주는 것입니다. 창공을 나는 새가 되기 위해서는 십자가의 고통을 참고 견뎌야 합니다. 우리가 사는 지금이 세상이 험하다고 하지만 우리의 자녀들이 살아가야 할 미래는 지뢰밭과 같이 더 위험한 세상입니다. 누가 우리 아이들 곁에 항상 붙어 있어 이들을 이끌어 줄 수 있습니까? 아무도 이들을 끝까지 이끌어 줄 수 없습니다. 그러므로 십자가 지는 것을 가르쳐야 합니다. 십자가를 질 때 그곳에 하나님의 손길이 임한다는 사실을 가르쳐야 합니다. 십자가는 하늘과 땅이 만나고, 하나님과 인간이 만나는 자리이기 때문입니다.

십자가는 하나님께서 세상에 내려오셔서 인간을 만나신 자리입니다. 그러므로 십자가는 만남이요, 하나님께서 임재하신 지점입니다. 내가 가정을 위해 십자가를 질 때 그곳에 주님이 함께 계십니다. 내가 교회를 위해 십자가를 질 때 그곳에 주님이 함께 계십니다. 내가 나라를 위해 십자가를 질 때 그곳에 주님이 함께 계십니다. 자녀들에게 십자가를 지게 하십시오. 학생들에게 십자가를 지게 하십시오. 안쓰럽다고 십자가를 대신 져 주면 그 아이는 하나님을 만나지 못하고 맙니다. 그렇게 약한 사람은 십자가 용사가 되지 못하고 마귀의 밥이 되고 맙니다.

수십 년 전 알래스카의 자원 보호 지역에는 약 사천 마리의 사슴이 있었습니다. 그런데 때때로 늑대가 나타나 사슴을 잡아먹었습니다. 이를 안타깝게 여기고 사슴을 보호하기 위해 늑대를 모두 잡아 죽였더니 사슴이 무려 4만 2천 마리로 늘었습니다. 그런데 예기치 않은 일이 일어났습니다. 늑대가 없어지자 편안해진 사슴들은 뛰지 않고 게을러지기 시작했습니다. 운동의 감소로 체질이 약해져서 병을 견디지 못하고 죽어 가기 시작했습니다. 그래서 결국은 처음보다 훨씬 적은 수가 남게 되었습니다. 원인을 발견한 당국에서 늑대를 다시 풀어놓았더니 사슴들은 늑대에 잡혀 먹지 않기 위해 뛰기 시작했고 다시 건강을 되찾고 번식하기 시작했다고 합니다.

기독교 교육은 십자가를 통해 예수님을 만나고 하나님을 만나게 하는 것입니다. 고난의 십자가를 지게 해야 영적으로 건강한 신앙인이 될 수 있습니다.

파스칼(Blaise Pascal)은 『팡세(Pense)』에서 "모든 사람의 마음 속에는 하나님이 만드신 하나의 공간이었다. 이것은 어떠한 피조물로도 채워질 수 없고, 오직 예수 그리스도를 통해서만 채워질 수 있다." 라고 말했습니다. 이처럼 우리와 우리 자녀들의 심령이 예수 그리스도로 가득 채워져야 합니다.

악하고 음란한 이 시대에 곤핍한 자녀들의 영혼을 위로하고, 격려하며, 바른길로 인도하는 부모와 스승이 되십시오. 우리 안에 있는 형식주의의 누룩, 물질주의의 누룩, 혼합 신앙의 누룩을 제거하고 순수한 신앙을 전수하는 부모와 스승이 되십시오. 자녀와 학생들에게 십자가를 알게 하고, 십자가를 지게 하며, 민족의 십자가, 교회의 십자가를 지는 거인으로 자라도록 교육에서 성공하는 부모와 스승과 교회가 되어야 합니다.

3. 상식이 통하는 교회

사도행전 2장 42-47절

거룩한빛광성교회가 창립 당시부터 가졌던 3대 목표 중에 세 번째가 바로 '상식이 통하는 교회'입니다. 우리 교회에 등록하신 성도들 중에 이 목표가 마음에 들어서 교회에 등록했다는 분들도 꽤 있을 정도입니다. 오죽이나 세상에 상식이 통하지 않고, 교회 또한 상식이 통하지 않았으면 이런 목표에 호감을 갖게 되었을까요? 세상 여러 집단 중에서 가장 상식이 잘 통해야 할 교회가 상식이 통하지 않기 때문에 많은 사람들이 교회를 떠나는 경우를 보게 됩니다.

흔히 우리는 상식(常識, common sense)을 정의할 때, 전문 지식이 아닌 정상적인 일반인이 가지고 있거나 또는 가지고 있어야 할 일반적인 지식, 이해력, 판단력, 사리 분별 등이라고 말합니다. 또는 깊은 고찰을 하지 않고도 극히 자명하여 많은 사람들이 받아들일 수 있는 지식이라고 생각합니다.

그러나 우리가 일상적으로 자명한 것으로 받아들이는 지식도 과거 철학자들의 독창적인 사색과 고찰 결과로 얻어진 것이 허다합니다. 철학은 누구나 다 상식이라고 생각하고 자명한 것이라고 인정하는 것을 뒤집어 처음부터 다시 상고하는 데에서 시작합니다. 그리하여 여기서 얻어진 결과가 다시 상식이 되는 것입니다. 따라서 과거 어떤 기인의 비상식적인 말이 오늘의 상식이 될 수 있고, 과거의 상식이 오늘날에 와서는 진부하고 괴이한 비상식이 될 수도 있는 것입니다.

종교개혁자들은 성직은 특별한 신분이라고 가르치고 지켜 왔던 중세 기독교의 주장을 허물고 하나님의 일을 행하는 사람은 농부든 상인이든 성직을 행하는 것이라고 가르쳤습니다. 그러므로 목사만 성직자가 아니라 자신이 하는 일이 하나님의 일이요, 거룩한 일이라는 확신을 가지면 다 성직자라고 가르쳤습니다. 그러나 여기서 중요한 것이 있습니다. 확신이 있다고 다 성직자가 되는 것은 아닙니다. 왜냐 하면 더 중요한 것은 하나님의 방법대로 일을 하는가이기 때문입니다.

오늘날 한국교회가 세상을 향해 선지자의 사명인 경고의 나팔을 불지 못하고, 짖지 못하는 벙어리 개같이 되고 만 것은 성직자가 없어서가 아닙니다. 성직자라고 말하는 사람은 10만 명이나 있지만 하나님의 방법대로 일하는 일꾼들이 적기 때문입니다.

최고의 설교자요, 목회자로 존경받던 분들이 아들에게 교회를 물려줍니다. 사회적으로 비난을 받으면서도 이런 교회 세습은 계속되고 있습니다. 교회 돈을 개인 돈 쓰듯이 맘대로 쓰다가 구속당한 목사님도 있습니다. 부정한 방법으로 돈을 쓰고 총회장에 당선된 목사님도 많습니다. 기업처럼 문어발식 확장을 꾀하면서 지교회를 세우는 경우도 있습니다. 장로가 되려고 운동하는 사람도 있습니다. 임직자들에게 돈을 요구하는 교회도 있습니다. 교회를 사유화하는 목사도 있습니다. 호화로운 생활을 하는 목회자도 있습니다.

독일 교회 목사들 사이에서는 "목사는 아무리 돈이 많아도 벤츠는 타지 않는다"는 묵계가 있다고 합니다. 조상에게 유산을 물려받은 부자 목사라 할지라도 최고급 차의 상징인 벤츠는 타지 않는 최소한의 금도를 지킨다는 것입니다. 하나님의 일을 하는 것도 중요하지만 하나님께서 원하시는 방법으로 하는 것이 더 중요합니다. 그 까닭은 일을 다 행한 후에 버림받을 수도 있고, "내가 너희를 도무지 알지 못한다."는 심판의 선언을 들을 수 있기 때문입니다(마 7:23). 산을 옮길 만한 능력을 행하고 몸을 불사르게 내어 주지 못할지라도 상식적으로 모든 사람에게 "저분은 하나님의 일꾼이야", "저 교회는 하나님의 교회야" 하고 인정받는 것이 필요한 것입니다.

> "여호와께서 너와 함께 계심을 우리가 분명히 보았으므로 우리의 사이 곧 우리와 너 사이에 맹세하여 너와 계약을 맺으리라."(창 26:28-29)

그랄 왕 아비멜렉이 이삭에게 말했던 것과 같이 인정을 받는 그리스도인이 이 땅에 많이 일어나야 할 것입니다.

그렇다면 상식이 통하는 교회, 하나님께서 원하시는 교회, 세상으로부터 인정받는 교회는 어떤 교회입니까?

언로가 트여 있는 교회

흔히 사람들이 가슴을 치면서 "아이고 가슴이야! 아이고 답답해! 아이고 억장이 무너지네!"라고 말하는 것을 들어 보았을 것입니다. 이 말이 무슨 뜻입니까? 말이 통하지 않는다는 뜻입니다. 대화가 되지 않는다는 것입니다. 대화란 쌍방향성을 가지고 있어야 하는데 일방적으로 말할 뿐 이쪽 말이 저쪽으로 전달되지 않으니 답답해서 마음이 터진다는 것입니다. 매일 한 이불 속에서 살을 맞대고 사는 부부도 말이 통하지 않으면 남이나 다를 바 없습니다. 남은 남이니까 그러려니 하지만 부부가 말이 통하지 않으면 얼마나 불행한 일입니까? 그러므로 말이 통한다, 즉 상식이 통하는 것은 참 기분 좋은 일입니다. 상식이 통하는 세상은 살맛 나는 세상입니다.

우리나라 20~30대 중 절반 정도가 기회만 있으면 이민을 가고 싶다는 생각을 가지고 있다는 조사가 보도된 적이 있습니다. 왜 많은 사람들이 그런 생각을 하게 되었을까요? 우리나라가 상식이 통하지 않기 때문은 아닐까 생각을 해 보았습니다. 또 자녀들의 교육을 위해 이민을 가는 가정이 많이 늘었습니다. 교육 제도를 상식적으로 이해할 수 있도록 고쳐야 하는데 전혀 개선의 여지가 없으니까 이민의 행렬이 끊이지 않는 것입니다.

그런데 세상 이야기만 할 것이 아닙니다. 교회도 젊은이들이 등을 돌리고 있습니다. 그 까닭이 무엇일까요? 교회 내에 언로가 막혀 젊은이들의 의사가 전혀 교회 운영에 반영되지 않기 때문입니다. 가령 젊은이들을 위해 교회 내에 '카페'를 설치한다고 합시다. 교회에서는 당회에서 카페를 설치하기로 결정하고 업자를 불러 공사를 하고 멋있게 만든 후에 여는 예배를 드립니다. 그러나 청년들을 진정 배려한다면 계획부터 시공, 그리고 운영까지 그들이 참여할 수 있도록 배려해야 그들의 마당이 될 것입니다. 교회 운영을 결정하는 당회에 참여하는 장로님들은 젊어야 50대, 보통은 60대의 어른들입니다. 여자 장로는 있어야 겨우 한두 분이고 한 분도 없는 교회가 더 많습니다. 이런 상황에서 청년들이나 교인의 60% 이상인 여성들을 온전히 배려할 수 있겠습니까? 그러니 당회가 젊은 교인들과 여자 교인들의 마음을 어루만지는 데 실패하고 사람들이 교회를 떠나게 되는 것입니다. 열린 예배를 매일 드린다고 교회가 열리는 것이 아닙니다. 운영 체제를 근본적으로 바꾸지 않으면 소용이 없습니다. 초대교회는 언로가 트여 있었기 때문에 부흥할 수 있었습니다.

> "그들이 사도의 가르침을 받아 서로 교제하고 떡을 떼며 오로지 기도하기를 힘쓰니라."(행 2:42)

이 말씀은 너무나도 잘 알려진 말씀입니다. 오순절에 성령이 임한 뒤 베드로의 설교로 삼천 명이 주님께 돌아왔습니다. 그리하여 생겨난 초대교회의 모습이 이 말씀에 기록되어 있는 것입니다. 먼저 "사도들의 가르침을 받았습니다". 초대교회 당시에는 사도들의 권위가 분명했음을 나타내는 말입니다. 또한 그들의 가르침이 하나님 보시기에 바른 것이었음을 나타냅니다.

교회가 바르게 성장하기 위해서는 하나님의 말씀이 바르게 전파되고 교육되어야 합니다. 요즈음 말로 말하면 목사들의 권위가 분명해야 합니다. 목사는 말씀으로 성도들에게 생활에 분명한 지침을 주어야 합니다. 어느 것이 길인지, 어느 것이 진리인지, 어느 것이 약이 되고 독이 되는지, 분명히 선과 악을 제시해 주어야 합니다.

그렇다고 목사와 교인의 관계가 수직 관계로 끝나면 안 됩니다. 설교하고 교육할 때는 수직 관계이지만 그 다음에는 수평 관계가 되어야 합니다. 초대교회는 모든 성도들이 "서로 교제했습니다". 성도의 교제를 '코이노니아(Koinonia)'라고 합니다. 초대교회에서는 서로 교제함으로 대화가 통하고 교회 운영에 대해 막힘이 없었던 것입니다.

초대교회 교인들은 "떡을 떼었습니다". 떡을 떼었다는 것은 일차적으로는 성찬식을 의미하고, 이차적으로는 가난한 성도들에게 음식을 제공한 것을 뜻합니다.

또 "기도하기에 힘썼습니다". 가난한 형제를 위해 기도하고, 병든 자를 위해 기도하고, 교회 문제를 놓고 함께 합심하여 기도하며 하나님의 인도하심을 받았던 것입니다.

교회의 중요한 일을 결정할 때 서로 대립되거나 쉽게 판단이 안 서면 "기도한 후에 결정합시다" 하고 연기하는 것이 가장 지혜로운 방법입니다. 기도는 하나님과의 언로를 트는 방법이기 때문입니다. 사람들 사이의 언로가 막히면 하나님과의 언로도 막힌다는 것을 알아야 합니다. 그러므로 기도하여 하나님께 뜻을 묻고 갈 길을 알아야 합니다. 그러므로 기도하여 하나님께 뜻을 묻고 갈 길을 인도함 받는 것이 진정 신앙인의 상식이 통하는 행동입니다. 상식이 통하는 교회는 세상적인 판단이나 지식적인 방법으로 운영하는 교회가 아니라 기도하는 교회를 뜻합니다. 기도할 때 상식이 하나님의 선하신 뜻으로 승화될 수 있다는 비밀을 깨달아야 합니다.

이렇게 상식이 통하는 교회로 운영되던 초대교회도 사도행전 6장에 이르러 교회의 구제 때문에 문제가 발생했습니다. 헬라파 유대인들의 원망이 접수된 것입니다. "왜 맨날 히브리파 유대인들만 구제를 받고 외국에서 살다 온 우리 헬라파 유대인들은 구제를 받지 못합니까?" 하고 항의가 접수되자 사도들이 얼른 모여 회의를 했습니다. 그리고 이 문제는 사도들에게 일이 집중됐기 때문에 생긴 일이라 결론을 내리고 일을 분산시키고 권한을 위임했습니다. 그래서 집사를 선출하게 된 것입니다. 이렇게 초대교회는 언로가 살아 있었고 그것을 수용할 수 있는 지도력이 있었습니다. 이런 교회가 부흥할 수 있습니다.

> "의논이 없으면 경영이 무너지고 지략이 많으면 경영이 성립하느니라."(잠 15:22)

성숙한 공동체는 회의를 잘 합니다. 모든 사람이 자신의 의견을 기탄없이 말하고 지도자들은 그것을 잘 수용할 때 그 공동체는 역동성을 띠게 되어 있습니다. 언로가 트일 때 사람들의 마음이 시원하게 되고 막혀서 썩는 부분이 없습니다.

교회는 언로가 트여 있고, 상식이 통해야 다이내믹하게 성장할 수 있습니다. 그리하여 세상의 본이 되는 아름다운 교회가 되도록 늘 대화에 힘쓰는 성도가 됩시다.

기적이 상식이 되는 교회

흔히 상식 없는 행동을 마구 하는 사람을 속된 말로 '무대뽀'라고 합니다. 이 말은 일본어 '무텟포(無鐵砲)'에서 온 말로서, 아무 데나 마구 쏘아대는 대포를 가리킵니다. 나아가 상식과 상당한 괴리가 있는 무모한 행동을 가리키는 말이 되었습니다.

우리 사회에서 가장 상식과 거리가 먼 행동을 하는 집단이 있다면 정치인들이 아닐까 생각합니다. 기업의 돈을 뜯어다가 불법 선거 자금으로 써 놓고도 그랬다 안 그랬다 갑론을박하며 서로 물고 뜯고 싸우고 있으니 참으로 가관입니다. 무대뽀 정치인들이 국민들의 마음을 불안하게 하고 있습니다. 정치인들이 상식적으로 돌아선다면 이 나라에 기적이 일어날 것입니다. 세상이 달라질 것입니다. 나라의 운명이 달라질 것입니다. "정치인들이 돌아서기를 바라느니 차라리 남자가 아이 낳기를 바라는 것이 낫다."고 말하는 사람들도 있습니다. 그럼에도 불구하고 정치인들은 변해야 합니다. 변하지 않으면 다 함께 죽고 퇴보할 수밖에 없기 때문입니다.

상식이 통하고 예측이 가능한 사회를 만들어야 합니다. 교회도 교인들도 마찬가지입니다. 교회는 세상 사람들의 아픔과 상처를 치료하고 그들의 필요를 채워 주어야 합니다. 교회가 그들에게 사랑과 능력을 보여 주지 못하고 오히려 지탄의 대상이 되는 것보다 더 큰 비극은 없습니다. 초대교회에서는 세상 사람들의 아픔과 필요를 충족시켜 주는 기적이 늘 나타났습니다.

> "사람마다 두려워하는데 사도들로 말미암아 기사와 표적이 많이 나타나니 믿는 사람이 다 함께 있어 모든 물건을 서로 통용하고 또 재산과 소유를 팔아 각 사람의 필요를 따라 나눠 주며"(행 2:43-45)

"사람마다 두려워했다"는 것은 오순절 성령 강림 사건과 이후에 전개된 초대교회 교인들의 삶에서 나타난 기적과 변화된 모습을 보면서 세상 사람들이 경외감을 갖게 되었다는 뜻입니다. 그리고 "사도들로 말미암아 기사와 표적이 많이 나타났다"는 것은 예수님께서 행하셨던 병든 자를 고치시고, 귀신을 쫓아내시고, 죄인들이 죄의 길에서 돌이켜 회개하고, 의의 길로 행하게 되던 놀라운 기적이 사도들로 인해 다시 나타난 것을 말합니다. 또한 교회 안에서 "물건을 서로 통용"하고 자기의 "재산을 팔아" 가난한 사람의 의식주를 해결해 주는 사랑의 운동이 일어났습니다. 과거에 볼 수 없었던 기적이 일어난 것입니다.

초대교회 성도들은 기적을 날마다 목도할 수 있었습니다. 그들에게 있어 기적은 더 이상 소설 속의 이야기가 아니었습니다. 삶에서 날마다 체험하는 상식이 되었던 것입니다. 우리가 기적이라고 생각하는 것은 하나님께 있어서는 상식입니다. 초대교회는 기적을 상식으로 느낄 만큼 하나님의 기적을 매일 맛보았습니다. 지금도 하나님의 상식이 통하는 교회는 날마다 기적을 맛볼 수 있습니다.

교회에서는 하나님의 상식인 기적이 나타날 수 있어야 합니다. 사실 하나님께서는 오늘날까지 수많은 기적을 우리 교회에 베풀어 주셨습니다. 인간적으로 너무 자랑하면 교만해져서 하나님의 축복을 더 이상 받을 수 없을까 봐 말을 아꼈을 뿐입니다. 그 동안 한 주도 빼지 않고 새로운 교인들이 등록하였습니다. 참으로 기적 중의 기적이라고 말하지 않을 수 없습니다. 그 외에도 말로 다 할 수 없는 기적을 베풀어 주셨습니다. 사랑의 바자회를 개최하면 수백 명이 봉사하고 힘들게 일을 하면서도 한 명도 얼굴을 찌푸리거나 마음 상한 일 없이 은혜롭게 마칩니다. 이는 우리 교회가 성숙한 공동체가 되어 가고 있는 것을 의미합니다. 어린 연륜을 가진 교회를 이렇게 만드신 것은 전적으로 하나님의 은혜요, 기적입니다.

하나님의 기적을 날마다 맛보려면 우리 마음에 순수한 믿음이 있어야 합니다. 기적을 방해하는 요소는 교만과 범죄입니다.

여리고 성은 가나안 땅의 관문 도시로서 근동 지방에서 최고로 오래된 성읍이었습니다. 또한 견고한 난공불락의 요새로 이름이 높았습니다. 그런데 여호수아와 이스라엘 백성들은 오직 믿음 하나로 여리고 성을 점령했습니다. 여호수아와 이스라엘 백성들은 오직 믿음 하나로 여리고 성을 하루에 한 바퀴씩 돌라는 하나님의 말씀을 믿고 순종했습니다. 엿새는 한 바퀴만 돌고, 이레째 되는 날에는 일곱 바퀴 돌라는 말씀에 하나님만을 믿고 순종했습니다. 여섯 번 돌 때까지 성벽에 금 하나가지 않았습니다. 성이 무너질 아무런 징조가 보이지 않았습니다. 그럼에도 불구하고 이스라엘 백성들은 하나님을 의심하지 않고 일곱 바퀴 돌았고, 큰 고함을 지르자 성이 와르르 무너져 내렸습니다(수 6장).

기적은 하나님을 끝까지 믿고 순종할 때 나타납니다. 나아만 장군도 일곱 번 요단강 물에 몸을 담그라는 엘리사 선지자의 명령대로 요단강에 몸을 담글 때 여섯 번째까지는 아무런 변화가 일어나지 않았습니다. 그러나 일곱 번째로 몸을 담그고 일어나자 문둥병의 흔적이 사라지고 어린아이의 피부와 같이 희게 되었습니다(왕하 5:14).

기적은 끝까지 믿고 순종하는 자의 몫입니다. 교만과 범죄가 끼어들면 기적이 중단됩니다. 큰 성읍, 난공불락의 여리고를 무너뜨렸던 이스라엘이 조그만 아이 성에서 대패하고 만 이유가 무엇입니까? 아간이 하나님의 명령을 어기고 전리품인 시날산 외투 한 벌과 은 이백 세겔, 오십 세겔 중의 금덩어리 하나를 숨겼기 때문입니다(수 7:21).

저는 이런 영적인 세계의 비밀을 알았기 때문에 오늘도 처음 개척할 때의 마음 자세로 일하기 위해 기도하고, 젊은 시절 개혁을 외치던 정신을 유지하기 위해 노력하고 있습니다. 또한 초심으로 돌아가 개척 정신을 가지고 한 영혼을 천하보다 더 귀하게 여기며 목회한다면 하나님께서 날마다 기적을 보여 주실 것을 확신합니다.

초대교회같이 순수한 믿음으로 온전히 하나님을 신뢰하고 서로 사랑으로 교제하는 교회를 만들어 나갑시다. 그렇게 되면 하나님께서 축복하시고, 친히 이루시고, 경영하셔서 날마다 기적을 일으켜 주실 것입니다. 날마다 기적을 맛보고 기적이 상식이 되는 교회를 이루어 나아가는 모두가 됩시다.

세상으로부터 칭찬받는 교회

교회에 처음 나오는 사람들은 두려움 반, 기대 반으로 나옵니다. 헌금을 할 때마다 괜히 내 재산 뺏기는 느낌이 듭니다. 성도들과 교제를 나누는 것도 부담스럽기만 하고 두렵습니다. 그러면서도 세상에 한 분뿐이신 그리스도를 구세주로 믿으니 내 인생에 축복을 주시지 않겠나 하는 기대가 있습니다. 그러다 차츰 교회 다니는 것에 익숙해지면서 교인들의 흠이 보이기 시작합니다. 매일 서로 사랑하자고 이야기하는데 사랑은 없고, 마음씨는 천사 같을 것이라 생각했는데 꼭 뺑덕어멈 같고, 축복은커녕 엄청난 고난에 쩔쩔 매는 교인들을 보고 실망합니다. 그러다 교회에서 싸우는 꼴이라도 보게 되면 세상 사람들보다 더하구나 싶어 멀리멀리 떠나 버립니다.

그러므로 교회는 처음 나온 초신자들의 기대를 저버리지 않도록 천국은 못 되더라도 비슷한 모습을 보여 주어야 합니다. 서로 사랑하고 화목한 공동체를 이루어야 합니다. 초대교회는 이런 모습을 갖추고 있었기에 세상 사람들로부터 칭찬받았고 사모하는 많은 사람들이 교회를 찾아 나오게 된 것입니다.

"날마다 마음을 같이하여 성전에 모이기를 힘쓰고 집에서 떡을 때며 기쁨과 순전한 마음으로 음식을 먹고 하나님을 찬미하며 또 온 백성에게 칭송을 받으니 주께서 구원받는 사람을 날마다 더하게 하시니라."(행 2:46-47)

초대교회는 "마음을 같이하기"에 힘썼습니다. 마음을 같이하기 위해서는 자기를 주장하면 안 됩니다. 남을 돌아보고 그 마음을 헤아려 자신을 맞추어 나갈 만큼 변화된 모습을 보이라는 말씀입니다. 교회를 아무리 오래 다녀도 자기중심적인 사람은 남을 피곤하게 하고 실족시킵니다. 남을 배려하는 성숙한 자세를 가질 때 공동체에 기쁨이 넘치고, 자신도 은혜를 받게 됩니다. 그런 교회에서는 찬송이 넘칠 수밖에 없습니다. 싸우고 다툴 일이 없습니다. 세상 사람들이 부러워하며 존경하는 단체가 됩니다. 이 모습을 바라보고 있던 세상 사람들에게 손을 내밀면 기다렸다는 듯이 따라오게 마련입니다.

이렇게 세상 사람들로부터 칭찬받았던 초대교회는 날마다 구원받는 사람들이 더하게 되었던 것입니다. 초대교회는 우리의 영원한 모델입니다. 한국의 모든 교회는 초대교회를 닮은 교회가 되어야 합니다.

세상에서 칭찬받는 교회가 되기 위해서는 첫째로, 성도들이 성결한 생활을 해야 합니다. 둘째로, 성도 간에 서로 화목해야 합니다. 셋째로, 교회가 합리적으로 운영되어야 합니다.

성도들의 성결한 생활은 어떤 생활일까요? 개인이 변화 받아 생활 속에서 성결한 모습을 보이는 것입니다. 끊을 것은 끊고, 가릴 것은 가리고, 지킬 것은 지켜야 합니다. 술, 담배, 축첩, 노름, 제사를 끊어야 합니다. 말을 조심하고, 나쁜 친구를 조심하고, 오락을 조심해야 합니다. 주일을 성수하고 십일조를 지켜야 합니다.

성도 사이에는 절대 반목하거나 대립하거나 다투는 일이 없어야 합니다. 패를 갈라 싸우는 일은 절대 금물입니다.

교회 운영을 합리적으로 하기 위해서는 지혜가 필요합니다. 교회의 싸움이 신학적이고, 교리적이고, 성경적인 문제가 원인이 되는 경우는 거의 없습니다. 싸우는 대부분의 이유는 회의를 잘 못 하고 제도적 안

전장치를 잘 활용하지 못하기 때문입니다. 이런 교회에서는 목사님을 천사로 봤다가 마귀로 대하고 대적하는 사람들이 생기게 됩니다. 그러나 목사도 하나님 앞에서 연약한 한 인간입니다. 이를 인정하고 제도적으로 안전장치를 해야 합니다. 즉, 임기제, 신임투표제 등의 견제 장치를 갖추어야 경계심을 가질 수 있기 때문입니다. 재정의 문제에 있어서도 목회자는 재정에 일절 손대지 않도록 하는 것이 제일입니다. 또한 목사가 합리적 회의법을 잘 익혀서 교인들 간에 참여와 책임을 가르쳐야 갈등을 최소화하고 교회가 부흥할 수 있습니다.

한국교회는 싸움을 잘하기로 세계에서 가장 유명합니다. 미국에서도, 유럽에 있는 교포 교회들도 분열에 분열을 거듭합니다. 교단 둘이 합하면 반드시 세 개의 교단으로 분열됩니다. 그러다 보니 교회는 싸우는 곳이라는 인식이 널리 퍼져 있습니다.

우리는 이런 교회의 수치를 씻어야 합니다. 우리 거룩한빛광성교회로 인해서 세상 사람들이 화목하고 사랑하는 사람들을 보면 "여기는 꼭 교회 같네." "교회 다니시나 봐요." 하고 칭찬할 수 있도록 교회에 대한 부정적 인식이 바뀌게 되기를 간절히 바랍니다. 그러기 위해서 더욱 성결한 생활에 힘써야 합니다. 화목한 교회를 만들어야 합니다. 교회를 합리적으로 운영하기 위해 지혜를 발휘해야 합니다.

초대교회를 보십시오. 교인들이 성결한 생활을 하고, 서로 화목하며, 합리적으로 교회를 운영하다 보니 세상에 좋은 소문이 났습니다..

"사도들이 손을 통하여 민간에 표적과 기사가 많이 일어나매 믿는 사람이 다 마음을 같이하여 솔로몬 행각에 모이고 그 나머지는 감히 그들과 상종하는 사람이 없으나 백성이 칭송하더라. 믿고 주께로 나아오는 자가 많으나 남녀의 큰 무리더라."(행 5:12-14)

이처럼 세상 사람들로부터 존경과 칭찬을 받게 될 때 한국교회가 다시 부흥하게 된다는 사실을 기억하시기 바랍니다.

상식이 통하는 교회가 진리를 효과적으로 증거할 수 있습니다. 상식이 통하는 교회야말로 부흥하고, 시대적 사명을 감당할 수 있습니다. 막힘없이 세대 간의 대화가 이루어지고, 교역자와 성도들의 대화가 이루어지고, 기도로 하나님과 언로가 트여 있는 교회를 이루어 나갑시다. 순수한 믿음으로 하나님을 신뢰하고, 서로 사랑함으로 하나님의 기적을 날마다 맛보는 교회를 이루어 나갑시다. 성결한 생활과 화목한 관계와 합리적 운영으로 세상 사람들로부터 존경과 칭찬을 받는 아름다운 교회, 상식이 통하는 교회를 이루어 나가는 성도가 됩시다.

4. 날마다 개혁하는 교회

느헤미야 13장 4-31절

초대 기독교는 예루살렘에서 일어난 핍박을 통하여 사마리아로, 안디옥으로 퍼져 가게 되었습니다. 그리하여 안디옥교회가 세워졌고, 안디옥교회에서 최초의 선교사로 파송 받은 바나바와 사울에 의해 소아시아 지방에 복음이 전파되었습니다. 또 1차 전도 여행을 성공적으로 마치고 2차 전도 여행에 나선 바울에 의해 소아시아를 넘어 유럽에 복음이 전파되고 곳곳에 교회가 세워졌습니다. 이 복음을 받고 당시 세계의 중심이었던 로마로 들어간 그리스도인들에 의해 로마에도 교회가 세워졌습니다. 예루살렘에서 시작된 복음의 물결이 세계 곳곳으로 널리널리 퍼져 가기 시작한 것입니다.

"오직 성령이 너희에게 임하시면 너희가 권능을 받고 예수살렘과 온 유대와 사마리아와 땅끝까지 이르러 네 증인이 되리라 하시니라."(행 1:8)

기독교가 민중 속에 깊이 뿌리를 내리던 중 AD 64년 로마에 대화재가 일어났습니다. 민심 수습을 위해 고심하던 네로(Nero) 황제는 화재의 원인을 기독교인의 탓으로 돌렸고, 이로 인해 기독교 박해가 시작되었습니다. 그 뒤 10명의 황제가 계속해서 기독교를 박해하자 기독교인들의 씨가 마르게 될 정도였습니다. 그리하여 지상에서 더 이상 신앙생활을 할 수 없었던 그리스도인들이 지하의 공동묘지 속으로 들어가 신앙생활을 하게 되었습니다. 이 지하 교회를 카타콤이라고 하는데, 현재 이탈리아 전역과 수리아, 알렉산드리아, 시칠리아, 스페인 등에서 카타콤의 흔적이 발견되고 있습니다.

　　카타콤에서 신앙생활을 하며 약 250년간 핍박받았던 기독교는 AD 313년, 콘스탄틴(Constantine) 대제의 밀라노 칙령에 의해 신앙의 자유를 얻게 되었습니다. 그 후 AD 395년에 드디어 기독교가 로마 제국의 국교가 되었습니다. 기독교가 로마의 국교가 되면서 교회는 눈부신 성장을 하게 되었습니다. 그러나 외형적으로 엄청난 성장을 거듭하던 교회는 고난이 사라지면서 점점 나태와 안일에 빠져 영적으로 타락하기 시작했습니다.

　　중세기는 기독교의 세계였지만 역사가들은 중세기를 '암흑시대'라고 말합니다. 왜냐 하면 국교(國敎)의 지위를 누리던 기독교의 오만이 극에 달해 다른 사상과 생각을 수용하지 못한 채 일방적인 문화만을 강요했기 때문입니다. 천 년 동안 이렇게 영화를 누린 기독교의 타락상은 심각한 지경에 이르렀습니다. 성직을 사고파는 성직 매매가 공공연하게 자행되었고, 교회들은 부를 축적하는 데 바빠 민중들의 고단한 삶을 위로하지 못했습니다.

　　달이 차면 기우는 것이 만물의 이치듯이 곳곳에서 교회가 극심하게 타락하자 교회를 개혁해야 한다고 외치는 선지자들이 등장했습니다.

옥스퍼드대학 신학 교수였던 위클리프(J. Wycliffe), 프라하대학의 신학 교수였던 후스(J. Huss), 도미니코수도회의 산 마르코 수도원 원장이던 사보나롤라(Savonarola)와 같은 이들이 부패한 교회를 맹렬히 공격하고 하나님의 심판이 임박한 것을 외치다 처형을 당하고 말았습니다. 이런 외침에도 불구하고 타락한 교회는 깨어나기는커녕 점점 더 깊은 수렁으로 빠져 들어갔습니다.

어느덧 16세기에 접어들었습니다. 법학 공부를 하러 도시에 나가 있던 독일 광산촌 출신의 한 청년이 여름방학을 맞아 친구와 함께 고향 방문에 나섰습니다. 그런데 친구와 들판을 지나던 중 폭우를 만나게 되었습니다. 그들은 얼른 큰 나무 밑으로 비를 피했습니다. 그때 번개가 번쩍 하더니 그 나무 위로 벼락이 떨어졌습니다. 깜짝 놀라 엎드리는 순간 옆에 있던 친구가 "악!" 하고 비명을 질러서 보니 새까맣게 타 죽어 있었습니다. 청년은 친구의 시신이 타 버린 자리에서 깊은 두려움을 가지로 꿇어 엎드려 "하나님, 저를 살려 주십시오. 그러면 신부가 되겠습니다."라고 서원한 후 그 길로 법률 공부를 그만두고 성직자의 길을 걷게 되었습니다. 그리고 신학 박사가 되어 비텐베르크대학에서 교수가 되었습니다.

당시 교황 레오 10(Leo X)세는 베드로성당을 건축하기 위해 면죄부를 판매하고 있었습니다. 당대의 신부 중 유명한 테젤(Johann Tetzel)은 군중을 향해 외쳤습니다.

"여러분의 면죄부를 산 돈이 헌금함에 떨어지는 순간, 여러분의 죄는 사해지고 여러분 부모의 영혼은 천국으로 올라갑니다."

이런 현실에 젊은 성직자는 분노했습니다. 그리고 1517년 10월 31일, 비텐베르크 성당 입구에 95개 항목의 항의문을 내걸고 교황에게 답변해 줄 것을 요구했습니다.

"죄는 회개를 통해 용서받고 오직 의인은 믿음으로 말미암아 사는 것(롬 1:17)이지 면죄부를 사서 인간이 속죄받을 수 없다. 교황청은 무엇을 근거로 이런 거짓말을 하는지 답변하라."

이에 교황은 젊은 성직자를 즉각 파면했고, 그때부터 그는 개혁의 선두에 서게 되었습니다. 34세의 젊은 성직자로부터 시작된 개혁의 물결은 전 유럽을 흔들었습니다. 이 젊은 성직자가 바로 마르틴 루터(Martin Luther)입니다.

종교개혁은 영어로 'reformation'이라고 하는데, 이 단어는 '다시(re)'라는 뜻과 '다시 짜기(formation)'라는 두 가지 뜻이 합해진 복합어입니다. 즉, 종교개혁(reformation)은 '틀을 다시 짠다'는 뜻입니다. 그런데 여기서 중요한 것을 한 가지 발견할 수 있습니다. 바로 종교개혁이라는 말 속에 '종교'에 관한 의미가 없다는 것입니다. 이것은 무엇을 의미합니까? 바로 종교개혁이란 단순히 종교를 개혁하는 것으로 그치는 것이 아니라 세상의 틀을 다시 짜는 것이 종교개혁임을 의미하는 것입니다.

마르틴 루터로 시작된 종교개혁이 세계 역사를 새롭게 했습니다. 그런 의미에서 종교개혁은 참으로 중요합니다. 21세기 한국교회에도 심령과 가정과 교회와 사회가 새로워지는 '다시 틀 짜기'의 역사가 일어나야 합니다. 그렇다면 오늘날 나 자신과 우리 교회와 한국교회가 개혁하기 위해 이루어야 할 과제는 무엇이겠습니까?

사욕을 버려라

느헤미야는 페르시아에서 살던 유대인으로 페르시아 왕의 측근인 술

맡은 관원, 즉 비서실장의 지위에까지 오른 위인이었습니다. 그는 고국에서 온 형제로부터 예루살렘 성이 허물어져 폐허가 되었다는 소식을 듣고는 애통해했습니다. 그리고 왕의 허락을 받아 성벽 재건의 임무를 부여받고 예루살렘 총독으로 부임하여 온갖 방해를 무릅쓰고 성벽을 재건했습니다. 그 다음으로 율법을 낭독하고 회개 운동을 일으켜 백성들의 심령에 무너진 성벽을 다시 쌓는 종교개혁을 일으켰습니다. 그 후 진행된 일을 왕에게 보고하기 위해 페르시아로 갔다가 다시 돌아왔을 때에 일어난 사건의 내용이 바로 느헤미야 13장 4-31절의 내용입니다.

6절에 보면 '바벨론 왕 아닥사스다'라는 표현이 있습니다. 아닥사스다 왕은 페르시아 왕인데 왜 바벨론 왕이라고 했을까요? 바벨론은 페르시아에 정복당하여 사라진 지 이미 오래되었는데도 말입니다. 왜냐하면 바벨론은 비록 페르시아에 패망했지만 그들의 국력과 영향력은 참으로 대단했기 때문에 페르시아 왕들은 스스로를 '바벨론 왕'이라고 부르기를 즐겨했습니다. 바벨론이 미친 영향력이 얼마나 대단한지 지금까지도 바벨론의 영향이 곳곳에 나타나고 있음을 볼 수 있습니다. 가령 천주교의 마리아 숭배 사상도 바벨론의 여신 숭배 사상의 영향을 받은 것이라고 주장하는 학자들도 있습니다. 또 바벨론은 성경에서 음녀를 상징하는데, 오늘날에도 이방 종교나 사악한 집단 속에 바벨론의 악한 영향력은 계속되고 있습니다.

어쨌건 느헤미야는 12년간 예루살렘의 총독으로 있으면서 성벽을 건축하고 종교개혁을 단행한 후에 페르시아로 돌아갔다가 1년 만에 고국으로 돌아왔습니다. 돌아와 보니 기가 막히게도 12년간 개혁했던 일들이 모조리 원점으로 돌아가 있었습니다. 더욱 어처구니없는 일은 도비야라는 사람이 성전의 부속실 중에 큰 방을 개인용으로 사용하고 있었던 일이었습니다.

느헤미야가 예루살렘 총독으로 부임하기 전에는 예루살렘에 총독이 없었기 때문에 사마리아 총독인 산발랏이 예루살렘에까지 영향력을 행사하고 있었습니다. 그런데 느헤미야가 예루살렘에 부임해서 성벽을 건축하자 자신의 영향력 상실을 우려한 산발랏이 격렬하게 성벽 건축을 방해했습니다. 이때 산발랏을 도와 느헤미야를 함께 방해했던 사람이 있었는데 그가 바로 암몬 사람이자 페르시아 왕국의 관리를 지낸 도비야였습니다.

바로 이 원수 같은 도비야가 버젓이 성전 부속실을 차지하고 있었으니 얼마나 기가 막혔겠습니까? 도비야는 유대의 귀족과 맺은 혈연관계와 제사장 엘리아십과 맺은 친분관계를 이용하여 성전 방을 차지한 채 정치적 영향력을 행사하고 있었던 것입니다. 느헤미야는 이 악한 일을 보고 도비야의 세간을 방 밖으로 다 내던졌습니다. 그리고 그 방을 정결하게 하고 그 방에 있었던 성전 제사용 그릇과 소제물과 유향을 다시 들여놓았습니다(느 13:8-9).

개혁은 자신을 포기하는 데서부터 시작됩니다. 하나님을 이익의 재료로 삼고 자기 배를 하나님으로 삼는 그런 행위로는 결코 새 일을 행할 수 없습니다. 먼저 자신을 돌아보고 그 다음으로 가까운 가정과 가족부터 새롭게 해야 합니다.

우리나라의 역대 대통령들을 생각해 보십시오. 대통령에 취임하면서 모두 개혁을 천명했습니다. 안 한다고 한 사람은 한 명도 없습니다. 그런데 모두 어디서 제동이 걸렸습니까? 자신의 사욕을 채우다 걸리고, 아니면 동생·아들·가족 문제로 걸려서 개혁이 실패하지 않았습니까? 그래서 예수님께서는 "누가 내 어머니이며 내 동생들이냐…누구든지 하늘에 계신 내 아버지의 뜻대로 하는 자가 내 형제요 자매요 어머니이니라"(마 12:48-50)고 말씀하셨던 것입니다.

개혁을 위해서는 자기보다는 하나님을, 부모·형제·자식보다도 하나님의 뜻을 앞세울 수 있어야 합니다. 그런데 우리는 너무 자기중심적이요 사욕을 추구하는 이기적인 성품을 가지고 있습니다. 사욕은 두 가지 뜻이 있습니다. 첫째로, 자기 개인의 이익만을 찾는 욕심(私慾)을 말하고, 둘째로, 그릇된 욕망(邪慾)을 말합니다. 자기 개인의 이익만을 찾는 것은 그릇된 욕망이므로 두 '사욕(邪慾)'을 한자로는 다르게 쓰나 우리말로는 같이 보아도 무방합니다. 사도 바울도 '사욕'을 땅에 있는 지체(골 3:5)라고 말했습니다.

사욕을 버리고 하나님의 뜻을 먼저 찾을 때 개혁은 가능합니다. 아간 한 사람의 사욕이 여리고 성을 빼앗고 사기충천했던 이스라엘 전체에게 패전의 쓰라림을 안겼습니다. 아간은 여리고 성을 빼앗고 얻은 전리품 중에 시날산의 아름다운 외투 한 벌, 은 이백 세겔, 금덩이 오십 세겔을 탐내어 장막 가운데 땅 속에 숨겨 두었습니다. 이것을 보신 하나님께서 진노하셔서 여리고 성의 십분의 일도 안 되는 작은 아이 성에서 이스라엘을 패하게 만드셨습니다.

사사로운 욕심과 그릇된 욕심은 자신을 멸망시킬 뿐 아니라 공동체도 멸망으로 이끌어 간다는 사실을 기억해야 합니다. 얼마 전 한국교회의 여러 교단이 함께 운영하는 기독교방송이 일 년 반 동안 사장을 뽑지 못하고 표류하고 있다가 겨우 일단락된 적이 있었습니다. 몇몇 사람이 사욕을 채우기 위해 끝까지 그 자리를 차지하려고 싸우느라 참으로 부끄러운 일이 벌어진 것입니다. 복음을 전해야 할 방송이 사욕을 채우기 위해 계속 분규에 시달리는 모습이 우리 그리스도인들은 물론 일반인에게까지 어떻게 보였겠습니까? 종교개혁은 오늘도 계속되어야 할 중요한 과제입니다. 사사로운 욕심을 버립시다. 하나님과 교회를 이익

의 재료로 삼지 맙시다. 사욕을 버리고 행실에 거룩한 십자가 용사가
될 수 있도록 노력합시다.

> "너희가 순종하는 자식처럼 전에 알지 못할 때에 따르던 너희 사
> 욕을 본받지 말고 오직 너희를 부르신 거룩한 이처럼 너희도 모든
> 행실에 거룩한 자가 되라"(벧전 1:14-15)

기본을 지키라

'파파라치(Paparazzi)'라는 직업이 있습니다. 유명 연예인들이나
사회 저명인사들을 따라다니며 사진을 찍어 특종을 건지는 사람들입니
다. 영국의 다이애나((Diana Spencer) 비도 파파라치를 따돌리려고
과속을 하다 교통사고로 죽었습니다.

한동안 우리나라에도 카파라치가 등장했었습니다. 몰래 숨어서 교통
위반하는 차량을 사진 찍어 신고하고 보상금을 챙겨 돈을 버는 사람들
이었습니다. 신고 보상금제가 중단되어 지금은 없어졌지만 카파라치가
기승을 부릴 때에는 이 일로 2억 원 이상 번 사람도 있었다고 합니다.
이 사람은 아예 몰래 숨어서 사진 찍는 법을 가르치는 카파라치 학원을
열어서 화제가 되기도 했습니다. 이런 직업이 생기고 학원까지 생겼다
고 하는 것은 무슨 의미입니까? 우리 사회가 그만큼 기본 사회 법규를
잘 지키지 않는 것을 의미합니다.

제가 미국을 방문했을 때 집집마다 넓은 잔디가 깔려 있는데 하나같
이 깨끗하게 관리되고 있는 것을 보고 놀란 적이 있습니다. 아주 인상
적이어서 동행하신 분께 미국 사람들은 잔디 깎는 것이 취미냐고 물어

보았더니, 잔디를 깎지 않고 지저분하게 자라는 대로 놔두면 당장 벌금을 물기에 열심히 깎는다는 것이었습니다. 이를 보고 미국 사람들이 상당히 기본 법규를 잘 지킨다는 것을 알 수 있었습니다.

느헤미야가 페르시아 왕궁에 갔다가 돌아와 보니 성전 봉사를 맡아 일하던 레위인들이 하나도 보이지 않았습니다. 어떻게 된 일인가 알아보았더니 영적으로 타락한 백성들이 십일조를 드리지 않아 레위인들이 생계유지를 위해 고향으로 돌아가 농사를 짓게 되었기 때문이었습니다 (느 13:10-14). 이렇게 된 데에는 유대 백성들과 레위인 모두에게 잘못이 있습니다.

첫째로, 유대 백성들은 십일조를 바치지 않음으로 레위인들의 생계를 위협한 잘못이 있습니다. 십일조는 선택 사항이 아닙니다. 하나님의 백성이라면 마땅히 지켜야 할 필수 사항입니다.

> "사람이 어찌 하나님의 것을 도둑질하겠느냐. 그러나 너희는 나의 것을 도둑질하고도 말하기를 우리가 어떻게 주의 것을 도둑질하였나이까 하는도다 이는 곧 십일조와 봉헌물이라."(말 3:8)

또한 온전한 십일조를 하나님께 드리면 축복을 주시겠다고 약속하신 것도 기억하십시오.

> "만군의 여호와가 이르노라. 너희의 온전한 십일조를 창고에 들여 나의 집에 양식이 있게 하고 그것으로 나를 시험하여 내가 하늘 문을 열고 너희에게 복을 쌓을 곳이 없도록 붓지 아니하나 보라."(말 3:10)

십일조는 그리스도인들의 신성한 의무요 축복의 통로입니다.

둘째로, 레위인들이 하나님을 의지하지 못하고 믿지 못한 잘못이 있습니다. 하나님의 일꾼은 하나님께서 먹이고 입히십니다. 이 믿음을 갖지 못하면 결코 하나님의 일을 할 수 없습니다. 사역자들이 생활을 보장받고 복음 사역에 전념하는 것은 상식 면에서 마땅한 일입니다(고전 9:7). 또한 하나님께서도 사역자들의 생활을 책임져 주실 것을 "모세의 율법에 곡식을 밟아 떠는 소에게 망을 씌우지 말라 기록하였으니 하나님께서 어찌 소들을 염려하심이냐"라는 말씀으로 약속하셨습니다 (고전 9:9). 이처럼 하나님께서 하나님의 일꾼을 책임져 주심을 믿고 일해야 마땅한 일인데 레위인들은 그렇지 못했던 것입니다.

하나님의 자녀들은 하나님의 말씀에 순종함이 아름답고, 하나님의 일꾼들은 먼저 그의 나라와 그의 의를 구하는 충성이 아름답습니다(마 6:33). 그런데 이것이 무너진 것입니다.

도비야가 성전의 부속실을 사용하고, 백성들이 십일조를 바치지 않고, 레위인들이 하나님께 봉사하기를 포기한 모습을 보고 예루살렘으로 귀환한 느헤미야는 놀라지 않을 수 없었습니다. 게다가 안식일이 되었는데도 백성들이 성전에 오지 않고 여전히 밭에 나가 일하고 물건을 사고 파는 것을 보았습니다(느 13:15-16). 분노한 느헤미야는 안식일에 자행되던 상거래를 중단시키고, 안식일을 거룩하게 지킬 것을 명령했습니다(느 13:19-22).

우리나라에도 주5일 근무제가 도입되면서 교계는 주5일 근무제가 교회의 성장과 퇴보를 결정할 중요한 요인이 될 것으로 주목하고 있습니다. 그러나 주일을 거룩하게 지키는 것은 타협의 대상이 아니라 그리스도인이 지켜야 할 기본 준수 사항입니다. 다시 한 번 강조하지만 주일 성수와 십일조는 모든 그리스도인들이 지켜야 할 기본 사항입니다.

기본을 잘 지켜 나가야 다음 일도 잘 할 수 있습니다. 기초가 튼튼해야 좋은 집을 지을 수 있는 것과 같은 이치입니다.

　종교개혁가들은 성경으로 돌아갈 것을 외쳤습니다. 이것은 무엇을 뜻합니까? 성경 말씀 그대로 가감 없이 지키는 사람이 날마다 개혁하는 삶을 사는 것입니다. 느헤미야가 예루살렘으로 귀환해서 말씀을 지키지 않은 사람들을 책망하였듯이, 심판 날 우리 주님께서도 말씀을 믿고 말씀대로 지키며 살지 않은 사람을 책망하실 것입니다(계 22:7). 말씀대로 믿고 순종합시다. 기본기가 탄탄하여 주님께 칭찬받는 신앙인이 됩시다.

깨끗하게 살라

　과학 용어 중에 '전도체'라는 용어가 있습니다. 전도체는 열이나 전기가 다른 부분으로 잘 전달되는 물체를 말하는데, 같은 전도체라고 할지라도 불순물이 많이 끼게 되면 전달력이 떨어지고 맙니다. 마찬가지로 같은 신앙인이라고 해도 영적으로 깨끗하지 않으면 하나님의 뜻을 분별하지 못하고 세상에 전할 수가 없습니다. 그리스도인으로서 세상에 미쳐야 할 영향력이 떨어지게 된다는 말입니다.

　　"은에서 찌꺼기를 제하라. 그리하면 장색의 쓸 만한 그릇이 나올
　　것이요."(잠 25:4)

　오늘날 그리스도인인 우리가 제거해야 할 찌꺼기는 무엇입니까? 혈관에 찌꺼기가 끼면 뇌졸중으로 쓰러지게 되듯이 신앙에 찌꺼기가 끼

면 영적으로 타락합니다.

느헤미야가 개혁에 박차를 가할 때 또 한 가지 문제가 대두되었습니다. 바로 대제사장 엘리아십 가문이 이방인 산발랏과 혼인 관계를 맺은 것입니다. 그렇게 되니 일반 백성들이 그 본을 받아 이방인과의 결혼이 유행같이 번져 갔습니다. 그래서 느헤미야가 그들을 쫓아내고 깨끗하게 한 사건이 느헤미야 13장 23-31절에 기록되어 있습니다.

느헤미야가 이런 조치를 취한 이유는 이방인과의 결혼으로 하나님께 대한 선민 이스라엘의 영적 순결이 더럽혀질까 우려했기 때문입니다. 하나님의 특별한 사랑을 받았던 솔로몬 왕도 이방 여인들과의 결혼으로 결국은 하나님께 범죄했던 사실이 이를 잘 보여 줍니다.

오늘날 그리스도인들도 불신자와 결혼하는 일을 주의해야 합니다. 자녀들이 불신자와 교제하면 반드시 예수 믿고 세례를 받아야 결혼시키겠다는 다짐을 받아야 합니다. 학벌 좋고, 인물 좋고, 배경이 좋아 놓치기 아깝다고 불신자와의 결혼을 허락하면 반드시 후회하고 눈물 흘리게 됩니다. 믿음의 가치를 귀하게 볼 줄 아는 믿음이 참 믿음입니다. 영적 순결이 중요합니다.

"너는 소와 나귀를 겨리하여 갈지 말며"(신 22:10)

"너희는 믿지 않는 자와 멍에를 함께 메지 말라. 의와 불법이 어찌 함께하며 빛과 어둠이 어찌 사귀며 그리스도와 벨리알이 어찌 조화되며 믿는 자와 믿지 않는 자가 어찌 상관하며 하나님의 성전과 우상이 어찌 일치가 되리요."(고후 6:14-16)

하나님 앞에서는 대제사장과 같은 직분이 중요한 것이 아닙니다. 영적으로 깨끗한 사람이 중요합니다. 하나님 앞에서는 교황, 추기경, 목사 이런 직분이 중요한 것이 아닙니다. 영적으로 깨끗하여 하나님의 뜻을 그대로 전달할 수 있는 전도체가 중요한 것입니다. 하나님께서 구하고 찾으시는 사람은 사울같이 인물이 준수한 사람, 겉모습이 훌륭한 사람이 아니라 다윗과 같이 영적으로 깨끗한 사람입니다.

> "큰 집에는 금그릇과 은그릇 뿐 아니라 나무그릇과 질그릇도 있어 귀하게 쓰는 것도 있고 천하게 쓰는 것도 있나니 그러므로 누구든지 이런 것에서 자기를 깨끗하게 하면 귀히 쓰는 그릇이 되어 거룩하고 주인의 쓰심에 합당하며 모든 선한 일에 준비함이 되리라 또한 너는 청년의 정욕을 피하고 주를 깨끗한 마음으로 부르는 자들과 함께 믿음과 사랑과 화평을 따르라"(딤후 2:20-22)

여기서 큰 집은 세상을 말하고, 그릇은 사람을 뜻합니다. 금 그릇 같은 사람, 은 그릇 같은 사람, 나무 그릇 같은 사람, 질그릇 같은 사람 등 겉보기에는 값이 이미 매겨져 있습니다. 그러나 하나님께서 보시는 가치 판단의 기준은 외견상의 재료가 아닙니다. 사무엘이 하나님의 명대로 이새의 아들들을 불러 모아 기름 부을 사람을 찾을 때 사람은 그 용모와 신장을 보지만, 하나님께서는 중심을 보신다고 말씀하지 않습니까(삼상 16:7)?

하나님께서 보시는 것은 중심의 성결입니다. 오늘날 종교개혁의 과제는 성결입니다. 세상과 합하여 하나님을 떠난 관계를 청산하고 예수님과 하나 되어 영적으로 성결한 삶을 살아야 합니다. "롯의 처를 기억하라"(눅 17:32)는 예수님의 경고를 기억하십시오. 세상을 바라보다 소금 기둥이 된 롯의 아내처럼 세상을 사랑하지 말라는 말씀입니다.

요한1서 2장 15절에서도 "이 세상이나 세상에 있는 것들을 사랑하지 말라 누구든지 세상을 사랑하면 아버지의 사랑이 그 안에 있지 아니하니"라고 말씀합니다. 우상이 무엇입니까? 하나님보다 더 사랑하는 것이 우상입니다. 종교개혁이 무엇입니까? 하나님보다 더 사랑하는 것을 잘라 버리는 것입니다. 전도체라야 열과 전기가 전달되는 것처럼 영적으로 성결한 사람을 통해 하나님의 기적이 전달된다는 말씀입니다(수 3:5).

우리의 신앙 속에 제거해야 할 찌꺼기가 무엇인지 생각하고, 성결하게 할 것이 무엇인가 깊이 생각해 보시기 바랍니다. 깨끗하고 단정하게 행하는 삶을 살도록 노력해야 합니다. 나아가 영적으로나 육적으로나 하나님보다 더 사랑하는 것을 끊고 스스로 성결하게 함으로 하나님의 기적을 일으키는 일꾼이 됩시다.

5. 우리 교회를 보라

사도행전 3장 1-10절

한 기획사가 우리나라의 13~43세 여성을 대상으로 조사한 결과 조사 대상의 68%가 "용모가 인생의 성공과 실패에 크게 작용한다"고 응답했습니다. 특히 대학생들과 직장인들 중에 80%가 "그렇다"고 응답하여 외모를 중요시하는 사고가 청소년에서 기성세대로 확산되고 있는 것으로 조사되었습니다. 또 응답자의 78%가 "외모를 가꾸는 것은 멋이 아니라 필수"라고 대답했고, 70%가 "상대방의 피부와 몸매를 보면 생활 수준을 짐작할 수 있다"고 응답했습니다. 69%의 여성들은 "외모에 신경을 쓰고 외출하면 타인이 더 친절하게 대한다"고 말했습니다. "같은 또래의 여자를 만나면 외모부터 비교한다"는 응답자도 56%나 되었습니다. 그리고 "얼굴이 예쁜 여자보다 몸매 좋은 여자가 더 부럽다"고 응답한 사람도 72%에 달해 최근 살 빼고 몸매 가꾸는 사업이 잘된다는 사실을 확인하게 해 주었습니다. 또 서울 강남에는 외모를 가꾸기 위해 돈과 시간을 아끼지 않는 사람들을 위한 성형외과가 빌딩마다 들어서고 있는 형편입니다. 반면에 공단에서 일하다가 손가락이 잘린 사람들의 접합 수술을 담당할 성형외과 의사들은 거의 맥이 끊어져 가고 있는 실정입니다.

너 나 할 것 없이 외모가 다른 사람과의 경쟁력이자 행복을 결정하는 데 중요한 영향을 미친다고 생각하는 세상이 되었습니다. 바야흐로 외모가 인종, 성, 종교, 이념 등에 이어 새로운 차별 메커니즘으로 떠오르고 있는 것입니다. 그리하여 《뉴욕타임즈》(New York Times)의 칼럼니스트 윌리엄 새파이어(William Safire)가 외모를 의미하는 'look'과 주의를 의미하는 'ism'을 붙여 외모를 중시하는 풍조를 '루키즘(lookism)'이라고 이름 붙였습니다.

여기서 우리 그리스도인들이 명심해야 할 것이 있습니다. 바로 우리 하나님께서는 외모지상주의가 아니고 중심지상주의라는 사실입니다. 사무엘이 하나님의 명을 따라 이새의 아들 중에서 기름 부을 자를 찾을 때 하나님께서 분명히 말씀하셨습니다.

"그의 용모와 키를 보지 말라. 내가 이미 그를 버렸노라 내가 보는 것은 사람과 같지 아니하니 사람은 외모를 보거니와 나 여호와는 중심을 보느니라"(삼상 16:7)

또 사람에게는 원래 남에게 과시하고 싶은 과시 욕구가 있습니다. 그래서 남보다 조금만 다른 것이 있으면 자랑을 합니다. 키가 큰 여성은 자신의 큰 키를 자랑하려고 더 굽 높은 하이힐을 신고, 근육질의 남성은 기회만 있으면 웃옷을 벗곤 합니다. 돈 자랑, 학문 자랑, 힘 자랑, 그것도 안 되면 친구 자랑, 조상 자랑하는 것이 인간의 본능입니다. 사람들 이야기하는 것을 들어 보면, 자기는 유명한 정승 판서에 심지어는 어느 시대 왕의 후손이라고 거들먹거립니다. 조상이 천민이었다고 이야기하는 사람은 한 사람도 못 봤습니다. 어떻게 해서든 남보다 나아 보이고 싶어서 자랑에 여념이 없습니다. 그러나 하나님께서는 자랑하려는 자는 오직 하나님을 자랑하라고 분명히 말씀하십니다.

> "여호와께서 이와 같이 말씀하시되 지혜로운 자는 그의 지혜를 자랑하지 말라. 용사는 그의 용맹을 자랑하지 말라. 부자는 그의 부함을 자랑하지 말라. 자랑하는 자는 이것으로 자랑할지니 곧 명철하여 나를 아는 것과 나 여호와는 사랑과 정의와 공의를 땅에 행하는 자인 줄 깨닫는 것이라 나는 이 일을 기뻐하노라 여호와의 말씀이니라."(렘 9:23-24)

교회가 성장하기 위해서는 전도가 필수입니다. 전도가 어려운 것 같습니까? 한없이 어려운 것 같지만 또 한없이 쉬운 것이 전도입니다. 전도는 세 가지만 자랑하면 됩니다. 바로 하나님(예수님) 자랑, 교회 자랑, 목사 자랑입니다. 이 세 가지 자랑만 잘하면 전도가 잘되고, 교회가 성장합니다.

평소에 목사 흥을 보느라 바빴던 어느 성도가 전도할 생각으로 친구에게 "교회 가자."고 말하면 그 친구가 어떻게 대답할까요? "그렇게 맘에 안 드는 목사가 있는 교회에 왜 나를 데리고 가려고 하느냐? 너 혼자 망하면 되지 왜 나까지 망하자고 그러냐? 싫다. 나는 절대 안 간다." 백발백중 이렇게 대답할 것입니다.

하지만 평소에 "예수 믿고 하나님 자녀 되니 이렇게 행복할 수가 없다. 너도 한번 믿어 봐라. 억만금 얻는 것보다 더 좋다. 교회 가면 천국이 따로 없다. 우리 교회가 천국이다. 장로님은 아버지 같고, 권사님은 어머니 같고, 집사님들은 친구같이 좋다. 목사님도 끝내 준다. 인물 좋고, 설교 말씀 끝내 주고, 사람도 좋다." 이렇게 자랑하면서 교회 가자고 권유하면 처음에는 거짓말이라고 하다가도 '정말 그런가? 어디 한 번 가 보자.' 싶어 따라오게 되어 있습니다.

당신은 '우리 교회를 보라'라고 자신 있게 외칠 수 있습니까? 우리 교회는 과연 교회다운 교회입니까? 교회의 어떤 점을 자랑해야 하겠습니까? 어떤 교회가 부끄럽지 않은 교회겠습니까?

기도하는 교회

당신은 어느 때에 기도하십니까? 어떤 사람은 평상시에 늘 규칙적으로 기도합니다. 어떤 사람은 기분이 내킬 때 기도합니다. 어떤 사람은 평소에는 기도하지 않다가 고난이 닥쳐오면 그때서야 기도합니다. 어떤 사람은 고난이 닥쳐오면 기가 막혀 기도도 하지 못합니다.

당신은 어떻습니까? 영적인 사람과 육적인 사람의 구별은 겉모습으로 할 수 있는 것이 아닙니다. 교회에서 맡은 직책, 봉사하는 시간, 신앙생활의 연조가 결정하는 것도 아닙니다. 육적인 사람은 모든 문제를 자신의 지식과 경험과 세상의 가치 기준에 따라 판단합니다. 그래서 합리적입니다. 지혜롭고 지식이 많은 것같이 보입니다. 사람들에게 인기를 끌 수 있습니다.

그러나 영적인 사람은 모든 판단의 기준을 성경 말씀에 둡니다. 말씀이 가라는 곳까지 가고, 말씀이 멈추라는 곳에서 멈추고 침묵합니다. 그리고 성경 말씀에 마땅한 지시가 없어 해석이 필요한 곳에서는 기도합니다. "가르쳐 주십시오." 하는 기도가 아닙니다. "하나님, 내게 말씀하옵소서. 주의 종이 듣겠습니다." 하고 무릎 꿇고 하나님과 만남의 시간을 많이 가질수록 영적인 사람이 되어 가는 것입니다. 또한 영적인 사람은 늘 말씀의 인도를 받게 됩니다. 성령의 지시하심을 따라 살게 됩니다. 그러므로 평상시에 규칙적으로 기도하는 것이 기도 생활에 있어 제일 좋은 방법입니다.

사도행전 3장 1절 말씀을 보면 '제9시 기도 시간'이라는 표현이 나옵니다. 이스라엘 사람들은 오전 9시, 낮 12시, 오후 3시 이렇게 하루 세 차례 기도 시간을 정해 놓고 지켰습니다. 이스라엘의 시간은 오전 6시부터 시작되기 때문에 제9시는 오후 3시 기도 시간을 뜻합니다.

베드로와 요한은 성령을 충만하게 받은 사도들이었습니다. 유대교와 결별하고 기독교를 세운 예수님의 수제자이자 율법에서 벗어나 진리 되는 복음을 받고 전하는 전도자들이었습니다. 율법에서 자유를 누리는 그리스도인이었습니다. 그런데도 유대교에서 지키는 기도 시간에 맞춰 성전에 기도하러 올라갔습니다. 이것은 베드로와 요한은 율법에서 자유를 얻고 복음의 사람이 되었으나 율법을 버린 것이 아니었음을 의미합니다. 이들은 율법을 온전하게 하려 이 땅에 오신 예수님의 정신을 살려 율법의 좋은 전통인 기도하는 일을 더 강화한 것입니다. 베드로와 요한과 같이 교회 내의 좋은 전통을 시대에 맞게 고쳐 나가는 것은 대단히 중요합니다.

'온고지신(溫故知新)'이란 말이 있습니다. 옛것을 익히고 거기서 미루어 새로운 것을 안다는 뜻입니다. 우리 윗세대를 보면 그 열정적인 믿음의 모습이 어리석어 보이고 합리적이지 않아 보이기까지 합니다. 그러나 우리는 온고지신의 자세로 이 열정적 믿음의 유산을 무시하지 말고 꼼꼼히 살펴보아야 합니다. 한국 기독교가 남긴 믿음의 유산 중에 가장 귀한 것이 있다면 바로 기도의 유산입니다. 한국의 그리스도인과 다른 나라 그리스도인의 신앙생활에 가장 차이가 나는 것이 있다면 기도 생활입니다. 어느 나라에서도 찾아볼 수 없는 새벽 기도회가 한국에서는 날마다 열립니다. 어느 나라에서도 찾아볼 수 없는 금요 철야 기도회가 교회마다 열립니다. 한국교회를 방문했던 외국의 목사님들이 이 모습에 도전을 받고 자기 나라로 돌아가 새벽 기도회를 시도해 보았지만 몸만 축나고 교인들은 모이지 않아 실패하고 말았다고 합니다. 그래서 새벽 기도회는 한국교회의 고유한 상징이 되었습니다.

그런데 묘한 것은 새벽 기도회의 출석 인원이 주일 대예배 출석 인원의 1/10쯤 되는 것이 모든 교회의 공통점이라는 것입니다. 그래서 새벽 기도회 교인이 십일조 교인입니다. 십일조 교인이 많은 교회는 뜨거운 교회요 은혜로운 교회입니다. 십일조 교인이 적은 교회는 냉랭한 교회입니다.

그러면 우리 교회는 어디에 속할까요? 2003년 평균 주일 출석 인원이 1,600명 정도이니까 새벽 기도회에는 160명 정도 모여야 하는데 이에 못 미치고 있는 실정입니다. 그래서 담임 목사가 부족한 것을 메우기 위해 새벽 기도회에 열심을 다하고 있습니다. 그런데 하나님께서 우리 교회를 너무너무 사랑해 주셔서 청년들이 주축이 되어 특별 새벽 기도회를 작정하였습니다. 그리고 매일 40여 명의 청년이 나와서 얼마나 힘차게 기도하던지 너무나 행복했습니다. 밥을 안 먹어도 배부르고, 얼마나 기분이 좋고 감사한지 황홀할 정도였습니다.

초대 예루살렘 교회는 기도로 인해 부흥되었습니다(행 2:42). 우리 교회의 부흥을 원하십니까? 기도하시기 바랍니다. 기도하는 것은 하나님과 하나 되는 것입니다. 우리 교회가 기도회 시간마다 성도들이 차고 넘쳐 뜨겁고 간절한 기도로 세상의 감옥문이 열리고, 마귀가 쫓겨 가고, 문제가 해결되는 놀라운 역사가 일어나는 교회가 되어야겠습니다. 하나님과 하나 되는 교회, 하나님의 뜻대로 기도하는 우리 교회를 보라고 자랑할 수 있는 교회가 되기를 바랍니다.

선교하는 교회가 자랑할 만한 교회입니다

교회는 영적 군대입니다. 성도들은 십자군이요, 십자군의 대장은 예수 그리스도이십니다. 이 원리를 그대로 옮겨 놓은 교단이 구세군입니다. 구세군의 직제를 보면 교인은 병사, 그 위에 하사관이 있고, 신학교는 사관학교, 목사 안수를 받으면 장교가 됩니다. 장교 위에 지역 사령관이 있고, 장군이 있고, 세계 구세군을 대표하는 대장이 있습니다.

군대의 목표는 전쟁에서의 승리입니다. 원수들이 차지하고 있는 땅을 되찾는 것입니다. 포로 된 자들을 찾아오는 것입니다. 군인은 전장에서 전세가 유리하고 불리하고를 떠나 끝까지 싸워야 합니다. 난공불락의 고지가 있다고 뒤로 물러나서는 적을 물리칠 방법이 없습니다.

부활하신 예수께서는 열한 제자를 모아 놓고 명령하셨습니다.

> "그러므로 너희는 가서 모든 민족을 제자로 삼아 아버지와 아들과 성령의 이름으로 세례를 베풀고 내가 너희에게 분부한 모든 것을 가르쳐 지키게 하라 볼지어다 내가 세상 끝날까지 너희와 항상 함께 있으리라"(마 28:19-20)

이 명령을 '지상 명령'이라 합니다. 구세군 같은 군대 조직이 아니라해도 우리 그리스도인들은 십자가 군사요, 교회는 십자군들이 생활하는 병영입니다. 그러므로 우리는 복음을 전파하라는 주님의 명령을 따라 때를 얻든지 못 얻든지 복음을 전파해야 합니다. 이 명령은 해도 좋고 하지 않아도 무방한 그런 명령이 아닙니다. 절대 복종해야 할 명령입니다. 그래서 '지상 명령'입니다.

교회는 이 명령을 수행하기 위해 성도들을 훈련하는 병영입니다. 교회의 존재 목적은 선교입니다. 예배는 개인 혼자서 드릴 수도 있습니다. 그러나 선교는 혼자서 할 수가 없습니다. 선교는 전투이기 때문입니다. 전투는 작전이 필요하고, 지휘관이 필요하고, 보급이 필요하고, 무기가 필요합니다. 그런 준비가 완전히 갖추어진 다음에야 병사들이 전투를 효과적으로 수행해 승리할 수 있는 것입니다.

미문이라는 성문 앞에서 구걸하는 앉은뱅이를 보십시오(사도행전 3장 2-3절). 이 앉은뱅이는 선교의 대상자를 뜻합니다. 오늘도 세상에는 혼자서 일어서지 못하고 주저앉아 구원의 손길을 간구하는 수많은 사람들이 있습니다. 베드로와 요한은 예루살렘 교회의 선교사들입니다. 구걸하고 있는 앉은뱅이를 향해 베드로가 외쳤습니다.

"은과 금은 내게 없거니와 내게 있는 이것을 네게 주노니 나사렛 예수의 이름으로 일어나 걸으라"(행 3:6)

이 말씀 속에 선교의 중심 내용이 담겨 있습니다. 선교의 중심 내용은 바로 예수 그리스도의 이름입니다.

세상 사람들은 은과 금을 요구합니다. 육신의 삶을 영위하기 위해서 은과 금보다 유용한 것은 없습니다. 그러나 은과 금을 가지고 영생을 얻을 수는 없습니다. 은과 금을 가지고 영혼의 만족을 얻을 수는 없는 것입니다. 그렇기 때문에 선교는 반드시 예수 그리스도의 이름을 가지고 해야 합니다. 선교하는 것도, 전도하는 것도, 봉사하는 것도, 구제하는 것도, 장학금을 주는 것도, 문화 강좌를 여는 것도 모두 예수 그리스도의 이름을 전하기 위한 것입니다.

그나마 사람들이 순수했던 이전에는 "예수 천당! 불신 지옥!"만을 외쳐도 예수 믿고 구원받는 사람들이 많았습니다. 그러나 이제는 시대가 변하고 사람들의 정서가 변했기 때문에 아무리 "예수 천당! 불신 지옥!"을 외쳐도 예수 앞에 나아오지 않습니다. 오히려 더욱더 눈살 찌푸린다고 보는 것이 맞을 것입니다. 그래서 예수 그리스도의 이름을 전하기 위해 다양한 방법을 시도하는 것입니다. 문화 강좌를 열기도 하고, 도서관, 상담실, 십대들의 둥지, 호스피스 사역, 영어 교실, 장학금 지원, 결식아동 돕기 등 다양한 방법을 가지고 접촉점을 갖습니다. 그러면 그들도 자신의 마음에 드는 여러 내용 때문에 쉽게 접촉하게 됩니다. 그러나 그 다양한 방법 속에 예수 그리스도가 담겨 있습니다. 그래서 자기도 모르는 사이에 예수님을 만나고, 그 정신에 감화를 받게 되고, 자기 스스로 발걸음을 옮겨 예수를 구주로 믿고 구원받게 되는 것입니다.

예수를 전하는 방법에는 직접적인 방법도 있고 간접적인 방법도 있습니다. 그러나 내용은 결국 똑같이 예수 그리스도입니다.

하나님께서 거룩한빛광성교회를 축복하셔서 그 동안 우리 교회는 몇 군데의 교회를 세울 수 있었습니다. 2004년까지 파주광성교회와 안산광성교회를 개척하고(2012년 현재 14개), 창립 7주년 기념으로 필리핀에 교회를 건축했습니다. 중국 상해 신석시에 탕구교회를 건축했습니다. 1사단 12연대 3대대에 소망교회를 건축했습니다. 인도 붐바이에 청소년들을 위한 자비의 집을 개축해서 문을 열었습니다. 중국 용정시 삼합 교회가 한창 건축했습니다. 중국 처소교회 전도인 500명에게 신학 교육을 받게 하는 사역을 마치기도 했습니다. 또한 2004년 현재 선교사를 4명 파송(2012년 현재 22곳, 41명)한 것을 비롯해 해외 선교, 국내 선교, 사회 선교, 군인 선교, 경찰 선교, 북한 선교 등 모두 103곳(2012년 현재 171곳)을 섬기고 있습니다. 이렇게 성공적으로 선교 사업을 수행하게 하신 하나님께 감사드리며, 우리가 또 힘써 기도해야 할 것이 있습니다. 우리 교회를 한창 건축 중도 교회를 건축하면서 선교를 계속해왔습니다.

인간적인 생각으로는 우리 교회를 건축할 비용도 부족한데 어떻게 선교할 수 있을까 반문할지도 모릅니다. 그러나 하나님의 일입니다. 서울의 동안교회는 교회 건축을 앞에 두고 새로운 교회를 개척했습니다. 일산동안교회를 개척하고 자신의 교회를 지었더니 하나님께서 넘치도록 채워 주셔서 은혜롭게 공사를 마쳤고, 교회를 건축하는 중간에 대전동안교회 한 곳을 더 개척하게 하는 축복도 주셨습니다.

교회의 존재 목적은 선교입니다. 성도의 존재 이유는 복음 전파입니다. 대장 예수님의 지상 명령인 선교 명령을 받은 우리는 때를 얻든지 못 얻든지 언제 어디서나 항상 복음을 전하는 십자가 정병이 되어야 합니다. 항상 선교하는 우리 교회를 보라고 자랑할 수 있는 교회와 성도가 됩시다.

기적이 일어나는 교회가 자랑할 만한 교회입니다

과학이 발달하면서 신앙인들의 믿음이 왜소해지기 시작했습니다. 의학이 발달하면서 목사님들의 치유의 은사가 사라지기 시작했습니다. 이렇게 과학과 의학에게 신앙의 영역을 내어 주고 나니 교회는 윤리와 도덕만을 가르치는 점잖은 곳으로 변하게 되었습니다. 교회의 생명도 점차 사라지게 되었습니다.

교회의 본질은 생명을 살리는 것입니다. 죽은 사람을 살리는 것이 복음의 역사입니다. 그러므로 교회는 날마다 기적의 현장이 되어야 합니다. 초대교회인 예루살렘교회는 기적이 일어나는 교회였습니다. 베드로와 요한이 기도하러 성전에 올라가다가 미문 앞에서 구걸하는 앉은뱅이를 보았습니다. 날 때부터 앉은뱅이였던 이 사람에게 가장 필요한 것이 무엇이었겠습니까? 오늘 하루 연명할 수 있는 음식도 아니고, 돈도 아니었습니다. 바로 자기 힘으로 일어나 걷고 뛰는 것이었습니다. 그러기 전에는 이 앉은뱅이의 삶은 살아도 산 것이 아니었을 것입니다. 이를 잘 알고 있던 베드로가 "나사렛 예수 그리스도의 이름으로 걸으라"라고 선포하며 앉은뱅이의 오른손을 잡아 일으켰습니다. 그러자 기적이 일어났습니다. 앉은뱅이가 일어나 걸었습니다. 뛰었습니다. 성전 앞을 지나던 모든 사람들이 성 앞에서 구걸하던 앉은뱅이가 걷고 뛰는 모습을 보고 심히 놀라며 기이하게 여겼습니다(행 3:6-10). 10절에 있는 '본래'라는 말은 앉은뱅이가 예수님을 만나기 이전의 상태를 뜻합니다. 본래 앉은뱅이였던 이 사람이 일어나 걷게 되는 기적이 일어난 것입니다. 이렇게 예수님을 만나면 기적이 일어납니다. 따라서 당연히 교회는 기적의 현장이 되어야 합니다.

지금으로부터 100여 년 전, 황해도 안악에 김익두라는 사람이 살고 있었습니다. 그가 열세 살 때 아버지가 돌아가셨고, 열여덟 살에 결혼하여 장사를 하게 되었는데 힘이 장사였습니다. 그가 스무 살이 되었을 때 장사에 실패하자 술과 기생에 빠졌고, 자신의 힘을 이용하여 안악에서 제일 유명한 깡패가 되었습니다. 그는 고개를 넘어가는 길목을 지키고 있다가 장에 가는 사람들의 물건을 뺏기도 하고 돈을 뜯기도 해서 악명이 높았습니다. 오죽하면 사람들이 고개를 넘을 때마다 성황당에 돌을 던지면서 "오늘도 김익두 만나지 않게 해 주십시오." 빌고 갈 정도였습니다. 이런 깡패 김익두가 1900년 소안련(蘇安連, W. L. Swallen) 선교사의 설교를 듣고 감화되어 기독교인이 되었습니다. 그리고 그 다음 해 바로 전도인으로 나서 복음을 전하다가 평양신학교에 입학해 목사가 되었습니다.

그가 평양신학교를 다닐 때의 일이었습니다. 우연히 평양 거리를 지나다가 앉은뱅이를 만났는데 그때 베드로가 앉은뱅이를 일으킨 말씀이 생각났습니다. 좌우를 살펴보니 사람이 없습니다. 그래서 그는 앉은뱅이의 오른손을 잡고 외쳤습니다. "은과 금은 내게 없거니와 내게 있는 이것을 네게 주노니 나사렛 예수 이름으로 일어나 걸으라!"(행 3:6) 하고 확 잡아당기니까 앉은뱅이가 그 힘에 못 이겨 앉은 채로 그대로 딸려 올라왔다가 그대로 내동댕이쳐지고 말았습니다. 너무나 부끄러워 그는 그길로 줄행랑치고 말았습니다.

그러나 이 일이 있고 나서 1919년 경북 현풍교회에서 박수진이라는 병자를 고친 것을 시작으로 수많은 병자를 고치게 되어 동아일보와 조선일보에 기적의 내용이 실리기도 했습니다. 또한 김익두 목사가 개척한 교회는 150곳이요, 병을 고친 인원은 만여 명이나 되고, 김익두 목사의 설교를 듣고 회개하여 목사가 된 사람도 200여 명이나 된다고 합니다.

이처럼 기적은 성경 속에 박제되어 있는 전시품이 아닙니다. 오늘도 살아 역사합니다. 기적이 일어나야 살아 있는 교회입니다. 우리 교회도 세상에서 상처받은 영혼이 교회에 나와 예수님 만나고 영혼이 치유받는 역사가 일어나는 교회가 되어야 합니다. 본래 "하나님이 어디 있느냐? 하나님을 믿느니 내 주먹을 믿어라!"라고 말하던 사람들의 저주와 원망의 입술이 변하여 하나님을 찬미하는 기적이 일어나야 합니다. 세상 쾌락에만 젖어 생활하던 사람들이 그 자리를 박차고 일어나 교회

로 나와 경건한 사람으로 변화 받는 역사가 일어나야 합니다. 병원에서
도 고침 받지 못해 죽을 수밖에 없는 불치병자를 위해 온 교회가 합심
하여 중보 기도할 때 고침 받고 살아나는 역사가 일어나야 합니다. 어
려서부터 부모에게, 형제에게, 친구로부터 받은 상처로 인해 뱀이 똬
리를 틀듯 자신의 자아 속에 갇혀 있었던 쓴 뿌리를 캐내고 성숙한 신
앙인으로 거듭나는 역사가 일어나야 합니다. 이것이 진정한 교회의 모
습입니다.

교회가 잘못되면 상처를 더 덧나게 하는 경우가 많습니다. 교회에서
조차 상처를 치료하지 못하면 그 사람들은 영원히 갈 곳이 없습니다.
그러므로 교회에서는 오늘도 기적이 일어나야 합니다. 앉은뱅이가 일
어나고, 원망과 저주와 불평만 늘어놓던 입술에서 찬양이 터져 나오
고, 세상을 향하던 발걸음이 방향을 바꿔 성전을 향해 달려오게 하고,
돈만 좇던 삶이 믿음을 따라 사는 삶이 되고, 나만 위해 살던 사람이
너를 위해 살고 하나님의 영광을 구하는 삶으로 변화되는 역사가 일어
나야 합니다.

초대 예루살렘교회는 날마다 기적이 일어나는 교회였습니다. 예루살
렘 부근의 수많은 사람들도 모여 병든 사람과 더러운 귀신에게 괴로움
받는 사람을 데리고 와서 다 나음을 얻는 교회였습니다(행 5:16). 우
리 교회도 날마다 병든 사람이 나음을 얻고 마귀의 결박이 풀어져 자유
를 얻는 기적이 일어나는 교회가 되어야겠습니다. 허다한 사람들에게
기적이 일어나는 우리 교회를 보라 자랑할 수 있는 교회가 되어야겠습
니다. 그리하여 예수님의 지상 명령을 훌륭히 수행해 내는 십자가 군사
들이 모두 됩시다.

6. 주여, 주님의 손으로 세우소서

출애굽기 15장 17절

하나님께서는 천지창조 이후에 모든 것을 사람에게 위임하셨습니다. 이것은 창세기 1장 28절의 "생육하고 번성하여 땅에 충만하라, 땅을 정복하라, 바다의 물고기와 하늘의 새와 땅에 움직이는 모든 생물을 다스리라"는 명령으로 나타나는데, 이 말씀을 신학적으로는 '문화 위임 명령'이라고 합니다.

문화 위임 명령은 하나님께서 세상 문화를 사람들에게 맡기셨음을 뜻합니다. 하나님께서는 비상사태가 아니면 직접 개입하지 않으시고 사람을 통해 일하십니다. 하나님께서는 천지창조 때부터 사람을 통해 일하시려는 계획을 이 문화 위임 명령으로 드러내신 것입니다. 그래서 이때부터 인간의 자유 의지가 하나님의 사역에 있어서 중요한 역할을 하게 된 것입니다.

문화 위임 명령을 받은 사람들은 도시를 건설하고, 문화를 창조하고, 문명을 이루며 살아가게 되었습니다. 세상의 모든 문명과 문화를 사람들이 만들고 직접 세웠습니다. 그런데 우리는 이러한 문화 현상에 대해 어떤 경우에는 "하나님이 세우셨다"라고 말합니다. 또 어떤 경우에는 "사람이 세웠다"라고 말합니다. 그렇다면 어떤 기준으로 이렇게 말하는 것일까요?

문화를 위임하신 하나님을 늘 인식하고, 그분의 뜻을 묻고, 그분이 기뻐하시는 방법으로 문명과 문화를 세워 나간 후에 "하나님께서 세우셨습니다. 우리는 온전히 하나님의 도구로 쓰임 받았을 뿐입니다."라는 신앙고백을 담을 때 "하나님이 세우셨다"고 말할 수 있을 것입니다. 그러나 같은 일을 하고도 하나님을 인식하지 않고, 인간의 지혜와 지식, 축적된 기술과 경험을 바탕으로 세운 후에 아무개가 했다고 말할 때 "사람이 세웠다"라고 말할 수 있을 것입니다. 결국 둘 다 사람의 손으로 한 일이지만 하나님께 대한 믿음을 바탕으로 했느냐, 사람의 지식을 바탕으로 했느냐에 따라 그 결과가 달라집니다.

노아의 홍수 후에도 온 땅의 언어는 하나였습니다. 그런데 언제부터 사람들의 말이 달라졌습니까? 창세기 11장에 그 사건이 자세히 기록되어 있습니다. 사람들이 시날 평지에 모여 성을 쌓으며 이 꼭대기가 하늘에 닿게 하여 우리의 이름을 내고 온 지면에 흩어짐을 면하자는 의도로 성을 쌓기 시작했습니다. 하나님께서 이를 보시고 "이 무리가 한 족속이요 언어도 하나이므로 이같이 시작하였으니 이 후로는 그 하고자 하는 일을 막을 수 없으리로다"(창 11:6) 하시고 그들의 언어를 혼잡하게 하셨습니다. 그제서야 사람들의 성 쌓기가 중단되었고, 이때부터 온 나라와 족속들의 말이 각기 달라져서 고통을 겪게 되었습니다. 그래서 그 탑을 바벨탑이라 부르게 되었습니다.

자신들의 이름을 내기 위해 성을 쌓았던 교만 때문에 바벨탑은 그만 무너지고 말았습니다. 하나님께서는 교만한 자를 물리치십니다. 사람이 하나님을 멀리하고 교만한 마음으로 일을 추진하면 하나님께서는 응분의 대가를 치르게 하십니다.

우리 거룩한빛광성교회의 건축이 몇 차례에 걸쳐 진행되었습니다. 거룩한빛광성교회가 사람의 손으로 지은 집이 되느냐, 하나님께서 손수 지은 성전이 되느냐 하는 것은 전적으로 우리의 믿음에 달려 있습니다.

교만은 패망의 선봉이요 거만한 마음은 넘어짐의 앞잡이가 됩니다(잠 16:18). 그러므로 성전을 건축하는 동안 말 한 마디도 조심해서 신앙을 담아서 해야 합니다. 최선을 다해 헌금하고, 노력하고, 봉사해야 합니다. 건축을 마친 후에도 "하나님께서 세우셨습니다." "성령님께서 도우셨습니다." "전적인 하나님의 은혜입니다." 이런 고백이 목사의 입에서, 건축위원들의 입에서, 온 성도들의 입에서 나와야 비로소 하나님께서 세우신 성전이 되는 것입니다. 하나님께서는 사람의 손으로 지은 집에 들어오셔서 손님이 되시고 포로가 되시기를 원하지 않으십니다. 믿음으로 지은 집에 들어오셔서 주인이 되시고 자녀들에게, 하나님의 종들에게 마음껏 축복하시기를 원하십니다.

거룩한빛광성교회는 성전 건축에 앞서 성전 건축에 합당한 표어를 전 교인에게 공모했었습니다. 많은 교인의 참여가 있었지만 심사숙고 끝에 "주여, 주님의 손으로 세우소서!"라는 표어가 결정되었습니다. 저는 이 표어를 놓고 관련된 성구를 기도하면서 찾다가 출애굽기 15장 17절의 말씀을 발견하게 되었습니다. 이 말씀이 성전 건축 표어의 성경적 근거가 되는 말씀입니다.

"주께서 백성을 인도하사 그들을 주의 기업의 산에 심으시리이다. 여호와여 이는 주의 처소를 삼으시려고 예비하신 것이라. 주

여 이것이 주의 손으로 세우신 성소로소이다."(출 15:17)

이 말씀의 마지막에 "주여, 주님의 손으로 세우소서!" 하는 말씀이 담겨 있습니다. 그리고 이 말씀 전체를 음미해 보면 참으로 깊은 은혜가 담겨 있습니다. 하나님의 성품, 즉 하나님의 대표적 속성 세 가지가 나타나 있는 것입니다. 바로 인도하시는 하나님, 심으시는 하나님, 예비하시는 하나님의 속성입니다.

하나님께서는 손수 인도해 주십니다

"주께서 백성을 인도하사"(출 15:17 상)

이 말씀에서 인도자 되시는 하나님을 알 수 있습니다. 등산을 하다 보면 간혹 갈림길을 만날 때가 있습니다. 그때 경험이 풍부한 인도자를 만나면 편하고 쉬운 지름길로 갈 수 있습니다. 그러나 경험이 부족한 인도자를 만나면 함께 헤매게 됩니다. 바위를 기어오르기도 하고, 골짜기를 돌아가기도 하고, 온갖 고생을 다하게 마련입니다.

인생도 평안할 때보다 어려울 때 더욱 인도자를 필요로 합니다. 뉴만(J. H. Newman)이라는 목사가 있었습니다. 이 목사님은 교회를 위해 열정을 쏟으며 목회를 하다 심신이 몹시 탈진하게 되어 이탈리아로 여행을 떠났습니다. 그런데 이탈리아에서 그만 열병에 걸려 약한 몸이 더 약해졌습니다. 겨우 몸을 추슬러 고국으로 돌아가는 배를 탔습니다. 어느 날 밤, 갑판을 거닐고 있을 때 선장이 나타났습니다. 하늘을 쳐다보던 선장이 기뻐하며 말했습니다.

"별이 다시 빛나고 있군요. 바람만 분다면 오늘밤 안으로 목적지까지 무사히 도착하겠습니다."

"아니, 이렇게 어두운 밤인데 언제 도착하겠는지 알 수 있습니까?"

궁금하게 여긴 뉴만 목사가 물었습니다.

"예, 낮에는 태양 빛에 의지해 바다를 항해하지만, 밤에는 저 작은 별빛이 우리의 뱃길을 알려 줍니다. 우리는 저 별빛에 의지해 항해하기 때문에 잘 알 수 있습니다."

그때 뉴만 목사는 깨달았습니다. '하나님께서 어두운 밤에도 우리를 인도해 주시려고 저 별빛을 비춰 주고 계시구나.' 성령의 감동을 받은 뉴만 목사님은 그 자리에서 시를 썼습니다.

내 갈 길 멀고 밤은 깊은데
빛 되신 주
저 본향 집을 향해 가는 길 비추소서.
내 가는 길 다 알지 못하나
한 걸음씩 늘 인도하소서.

바로 우리가 즐겨 부르는 찬송가 379장입니다.

우리는 성경에서 하나님과 이스라엘 백성의 관계를 목자와 양의 관계로 설명하는 것을 자주 보게 됩니다. 다윗도 어린 시절 목동의 경험을 가지고 아름다운 시를 썼습니다. 바로 시편 23편입니다.

학창시절, 국어 시간에 시를 분해하는 방법으로 기승전결(起承轉結)에 대해 배웠던 것을 기억하십니까? 그 기승전결의 논리에 따르면, "여호와는 나의 목자시니 내게 부족함이 없으리로다"라고 말하는 시편 23편 1절은 시상을 일으키는 '기(起)'에 해당합니다. 그리고 "그가 나를 푸른 풀밭에 누이시며 쉴 만한 물가로 인도하시는도다 내 영혼을 소생시키시고 자기 이름을 위하여 의의 길로 인도하시는도다”라고 말하는 2-3절은 ‘목자이신 하나님’의 내용을 이어나가는 ‘승(承)’에 해당합니다. 그리고 “내가 사망의 음침한 골짜기로 다닐지라도 해를 두려워하지 않을 것은 주께서 나와 함께하심이라. 주의 지팡이와 막대기가 나를 안위하시나이다. 주께서 내 원수의 목전에서 내게 상을 차려 주시고 기름을 내 머리에 부으셨으니 내 잔이 넘치나이다.”라고 말하는 4-5절이 내용의 전환을 이루는 ‘전(轉)’에 해당됩니다. ‘목자이신 하나님’의 인도를 받다가 갑자기 ‘사망과 원수’를 만남으로 내용이 전환되기 때문입니다. 이렇게 갑작스럽게 상황이 전환되는 것을 ‘전(轉)’이라 합니다.

제2차 세계 대전 후 루마니아가 공산화되었을 때, 공산주의에 항거하며 교회를 이끌어 나가던 지도자 중에 프랜시스 비스키(Francis Visky)라는 목사님이 있었습니다. 어느 날 아침, 비스키 목사님과 온 가족이 식탁에 둘러앉아 시편 23편 4-5절 말씀을 읽고 있었습니다. 그때 노크도 없이 세 명의 비밀경찰이 들이닥쳤습니다. 샅샅이 뒤지라는 외침과 함께 그들은 아무런 설명도 없이 목사님의 집을 수색했습니다. 수색이 끝나면 목사님을 잡아가리라는 것을 모든 가족들이 다 직감했습니다. 그러나 목사님과 그 가족들은 당황하지 않았습니다. 하나님께 기도하고 조용히 식사를 계속했습니다. 나중에는 비밀경찰들이 오히려 당황하는 눈치였습니다.

나중에 비스키 목사는 이렇게 말했습니다.

“저희는 그처럼 긴장된 상황에서 시편 23편을 그 어느 때보다 잘 이해할 수 있었습니다. 하나님께서는 그분의 자녀들이 사망의 음침한 골짜기를 지나지 않으리라고 말씀하시지 않았습니다. ‘사망의 음침한 골짜기를 다닐지라도 해를 두려워하지 않으리라’고 약속하신 것을 깨달았습니다. 그뿐 아니라 '원수들의 목전에서 상을 차려 주신다'고 약속하신 것도 깨닫게 되었습니다."

우리가 비록 예수를 믿고 신앙생활을 잘해도 항상 바라는 것을 얻는 것이 아닙니다. 오히려 고난과 시련과 추방과 투옥, 심지어 비참한 죽음까지 맞을 수 있습니다. 그러나 우리가 지나는 골짜기는 사망의 골짜기가 아니라 사망의 그늘진 골짜기입니다. 사자는 무섭지만 사자의 그림자는 사람을 물지 못합니다. 그러므로 우리는 사망의 그림자를 무서워할 필요가 없는 것입니다.

하나님께서 이스라엘 백성을 출애굽 시키실 때 이스라엘 백성에게 유월절 어린 양을 어떻게 먹으라고 하셨습니까? 고기만 먹으라 하지 않으시고 머리와 다리, 내장까지 전부 먹으라 하셨습니다(출 12:9). 맛이 없는 쓴 부분까지, 역겨운 부분까지 먹으라 하셨습니다. 이처럼 우리는 예수님의 모든 것을 받아들여야 합니다. 예수님의 부활뿐 아니라 죽음도, 영광만 아니라 십자가도, 가시관도 모두 받아들여야 합니다.

당신은 푸른 풀밭의 쉴 만한 물가로 인도하시는 하나님을 믿으십니까? 그분이 사망의 그늘진 골짜기에서도 인도하시고 원수들의 목전에서 상을 차려 주신다는 사실을 믿어야 합니다. 그럴 때 하나님께서 우리의 잔을 넘치게 해 주십니다(시 23:6).

성전 건축의 무거운 짐도 기꺼이 지고 나가면 하나님께서 인도하셔서 여호와의 집에 영원히 거하는 복을 주실 것입니다.

하나님께서 손수 심으십니다

"그들을 주의 기업의 산에 심으시리이다."(출 15:17 중)

여기서 우리는 심으시는 하나님의 속성에 대해 알 수 있습니다. 이스라엘은 나라 이름입니다. 우리는 그 민족을 유태인이라 부릅니다. 그러나 성경에 보면 처음에 유태인을 '히브리인(Hebrews)'이라고 부르고 있습니다. '히브리(Hebrew)'라고 하는 말은 '합비루(apiru)'라는 말에서 나왔는데 '떠돌이' 혹은 '땅의 사람'이란 뜻입니다. 즉, 자기의 기업인 땅이 없는 '떠돌이 천민'이라는 뜻입니다.

이 떠돌이 천민이라는 말의 근원을 살펴보면 아브라함 때로 거슬러 올라갑니다. 아브라함은 갈대아 우르라는 곳에서 데라의 아들로 태어났습니다. 이곳은 유프라테스 강의 상류 지역으로 메소포타미아의 북부 지방입니다. 아브라함의 아버지 데라는 가족들을 데리고 하란이라는 큰 도시로 이사를 하여 살게 되었습니다. 거기서 아버지 데라가 죽고 아브라함이 가장이 되었습니다. 그때 하나님께서 아브람에게 나타나셔서 명령하셨습니다. "여호와께서 아브람에게 이르시되 너는 너의 고향과 친척과 아버지의 집을 떠나 내가 네게 보여 줄 땅으로 가라"(창 12:1) 그래서 아브라함이 하나님의 명령을 따라 정처 없이 남으로 내려오다가 정착한 곳이 바로 가나안 땅입니다. 그러나 그 땅은 주인 없는 땅, 무주 공산이 아니라 이미 다른 족속들이 살고 있는 땅이었습니다.

하나님께서는 아브라함을 하란에서 뽑아다 가나안 땅에 심으셨습니다. 그 후 야곱의 때에 이르러 야곱의 가족은 70명이 되었습니다. 이 70명이 기근으로 인하여 아들이자 형제인 요셉이 국무총리가 되어 다스리는 애굽에 정착하게 되었고, 430년간 머물면서 큰 민족을 이루게 되었습니다. 이후 요셉을 알지 못하는 왕이 일어나 히브리 족속을 핍박하자 그들은 모세의 인도 하에 다시 가나안 땅을 향해 출애굽했고 광야 40년을 돌고 돌아 젖과 꿀이 흐르는 가나안 땅으로 들어갑니다. 그러나 그곳에는 이미 헷 족속, 히위, 브리스, 기르가스, 아모리, 여부스,

가나안 일곱 족속이 자리잡고 있었고, 이들을 물리치고 가나안을 점령하는 내용이 여호수아서의 내용입니다. 그 후 유다 왕국이 바벨론에 멸망하여 포로로 끌려감으로써 히브리 족이 뽑혀 버리게 되지만, 70년 후에 하나님께서 포로에서 해방시키시고 다시 가나안 땅에 심어 주셨습니다. 그리고 AD 70년 로마의 티투스 장군에 의해 예루살렘이 함락되면서 히브리 족속은 완전히 가나안 땅에서 뽑혀 버렸습니다.

그 후 1870년이 지난 1948년, 이스라엘이 건국됨으로 히브리 족이 다시 가나안 땅에 심겨지게 된 것입니다. 지금도 끊임없이 그 땅에서 뿌리내리려는 히브리 민족과 그들을 뽑아 버리려는 아랍 족속의 피나는 싸움이 계속되고 있습니다. 이런 유태인들에게 "주의 기업의 산에 심으리이다" 하는 이 말씀이 얼마나 힘과 용기가 되었겠습니까? 이 말씀이 새롭게 성전 부지를 마련하고 교회를 옮기려는 우리들에게도 큰 위로와 용기가 되는 말씀이 되기를 바랍니다.

멀고도 험한 길일지라도 하나님께서 함께하시면 가깝고도 쉬운 길, 행복한 길, 축복의 길이 될 수 있습니다. 하나님께서 아브라함을 뽑아 옮겨 심으신 거리는 직선으로는 800km, 길을 따라가면 1,200km가 되는 멀고도 험한 길이었습니다. 새 성전 부지와 우리 교회의 거리는 4km입니다. 이 거리를 믿음으로 극복하고 덕이동에 가나안 복지를 새롭게 이루어 주시는 하나님의 복을 받는 성도님들 되시기를 바랍니다.

어느 날 숲 속에 사람들이 와서 세 그루의 어린 나무를 뽑아 정원에 심었습니다. 세 그루의 어린 나무는 서로 의지하며 기도했습니다. "하나님, 세상에 유익을 주는 나무가 되게 해 주십시오." 첫 번째 나무는 하루 종일 힘들게 일하고 지친 가축들이 여물을 먹을 수 있는 구유가 되길 원했습니다. 하나님께서는 그의 소박한 기도보다 더 크게 응답해 주셨습니다. 인류의 밥으로 오신 예수님을 누인 영광을 보게 되었습니다. 두 번째 나무는 산 아래 호수를 떠다니는 배들을 보면서 자신이 많은 사람을 태울 수 있는 배를 만드는 데 사용되게 해 달라고 기도했습니다. 그의 기도도 응답되었습니다. 많은 여행자들이 그 배를 타고 호수를 건넜습니다. 어느 날 특별한 손님이 탔습니다. 바로 하나님의 아들 예수님이셨습니다. 그 배는 예수님께서 전해 주시는 사랑과 지혜가 넘치는 말씀을 들었습니다. 어느 날 밤, 예수님과 제자들이 그 배를 타고 바다를 건너실 때 갑자기 강한 폭풍이 불어 배가 침몰할 것 같았습니다. 그러나 주님이 바다를 향해 "잔잔하라!" 외치시자 성난 폭풍이 즉시 멈추고 바닷물결이 잔잔해졌습니다. 그 나무는 참으로 행복했습니다. 세 번째 나무는 세상의 유익을 주기 위해 무엇이 되면 좋을지 알 수 없었습니다. 그래서 하나님의 뜻대로 만들어 주십사 기도하던 어느 날, 사람들이 그 나무를 베어다가 사람들을 사형시킬 사형 틀을 만들었습니다. 이보다 더 슬픈 일이 어디 있겠습니까? 그러던 어느 날, 한 사람이 그 나무에 못 박혔습니다. 그런데 그 사람은 다른 사람들처럼 자기를 못 박는 사람들을 원망하거나 욕하지 않고 오히려 용서하시는 것이었습니다. 한편 자기 옆에 있는 강도에게는 "오늘 네가 나와 함께 낙원에 있으리라." 말씀하시기까지 했습니다. 바로 그는 하나님의 아들 예수 그리스도였던 것입니다. 사람을 죽이는 사형 틀로 끝날 줄 알았던 그 나무는 인류의 구원이라는 가장 위대한 일에 사용된 것입니다.

우리는 이 나무들과 같습니다. 우리 모두가 새로운 성전에 심겨진 나무 되어 이와 같이 거룩한 일에 쓰임 받게 되기를 바랍니다. 이스라엘을 가나안 땅에 심으신 하나님께서 우리를 새로운 터에 옮겨 심으셨습니다. 이제 우리는 하나님께 영광을 돌리기 위한 도구가 되어 고양과 파주를 성시화(聖市化)하는 데 앞장서고, 북방 선교에 더욱 힘쓸 수 있는 성도로 만들어 주십사 기도하며 살아야겠습니다.

하나님께서 손수 예비하십니다

"여호와여 이는 주의 처소를 삼으려고 예비하신 것이라."(출
15:17 하)

이 말씀을 통해 우리는 예비하시는 하나님의 속성에 대해 알 수 있습
니다. 하나님 아버지는 우리에게 필요한 것을 미리 예비하여 주시는 참
좋으신 분이십니다. 하나를 구하면 열을 주시고, 작은 것을 구하면 큰
것을 주십니다. 자녀들이 부르짖어 구하기만 하면 놀라운 것으로 응답
하고 채워 주십니다(렘 33:2-3).

2002년 우리 거룩한빛광성교회는 표어를 "지경을 넓혀 주옵소서"로
정하고 역대상 4장 10절에 나타난 야베스의 기도를 우리의 기도로 삼
고 열심히 기도했습니다.

"야베스가 이스라엘 하나님께 아뢰어 이르되 주께서 내게 복을 주
시려거든 나의 지역을 넓히시고 주의 손으로 나를 도우사 나로 환
난을 벗어나 내게 근심이 없게 하옵소서 하였더니 하나님이 그가
구하는 것을 허락하셨더라."(대상 4:10)

"영적인 지경을 넓혀 주옵소서."
"인격의 지경을 넓혀 주옵소서."
"기업의 지경을 넓혀 주옵소서."

이렇게 기도한 지 몇 달 만에 전혀 예상하지 못했던 일이 일어났습니
다. 주일 3부 예배에 600명이 출석하고 200대 정도의 차가 오던 것이
750명이 출석하고 차량만도 320대 정도가 몰려오게 되니 교회 근처의

교통이 마비되면서 주차 문제가 심각한 문제로 대두되었습니다. 그리하여 주차장으로 쓰고 있던 대지에 새롭게 교회를 건축하여 주차 문제를 해결해 보고자 설계를 의뢰하였습니다. 그러나 그 대지에 교회를 건축할 경우 100대 이상은 주차가 불가능하다는 통보를 받고 새로운 교회 부지를 찾던 중 덕이동의 부지를 발견하게 되었습니다. 이 땅을 매입하는 데 전 성도들이 한마음으로 동의해 주셨고, 주차장 부지의 매각을 위해 전 성도들이 기도한 결과 일산에서 가장 좋은 값을 받고 팔게 되어 덕이동 부지 3,000평을 무리 없이 매입했습니다. 이 과정을 통해 참으로 "주의 처소를 삼으시려고 예비하시는"(출 15:17) 하나님의 손길을 느낄 수 있었습니다. 이 덕이동 부지가 하나님께서 머무실 성전으로 삼으시려고 우리에게 예비해 주신 땅이라는 것을 확실히 믿습니다.

우리가 짓는 성전은 주님이 머무시는 곳입니다. 또한 하나님의 자녀 된 우리가 기도하는 집입니다. "내 집은 만민이 기도하는 집이라"(사 56:7)라고 아버지께서 말씀하셨습니다. 그러므로 이곳에서 열방을 위해 기도하며, 민족을 위해 기도하며, 나라를 위해 기도하며, 가정을 위해 기도하며, 형제를 위해 기도할 때 하나님께서 귀를 기울여 주시고 응답해 주실 것입니다.

지혜로운 사람은 건축을 하기 전에 비용을 계산해 봅니다. 가지고 있는 비용으로 과연 어느 정도의 건축이 가능한지를 살펴보고 건축하는 것이 상식입니다. 고린도전서 3장에 보면 지혜로운 건축자가 해야 할 일이 나옵니다.

첫째로, 기초를 튼튼하게 지어야 합니다(고전 3:10-11). 기초가 무엇입니까? 곧 예수 그리스도입니다. 예수 그리스도라는 튼튼한 터가 아니면 쉽게 무너지고 맙니다. 우리 거룩한빛광성교회의 기초도 예수 그리스도인 줄 믿습니다. 둘째로, 재료를 잘 써야 합니다(고전 3:12-

13 상). 기초가 아무리 튼튼해도 재료에 따라 건축이 달라집니다. 금을 쓰느냐, 은을 쓰느냐, 보석을 쓰느냐, 나무를 쓰느냐, 풀을 쓰느냐, 짚을 쓰느냐에 따라 달라집니다. 교회의 건축에는 어떤 재료가 사용되어야 하겠습니까? 금 같은 믿음과 은 같은 봉사, 보석 같은 충성(고전 4:2)이라는 재료가 사용되어야 합니다. 셋째로, 준공 검사를 받기에 합당하게 지어야 합니다(고전 3:13하-15). 주님께서 불로 심판하시는 날 예수 그리스도라는 믿음의 터 위에 좋은 재료로 합당하게 지은 것은 남아 있으나 그렇지 않은 것은 타 버릴 것이라고 말씀하십니다. 우리 교회 목회자와 장로님들, 건축 위원장님 이하 성전 건축 위원들과 제직과 전 성도들이 금 같은 믿음을 가지고 변치 않는 봉사와 빛나는 헌신으로 충성하여 넉넉히 준공 검사에 합격하게 될 것입니다.

무엇보다도 지혜로운 건축자는 믿음이 충만해야 합니다. "영접하는 자, 곧 그 이름을 믿는 자들에게 하나님의 자녀가 되는 권세를 주신"(요 1:12) 주님을 바라보아야 합니다. "믿음은 바라는 것들의 실상이요 보이지 않는 것들의 증거니 선진들이 이로써 증거를 얻었느니라"(히 11:1-2)고 성경에서는 말씀합니다. 믿음의 선진들이 바라봄의 법칙을 통하여 꿈을 이루었듯이 성전 건축이 완성될 그날을 믿음으로 바라보아야 합니다. 여호와 이레의 하나님, 앞서 예비하시는 하나님이 우리의 좋으신 아버지이심을 믿어야 합니다.

"주여, 주님의 손으로 세우소서."라고 믿음으로 외치며 성전을 건축합시다. "할 수 있다! 하면 된다! 해 보자!" 힘차게 찬송하며 나아갑시다. 하나님께서 친히 인도하시고, 하나님께서 친히 심으시고, 하나님께서 모든 것을 예비해 주셔서 무사히 성전을 건축하고 입당하여 하나님께 영광 돌릴 수 있게 될 것입니다.

7. 한국교회 개혁 선언

마태복음 21장 12-17절

    1517년 10월 31일, 독일의 마르틴 루터가 비텐베르크 성당 정문에 95개 조항의 질의서가 부착하면서부터 종교개혁이 본격적으로 시작되었습니다. 모든 일이 처음부터 본격적으로 진행되기는 어렵습니다. 특히나 개혁을 요하는 일이나 부패한 사회 속에서 옳은 일을 행하려 할 때는 더욱 그렇습니다. 졸졸졸 흐르던 시냇물이 모여 큰 강물, 바닷물을 이루는 것과도 같습니다. 이처럼 마르틴 루터 이전에 종교개혁을 외치다 사라진 수많은 사람들이 있었습니다. 이들을 '종교개혁 이전의 개혁자들'이라고 부릅니다.

    프랑스 상인 출신의 왈도(Peter Waldo, ?~1184)는 1170년경 민중 사이에 들어가 성경적 신앙생활을 계몽했습니다. 재산을 팔아 나누어 청빈한 수도 생활을 해 오다 개혁적인 신앙 때문에 파면당했습니다. 영국의 신부 위클리프(John Wycliffe, 1320~1384)는 선구적 종교개혁을 시도했습니다. 그는 신앙과 구원의 최고 권위는 성경에 있음을 외치고, 영어로 성경을 번역하여 이단으로 정죄되었습니다. 그리고 그가 죽은 후에 유해가 불태워지기도 했습니다. 체코의 신부 후스(Johanes Huss, 1369~1415)는 프라하대학의 총장이었지만 성직 매매와 교회의 세속화를 비판하고 성경의 유일한 권위를 강조하다가 화형을 당했습니다. 또 이탈리아의 수도사 사보나롤라(Girolamo Savonarola, 1452~1498)는 로마 가톨릭의 타락을 비판하고 성경적 신앙을 강조하다 두 달 간 고문 끝에 화형을 당했습니다.

후스가 화형을 당하기 전 가톨릭 지도부에게 남긴 이 말은 참으로 유명합니다.

"여러분은 지금 조그만 새를 죽이지만 100년이 지난 후 나타나는 큰 새는 죽일 수 없을 것입니다."

그리고 후스가 죽은 지 정확히 102년이 지났을 때 마르틴 루터가 나타나 후스의 예언 그대로 종교개혁이 이루어졌습니다.

종교개혁은 단순한 하나의 역사적 사건이 아닙니다. 종교개혁은 현재와 미래에도 계속되어야 할 '개혁하는' 운동입니다. 그래야 개혁 운동이 생명력을 갖게 되는 것입니다. 종교개혁은 '오직 믿음(Sola Fide)' '오직 성경(Sola Scriptura)' '오직 은혜(Sola Gratia)'라는 3대 구호 아래서 이루어졌습니다.

이 세 가지 종교개혁 원리는 오늘 한국교회의 나아갈 길을 제시하고 있습니다. 이 원리를 다시 한 번 상기하고 지켜 나갈 때 한국교회의 실추된 위상이 회복되고 정체성을 되찾을 수 있게 될 것입니다.

종교개혁이라는 말을 영어로 풀어 보면 '다시'라는 뜻을 가진 're'와 '틀 짜기'란 뜻을 가진 'formation'이 결합된 단어입니다. 즉, '틀 다시 짜기'라는 의미입니다. '종교개혁'이라는 말 안에는 '종교'라는 의미는 전혀 없습니다. 오직 틀을 다시 짠다는 의미만이 있습니다. 종교개혁 당시 사회 전체의 틀을 교회가 짜고 있었다 해도 과언이 아닙니다. 그랬기에 1517년 종교개혁은 유럽 전체의 사회 구조를 결정적으로 바꾸어 놓았습니다. 성직 매매가 일상화될 정도로 타락한 교회를 개혁하는 것이 종교개혁의 핵심이었습니다. 종교개혁 때문에 독일에서 로마 교황청으로 흘러 들어가던 막대한 돈줄이 막혔습니다. 뿐만 아니라 개인들의 신앙까지 흔들어 놓았고 결국 진지한 신앙의 깨달음은 개인의 삶과 사회 전체에 영향을 끼치게 되었습니다.

지금 한국교회 교인들 중에는 한국에 교회가 5만 개나 되고, 목사는 10만 명이 넘고, 교인도 천만 명이나 된다고 하는데 한국 사회가 왜 이렇게 썩어 냄새가 날까 자조적으로 탄식하는 사람들이 많습니다. 여기서 바로 종교개혁의 당위성을 찾을 수 있습니다. 왜 교회 개혁을 수없이 외치고 선포했음에도 불구하고 한국교회는 무기력의 늪에서 헤어나오지 못하고 있습니까? 바로 교회 안의 개혁에 머무르고 있기 때문입니다. 사회적 요구나 시대적 흐름을 인식하여 틀을 다시 짜지 않고는 개혁은 한낱 구호에만 그칠 뿐 결코 성공할 수 없습니다.

종교개혁이 성공한 것은 교회의 굳은살을 드러내어 제거하려는 운동이 사회운동으로까지 번졌기 때문이었습니다. 루터가 교회에서 제거해야 할 굳은살을 95개 조항으로 내건 것이 지지를 받아 사회 운동으로까지 연결되어 종교개혁이 성공을 거두었고, 18세기 존 웨슬리의 경건 운동이 사회 현장으로 연결되었기 때문에 영국을 혁명 없이 새로운 나라가 되도록 했습니다.

한국교회도 현재 제거해야 할 굳은살을 정확히 밝혀내고 이를 오늘의 현실에 비추어 적용해야만 참다운 개혁으로 성공할 수 있습니다. 신앙이 삶에서 유리될 때 세상에 영향을 미칠 수 없음같이 개혁이 사회와 동떨어져 있을 때는 성공할 수 없습니다.

그렇다면 세상의 틀을 다시 짜기 위해 한국교회가 나아가야 할 방향은 무엇이겠습니까?

세속화를 거부하는 교회

지금 한국교회에는 세속의 물결이 끊임없이 밀려들어오고 있습니다. 그 중에서도 제일 큰 물결이 자본주의의 물결입니다. 자본주의 중에서도 천박한 자본주의라고 할 수밖에 없는 물결이 밀려들어오고 있습니다. 교회 지도자들에게서 예수님의 가르침을 찾아보기 힘들다 보니 교인들에게서도 찾아보기 힘이 듭니다.

기독교가 서구 문명을 타고 서양 선교사를 통해 한국에 들어왔다고 해서 기독교가 서양 것이 될 수는 없습니다. 기독교는 기독교적이어야 하고 성경적이어야 합니다. 미국적이어서도 안 되고 동양적이어서도 정답이 될 수 없습니다. 예수의 냄새가 배어 있어야 합니다. 예수님의 말씀, 예수님의 정신이 담겨 있어야 진짜입니다. 종교개혁은 바로 '성경으로 돌아가자', '예수 정신으로 돌아가자'는 운동입니다.

중세 교회 지도자들은 종교 귀족이 되어 호화롭게 살면서 민중들의 고단한 삶을 돌아보지 않았습니다. 그러면서 하나님의 위로를 선포하고 천국을 바라보라고 외쳤습니다. 민중을 돌아보지 않고 외치는 위로의 소리는 공허한 꽹과리가 되었습니다. 성직은 돈을 받고 팔았습니다. 좋은 자리, 높은 자리를 사려고 앞을 다투어 돈을 주었습니다. 소위 성직 매매가 이루어진 것입니다. 그뿐만이 아니었습니다. 천국까지도 돈에 팔리는 세상이 되었습니다. 로마 바티칸의 베드로성당을 짓기 위한 돈이 부족해지자 면죄부를 팔기 시작했습니다. 면죄부는 로마 가톨릭 교회가 죄를 사하는 조건으로 기부를 청구하고 발행한 증명서입니다. 하나님의 은혜가 설 자리에 물질의 신 '맘몬(Mammon)'이 자리를 잡게 된 모습입니다.

> "예수께서 성전에 들어가사 성전 안에서 매매하는 모든 사람들을 내쫓으시며 돈 바꾸는 사람들의 상과 비둘기 파는 사람들의 의지를 둘러 엎으시고 그들에게 이르시되 기록된 바 내 집은 기도하는 집이라 일컬음을 받으리라 하였거늘 너희는 강도의 소굴을 만드시는도다 하시니라."(마 21:12-13)

예수님께서 성전을 정화하신 기록입니다. 그 당시 유대인들은 예루살렘 성전에서 제사드릴 제물을 집에서부터 직접 가지고 오기도 했지만 외국에 거주하는 유대인이나 먼 지역 사람들은 성전 주위에서 제물을 구입했습니다. 그런데 제물은 흠이 없는 것이어야 하는 점을 악용해서 검사하는 제사장들이 집에서부터 가져온 제물은 트집을 잡고 퇴짜를 놓는 등 횡포가 심했기 때문에 비싼 제물을 울며 겨자 먹기로 성전 마당에서 살 수밖에 없었습니다. 또 성전에 들어갈 때 반 세겔의 성전세를 드렸는데 제사장들은 유대 화폐로만 받았기 때문에 로마 화폐를 사용하는 유대 사람들은 부득이하게 환전할 수밖에 없었고 그 이익을 제사장들이 착복했습니다. 또한 비둘기는 주로 가난한 사람들이 사용하는 제물인데 가격을 높게 책정하는 등 당시 종교 지도자들은 각종 이권을 챙기는 데 혈안이 되어 있었습니다. 이런 파렴치한 종교 지도자들의 판을 예수님께서 엎어 버리신 것입니다.

만약 지금 이 시간 예수님께서 이 땅에 오신다면 둘러엎을 판은 무엇일까요?

첫째로, 백화점이나 기업, 은행처럼 지점을 거느리는 교회, 지교회를 만드는 교회들을 예수님께서 둘러엎으실 것입니다. 지점이 무엇입니까? 기업이나 백화점, 은행 등 본점의 지휘를 받으면서 운영되는 판매망이 아닙니까? 교회가 자본주의의 산물이 아닌 이상 지점(지교회)을 만드는 것은 옳지 않습니다.

둘째로, 예수님께서는 자녀에게 담임목사를 대물림하는 교회들을 둘러엎으실 것입니다. 교인들의 절대 지지 속에 이루어지는 승계라면 모르지만 교인들의 반대에도 불구하고 아들이나 사위, 심지어 남편이 죽으니까 아내가 목사가 되어 물려받는 경우까지 등장하니 이쯤 되면 교회가 아니고 기업입니다.

셋째로, 분쟁이 끊이지 않는 기독교 연합 기관들을 예수님께서 둘러엎으실 것입니다. 방송, 신문, 출판 등 돈 되는 기관은 분쟁과 다툼이 끊일 날이 없습니다. 돌아가면서 곶감 빼먹듯 돈은 다 써 버리고 부실화된 기관만 한국교회 성도들의 짐으로 남게 되는 아픔이 계속되고 있습니다.

넷째로, 공공연히 물질중심주의의 풍조가 만연한 교회들을 예수님께서 둘러엎으실 것입니다. 교회에서 항존직을 임직할 때 과도한 헌금을 강요하여 부담스러워하는 성도들을 한두 번쯤은 주위에서 보았을 것입니다. 돈 없는 사람은 장로도 될 수 없다, 돈 없으면 교회에 다니기도 힘들다는 말이 공공연하게 회자되고 있는 것이 사실 아닙니까?

다섯째로, 많이 가지려는 성직자들을 예수님께서 둘러엎으실 것입니다. 목사들이 신부와 승려보다 많은 것을 가지려 하는 것이 현실입니다. 그러나 교회가 진정으로 개혁되고 세상을 변화시킬 소금이 되려고 한다면 반드시 예수님의 가르침을 따라야 합니다. 이제 성직자들은

"거저 받았으니 거저 주며, 금이나 은이나 동을 가지지 말고 배낭이나 두 벌 옷이나 신이나 지팡이를 가지지 말라"는 예수님의 명령을 따라 무소유 운동을 펼쳐야 합니다(마 10:8-10). 그래서 우리 거룩한빛광성교회에는 목회자들의 보너스를 없앴습니다. 뿐만 아니라 교회 재정에 손을 대지 않습니다. 예수님의 가르침을 따르기 위한 작지만 의미있는 실천을 시작한 것입니다.

진정 오늘도 예수 그리스도께서 살아 계셔서 능력으로 도와주실 것을 믿는다면 성직자들은 소유의 문제를 초월해야 할 것입니다. 그리고 성도들은 재가 수도사가 되어 세상에서 살 때 물질을 바르게 사용하는 운동을 펼쳐야 합니다. 물질은 언제나 우리를 종으로 삼으려고 합니다. 그러나 한 사람이 두 주인을 섬기지 못하듯이 물질과 하나님을 동시에 섬길 수 없습니다(마 6:24). 그러므로 물질에 노예 되어 종노릇하지 않고 승리하는 성도가 되어야 합니다. 성도는 물질의 지배를 벗어나 하나님의 은혜를 먹고 살아야 합니다.

지금 이 시대는 물질 만능의 시대입니다. 교회에도 세상의 물결이 도도하게 밀려들어와 점점 세속화되고 있습니다. 우리 모두 교회에서, 가정에서, 일터에서 하나님의 은혜를 가로막고 교회를 타락하게 하는 맘몬과 싸워 이기고 날마다 개혁하는 일꾼들이 됩시다.

겸손히 사회를 섬기는 교회

예수님께서 세상에 오심으로 바뀐 가치관이 여러 가지 있습니다. 우선 여자와 아이들이 자신의 존재 가치를 인정받게 된 것을 꼽을 수 있습니다. 예수님 이전에는 사람의 수를 셀 때 여자와 어린아이들은 아예 수에 치지도 않았습니다. 출애굽 후 광야에서 그랬고, 벳새다 들녘의 오병이어 기적의 현장에서도 그러했습니다. 여자들은 이름도 없었습니다.

또 예수님께서 오신 후 '겸손'이라는 단어의 뜻이 바뀌었습니다. 예수님께서 제자들의 발을 씻겨 주시고 섬김의 모범을 보여 주시기 전까지 겸손이란 단어는 '비굴'과 동의어였습니다. 그러던 것이 예수님으로 인해 가장 아름다운 뜻을 지닌 단어가 된 것입니다. 겸손은 사랑으로 섬기는 태도를 말합니다. 예수님께서는 이것을 우리에게 본으로 보여 주셨습니다.

> "내가 주와 또는 선생이 되어 너희 발을 씻었으니 너희도 서로 발을 씻어 주는 것이 옳으니라. 내가 너희에게 행한 것 같이 너희도 행하게 하려 하여 본을 보였노라"(요 13:14-15)

본이라는 것은 따라갈 발자취를 말합니다. 우리는 섬김의 모범이 되신 예수님의 발자취를 따라 겸손히 세상을 섬겨야 합니다. 세상 사람들은 지배하는 것이 이기는 것이라고 생각합니다. 그러나 우리 그리스도인들은 섬기는 자가 큰 자요, 이긴 자임을 잘 알고 있습니다.

예수님 주변에 언제나 가난한 자, 병든 자들이 끊임없이 몰려들었다고 기록되어 있습니다(마 21:14). 그때는 예수님께서 마지막으로 십자가를 지시기 직전으로, 치열한 영적 전쟁이 벌어지고 있는 때였지만 병든 자를 고쳐 주시는 일을 마다하지 않으시고 사랑으로 맞이하고 기꺼이 기도해 주셨습니다. 이 모습이 우리가 본받아야 할 모습입니다.

그런데 한국교회에 이상 풍조가 밀어닥쳐 오고 있습니다. 섬기려 하기보다는 대접받으려 하고, 낮아지려 하기보다는 높아지려 하는 반기독교적이요 반성경적인 행태가 두드러지게 나타나고 있습니다. 사람이

10대는 꿈에 살고, 20대는 사랑에 살고, 30~40대는 일에 빠져 살고, 50~60대는 명예를 따라 산다는 말이 있습니다. 그런데 한국교회도 나이가 들어서 그런지 너무 명예를 탐하고 지위를 탐하는 풍조가 만연되어 있습니다. 목사님마다 박사 학위를 받는 것이 유행입니다. 노회 임원 자리 하나 놓고 치열하게 다툽니다. 총회장 선거를 위해 몇 억을 썼다는 말이 들려오고, 총회장 선거에서 떨어진 목사님은 돈 많이 쓴 책임을 지고 교회를 사임했다는 소리도 들려옵니다. 목사님들이 정치인이나 시장, 경찰서장들과 자주 만나 예배드리고 돈독한 관계 맺기를 좋아합니다. 국가조찬기도회 같은 행사에 한 번 참석하면 큰 자랑거리가 됩니다.

어느 목사님들의 모임 조직을 보았더니 단장 · 상임 부단장 · 부단장 해서 20명, 상임 총무 · 총무 해서 41명, 부총무 9명, 협동 총무 18명, 부장 11명, 단원 12명이었습니다. 단원보다 임원들이 훨씬 많은 해괴한 조직이었습니다. 남보다 조금이라도 높아지고 윗자리에 앉으려고 명예를 탐하는 모습을 교계 곳곳에서 발견할 수 있습니다. 이것은 결코 예수님의 가르침이 아니요, 성경적인 모습도 아닙니다.

사람을 움직이는 지도력은 겸손과 섬김을 통한 인격에서 출발합니다. 지도자에게는 권위가 생기기 마련인데 이 권위에는 보편적으로 두 가지 종류가 있습니다. 지도자의 실력에서 오는 학문적 · 지식적 권위와 지도자에 대한 믿음에서 오는 인격적 · 정신적 권위가 그것입니다. 진정한 권위는 직분을 차지한다고 오는 것이 아니라 직무를 잘 감당할 수 있는 전문성과 영적 권위를 가질 때 생깁니다.

예수님 당시 바리새인들과 서기관들은 전통과 직분을 권위의 배경으로 삼고 백성들 위에 군림했습니다. 그때 예수님께서 오셔서 이해와 관용과 용서와 사랑의 실천을 통한 권위를 보여 주셨습니다. 이것이 바로 영적인 권위입니다.

교회는 세상 속에서 부름을 받은 구원의 공동체입니다. 부름의 목적은 교회 자체를 위하는 데 있지 않습니다. 교회는 오히려 세상을 위하여 세움을 입은 것입니다. 교회가 세상에 나아가 예수님의 사랑과 겸손을 가지고 세상을 섬길 때 존경받고 권위 있게 되는 것입니다.

물은 낮은 데로, 낮은 데로 흘러갑니다. 그러나 물이 쌓이면 점점 수면이 높아져 온 세상을 잠기게 할 수도 있습니다. 이처럼 우리의 섬김도 낮은 데로 낮은 데로 내려가야 합니다. 높은 자리, 명예의 자리를 탐할 것이 아니라 이름도 없이, 빛도 없이, 알아 주는 이 하나도 없는 곳으로 내려가야 합니다. 예수님처럼 병든 자의 손을 잡아 주고, 소외된 자를 품어 주며, 옥에 갇힌 자를 돌아보고, 배고픈 자를 먹여 주고, 나그네를 돌보아 주어야 합니다. 이것이 교회의 본질입니다. 자리다툼하고, 감투 다툼하고, 명예 다툼하고, 유력한 사람들과 친구 삼는 것을 자랑하는 것은 교회의 교회 됨을 파괴하는 자멸 행위입니다.

한국교회의 위기는 교회가 지역 사회에 별로 쓸모없는 단체로 여겨지고 있다는 데서 기인합니다. 지역 사회에 병원이나 약국, 학교, 슈퍼마켓, 하다못해 담배 가게가 입주해도 조용한데 교회가 들어오면 집 값 떨어진다고 반대하는 현상이 곳곳에서 일어나고 있습니다. 많은 사람들이 교회가 왜 있어야 하는지 이유를 모릅니다. 심한 경우, 없는 것이 더 좋다고 생각하기도 합니다. 교회는 지역 사회를 위해 있어야 하고, 지역 사회를 섬기는 것이 본연의 과제인데 지역 사회를 섬기지 않기 때문에 일어나는 반작용입니다. 이것은 분명 한국교회의 위기입니다. 교회는 민족의 역사와 사회, 지역과 함께 같은 뿌리를 가지고 있음을 알고 지역 사회를 섬기는 일에 최선을 다해야 합니다. 교회 안에서 명예를 탐하고 섬김을 받으려 하는 반예수적인 행동을 해서는 안 됩니다.

종교개혁의 정신은 무엇이었습니까? 로마 가톨릭에서 벌어지고 있던 성직 중심의 잘못된 교회 체제와 섬기려 하지 않고 세상을 정복하려고만 했던 잘못된 권위에 도전했던 것입니다. 21세기 한국교회도 다시 한 번 종교개혁의 정신으로 돌아가야 합니다. 그것이 예수님의 가르치심이기 때문입니다.

예수님께서 그러하셨듯이, 종교개혁가들이 그러했듯이, 초대 한국교회가 그러했듯이 헛된 부귀와 명예를 버리고, 세상을 섬기고, 이웃을 섬기고, 지역 사회를 섬기는 교회를 만들어 갑시다. 이 말씀을 늘 기억하십시오.

> "인자가 온 것은 섬김을 받으려 함이 아니라 도리어 섬기려 하고
> 자기 목숨을 많은 사람의 대속물로 주려 함이니라."(막 10:45)

성경대로 믿는 교회

오늘날 중국이 경제적으로 도약하는 것을 두려운 눈으로 바라보는 나라들이 많습니다. 특별히 가까이에서 직접 영향을 받을 수밖에 없는 우리나라가 가장 긴장할 수밖에 없습니다. 그렇다고 경계하고 긴장만 하고 있을 수는 없습니다. 적을 알고 나를 알면 싸워서 능히 이길 수 있습니다.

그렇다면 중국이 비약적 발전을 하게 된 원인은 무엇일까요? 저들의 성장 원인은 지도자들의 리더십에서 찾아볼 수 있습니다. 마오쩌둥(毛澤東)의 국민 통합을 이루어 낸 리더십, 저우언라이(周恩來)는 총리를 지내면서도 낡은 옷만 입고 자신을 위해서는 땅 한 평도 소유하지 않았

습니다. 그리고 자신의 유해를 의학 연구를 위해 해부용으로 써 달라고 유언하여 중국인들을 감동시켰습니다. 덩샤오핑(鄧小平)은 화장을 해서 유골을 조국의 산하에 뿌려 달라고 했습니다. 주룽지(朱鎔基)는 총리 시절에 경제 부흥과 함께 부정부패가 만연하자 이렇게 말했습니다. "지금 백 개의 관을 준비하고 있다. 그 중 하나는 나를 위한 것이다. 우리가 다같이 희생한다면 오랫동안 안정을 누릴 수 있을 것이다."

우리나라 역대 대통령을 기억해 보십시오. 취임할 때마다 개혁을 외치지 않은 대통령이 없었으나 성공한 사례는 이제껏 없었습니다. 나라의 개혁이 실패한 까닭은 관을 메고 나가는 각오가 없었기 때문입니다. 하나님이 없다고 신을 부정하는 공산주의자들도 이렇게 자신의 사상과 신념을 따라 목숨을 바칠 정도로 훌륭하게 지도력을 발휘하는데, 영생을 믿고 하나님 나라를 믿는 그리스도인들이 왜 개혁을 못합니까? 성경대로 믿지 않기 때문입니다.

예루살렘에 입성하신 예수님께서는 성전을 정화하시고, 어린이들이 예수님께 '호산나' 찬양을 드리는 것을 보고 대제사장들과 서기관들이 예수님께 이를 비판하였습니다(마 21:15-17). 이때 예수님은 그들에게 물었습니다..

> "어린 아기와 젖먹이들의 입에서 나오는 찬미를 온전하게 하셨나
> 이다 함을 너희가 읽어 본 일이 없느냐."(마 21:16 하)

이 말씀은 오늘 우리에게 묻는 말씀입니다. "너희가 성경을 읽었느냐? 말씀을 들었느냐? 그렇다면 왜 그렇게 실천하지 않느냐? 왜 그대로 살지 않느냐?"는 책임을 묻고 있는 말씀입니다. 어른이 어른 노릇을 하지 못하면 어린아이를 들어 어른을 부끄럽게 하시겠다는 말씀입

니다.

하나님의 아들 예수 그리스도를 영접하고 찬미해야 할 대제사장들과 서기관들이 영접하지 않고 찬미하지 않으니 어린아이들의 입을 열어 찬미를 받으시겠다는 말씀입니다. 우리가 교회를 교회 되게 하지 못하면 하나님께서는 세상 사람의 막대기와 인생의 채찍을 들어 교회를 개혁하게 하실 것입니다. 전두환 씨가 대통령 되기 전 국보위 시절, 교회 개혁에 손을 대서 무인가 신학교 정비에 나선 일이 있었습니다. 이 얼마나 부끄러운 일입니까? 우리가 교회를 교회 되게 하지 못하면 세상 사람들로부터 손가락질 받게 될 것입니다. 그러므로 성경대로 믿는 교회가 되기 위해서는 성경대로 믿고 행하지 않는 문제가 어떤 것인가를 아는 것이 중요합니다.

종교개혁의 3대 구호 중 하나가 '오직 성경'입니다. 중세 시대는 성경보다 교황의 법이 훨씬 더 권위가 있었습니다. 그러나 '오직 성경'이라는 구호에 따라 종교개혁이 잘못된 것을 제대로 돌려놓았습니다. 그런데 종교개혁이 애써 돌려놓은 것을 오늘날 다시 이전의 잘못된 모습으로 되돌렸습니다. 그것이 무엇인지 아십니까? 바로 교회 내의 권위 구조입니다. 모든 성도는 다 '왕 같은 제사장'이라고 성경에서 말씀하고 있는데도 말입니다(벧전 2:9).

모든 성도가 다 '왕 같은 제사장'이라는 말의 뜻은 모든 성도가 교회 안에서 동등한 지위를 가진다는 말입니다. 교회 안의 모든 직분에는 어떠한 계급의 차이도 있을 수 없습니다. 만일 차이가 있다면 그리스도 안에서 각각 받은 은사와 직분의 차이일 뿐입니다. 목사는 말씀 전파와 성령 따르기를 가르치는 것과 기도하는 데 힘쓰고, 장로·권사는 교인들을 돌아보며, 집사는 구제와 봉사에 전념하는 것이 옳습니다. 모든 행정은 민주적 절차를 따라 진행되어야 하고, 인간의 부패한 본성이 횡포를 부리지 못하도록 견제와 균형의 장치를 갖추어야 합니다.

그래서 거룩한빛광성교회는 2000년 6월 16일, 목사의 평가제와 장로의 임기제를 도입했습니다. 목사가 직무 수행을 게을리 하다가 문제를 일으켰을 때 교회는 속수무책일 수밖에 없었던 문제들을 개선하기 위한 방안을 세운 것입니다.

또 교회의 재정은 초대교회 때부터 집사들에게 맡겼던 것을 사도행전은 증거합니다. 그래서 우리 교회는 목회자는 재정에서 손을 떼고 재정 사용의 건전성과 투명성을 확보하기 위해 공개하는 것을 원칙으로 시행하고 있습니다.

마지막으로 선교 지향적 교회를 이루기 위해 힘쓰고 있습니다. 교회의 존재 목적은 선교에 있습니다. 예수님께서 내리신 최후의 명령이 무엇입니까? 바로 선교의 대위임 명령이었습니다.

> "그러므로 너희는 가서 모든 민족을 제자로 삼아 아버지와 아들과 성령의 이름으로 세례를 베풀고 내가 너희에게 분부한 모든 것을 가르쳐 지키게 하라. 볼지어다 내가 세상 끝날까지 너희와 함께 있으리라 하시니라."(마 28:19-20)

우리는 예수님의 명령을 따라 교회의 모든 역량을 선교에 기울여야 합니다. 인적 자원과 물적 자원과 영적 자원을 총동원해서 해외 선교, 국내 선교, 사회 선교, 군 선교, 경찰 선교, 교도소 선교, 학원 선교에 총력을 경주해야 합니다.

고대 그리스 연무장에는 무사들의 경기 모습을 그린 그림이 걸려 있고, 그 그림 밑에는 "주목하라! 모방하라! 반복하라!"는 문구가 적혀 있었다고 합니다. 먼저 하나님을 주목해야 합니다. 이 땅에 하나밖에 없는 외아들을 보내셔서 우리의 죄를 짊어지고 죽게 하실 정도로 우리를 사랑하신 그 사랑을 주목해야 합니다. 다음은 예수님을 모방해야 합니다. 예수님께서는 그리스도인들에게 섬김과 희생의 삶을 보여 주면서 따라오라 하셨습니다. 예수님의 섬김과 희생을 모방해야 합니다. 마지막으로 성경을 반복해서 읽고 실천해야 합니다. 성경대로 믿고, 성경대로 사는 노력만이 교회를 교회 되게 만들 수 있습니다. 성경을 반복해서 읽고 실천해야 합니다.

개혁은 루터만 하는 것이 아니고, 저 정성진 목사만 하는 것이 아니라 우리 모두가 해야 할 일입니다. 우리의 몸도 매일 씻지 않으면 때가 끼는 것처럼 날마다 교회도 개혁하지 않으면 부패하고, 타락하고, 성경에서 멀어지고, 예수의 정신을 벗어나고, 하나님의 교회가 아니라 사람의 교회가 될 수밖에 없습니다.

오직 믿음, 오직 은혜, 오직 성경의 구호가 오늘날 우리 교회의 구호가 되게 해야 합니다. 그리하여 세속화를 거부하고, 겸손하게 사회를 섬기고, 성경대로 믿는 교회, 한국교회의 개혁 모델이 되는 교회를 만들어 가야 할 것입니다.

8. 옛적 일을 기억하라

이사야 46장 3-11절

 1997년 1월 9일에 일산의 밤가시마을에서 거룩한빛광성교회 (구 일산광성교회)를 개척하기 시작했을 당시는 일산 신도시의 아파트 입주가 끝난 상태였습니다. 그리하여 일산에 이미 280여 개의 교회가 생겨난 상태였습니다. 그 중에서도 단독 택지 지역이었던 밤가 시마을에는 유독 교회가 많았습니다. 그리고 1997년 11월, 온 국민 을 절망에 빠뜨린 IMF 한파가 몰아닥쳤습니다.

인간의 눈으로 보기에 우리 교회는 시작부터 많은 어려움이 있어 과 연 잘 성장할 수 있을지 의문이 들 정도였습니다. 그러나 여린 새순 같 은 우리 교회를 하나님께서 관심을 가지시고 키워 주셨습니다. 목사는 유능하지 못하고 부자도 없는 교회였지만, 하나님께서 눈동자같이 아 끼시는 보배로운 일꾼들을 날마다 보내 주셔서 여기까지 성장하게 하 셨습니다. 그러기에 거룩한빛광성교회를 보면서 우리가 드릴 수 있는

유일한 고백은 "하나님께서 여기까지 인도해 주셨습니다. 에벤에셀의 하나님을 찬양할 수밖에 없습니다."라는 고백일 것입니다.

거룩한빛광성교회는 "섬기는 교회, 인재를 양성하는 교회, 상식이 통하는 교회"라는 3대 목표를 내걸고 힘찬 첫발을 내디뎠습니다. 하나님께서 지금까지 우리 교회를 잘 살펴 주셔서 3대 목표를 향해 매진하는 우리의 발걸음을 피곤치 않게 해 주셨습니다. 이제 우리 교회의 지난 시간을 되돌아보며, 새날을 향한 힘찬 전진의 발걸음을 설계해 보고자 합니다.

이제 우리 교회가 세운 목표를 다시 한 번 되새김질하며 처음 정신으로 돌아가 하나님의 각별하신 은혜를 깨닫게 되기 원합니다. 동시에 새로운 각오로 미래를 열어 가기로 다짐하는 성도가 됩시다.

오직 하나님만 섬기는 교회

기독교란 무엇입니까? 한마디로 정의하면 "예수 믿고 죄 사함 받아 구원을 얻고 하나님의 자녀 되어 영원히 하나님만을 섬기는 종교"라고 말할 수 있습니다. 그러므로 모든 교회는 하나님을 아버지로 섬깁니다. 하나님을 아버지로 섬기지 않으면 기독교가 아닙니다.

그런데 그리스도인이라 자처하는 당신은 정말 하나님만 섬기십니까? 이렇게 묻는다면 답변하기가 그리 쉽지 않을 것입니다. 지구상에 있는 많은 사람들 중에 가장 많은 사람들이 섬기는 신은 무엇일까요? 아마도 '돈'일 것입니다. 돈 앞에 절을 하지는 않지만 돈 때문에 비굴해지고, 돈 때문에 부정을 저지르고, 돈 때문에 온갖 고생을 하는 것이 인생입니다. 이렇게 돈을 최고로 여기고 섬기는 것을 '배금주의

(Mammonism)'라고 말합니다. 예수님께서도 돈을 최고로 여기는 사람들에게 이렇게 경고하셨습니다.

> "한 사람이 두 주인을 섬기지 못할 것이니 혹 이를 미워하고 저를 사랑하거나 혹 이를 중히 여기고 저를 경히 여김이라. 너희가 하나님과 재물을 겸하여 섬기지 못하느니라."(마 6:24)

예수님께서 이렇게 경고하셨음에도 불구하고 세상뿐 아니라 교회에서도 돈이 하나님의 자리를 차지하여 문제 되는 경우가 종종 일어나고 있습니다. 저도 이런 일을 겪은 적이 있습니다. 한번은 "예수 믿으세요. 교회 다니시면 행복해집니다."라고 하면서 전도를 하고 있었습니다. 그러자 제 말을 들은 사람이 "교회도 돈 있어야 다니지요. 저는 돈 없어서 못 갑니다." 그렇게 대답을 하는 것이 아닙니까. 순간 굉장히 불쾌했지만 그 말에 대해 곰곰이 생각해 보았습니다. 먼저 돈이 없어 교회 못 간다던 그분은 돈보다 더 귀한 생명의 가치, 영혼의 가치를 모르고 있다는 데 대해 참으로 안타까운 생각이 들었습니다. 뒤이어 한국 교회가 너무 돈을 강조하지 않았는가 하는 자기반성이 되었습니다.

이 일을 통해 우리 교회에서라도 돈을 중시하는 풍조를 없애 보고자 시도하게 된 것이 교회 임직과 관련해서 일체의 헌금이나 기념품 같은 것을 없앤 것입니다. 가령 장로, 안수집사, 권사 임직을 하면서 기쁜 마음으로 헌금을 드려 교회 개척을 한다면 참으로 보람 있는 일일 것입니다. 그러나 만의 하나라도 이 일을 보고 돈으로 직책을 산 것에 불과하다고 생각하는 사람이 있다면, 중세 시대에 비판받았던 성직 매매처럼 비쳐질 수도 있겠기에 아예 그런 일을 방지하고자 일체 없앤 것입니다. 순수하게 신앙을 지킨다는 것은 참으로 쉬운 일이 아닙니다.

"야곱의 집이여, 이스라엘 집에 남은 모든 자여, 내게 들을지어다. 배에서 태어남으로부터 내게 안겼고 태에서 남으로부터 내게 업힌 너희여, 너희가 노년에 이르기까지 내가 그리하겠고 백발이 되기까지 내가 너희를 품을 것이라. 내가 지었은즉 내가 업을 것이요 내가 품고 구하여 내리라."(사 46:3-4)

이 말씀에 하나님께서 이스라엘 백성들을 얼마나 사랑하시는지가 잘 나타나고 있습니다. 하나님께서는 갓난아기를 보호하는 엄마처럼 특별한 사랑으로 이스라엘 백성들을 보호하셨습니다. 하나님께서는 이스라엘 백성들에게 섬김을 받은 것이 아니요 오히려 그들을 섬기셨습니다. 지극한 정성과 사랑을 기울여 섬기셨습니다.

그런데 이스라엘 백성들은 하나님의 섬김을 받으며 무슨 짓을 했습니까? 금과 은을 가져다가 우상을 만들어 섬겼습니다. 입으로는 하나님을 말하면서도 그들은 우상 앞에 절을 하며 복을 빌었던 것입니다(6-7절). 마치 오늘날 우리가 하나님을 섬기노라 하면서도 황금의 신 맘몬(Mammon)을 숭배하는 것과 같은 모습이었을 것입니다.

우상숭배라는 것이 얼마나 어리석은 일인지 한번 생각해 봅시다. 목공이 산에 가서 아름드리 나무 한 그루를 베어다가 줄을 늘여 재고, 선을 긋고, 나무로는 불을 때고, 방을 덥게도 하고, 떡을 굽기도 한 후에 그것에 칠을 하고, 세워 놓고, 우상이라 하면서 그 앞에 절을 하고 무서워 벌벌 떱니다. 그리고 나를 구원하라고 기도하고 빕니다(사 44장). 그러나 그 우상이 말을 할 수 있습니까? 움직일 수 있습니까? 그런 우상이 어찌 복을 주고 화를 줄 수 있습니까?

요즈음 수정 구슬이니 타로 카드니 하는 것들이 젊은이들 사이에서 대유행이라고 합니다. 자신들이 만들어 놓고 그 앞에서 벌벌 떨고 신

통하다고 말하는 인간의 어리석음은 예나 지금이나 마찬가지인가 봅니다. 이를 보시는 하나님의 마음을 어떻게 말로 다 표현할 수 있겠습니까? "너희가 나를 누구에게 비기며 누구와 짝하며 누구와 비교하여 서로 같다 하겠느냐"(5절). 하나님께서는 그 누구와도 비교될 수 없는 분입니다. 하나님께서는 절대자이십니다. 스스로 계신 여호와이십니다 (출 3:14).

그러므로 우리가 하나님을 섬기는 자세는 절대적이어야 합니다. 그 무엇과 비교해서도 안 됩니다. 물질 다음에 두어서도 안 됩니다. 언제나 하나님 우선, 하나님 제일, 하나님의 영광을 구하는 삶을 살아야 합니다. 하나님께서는 죄인인 우리를 택하시고도 한 번도 부끄러워하지 아니하시고 후회하지도 않으셨습니다.

> "하나님은 사람이 아니시니 거짓말을 하지 않으시고 인생이 아니시니 식언치 않으시고 인생이 아니시니 후회가 없으시도다. 어찌 그 말씀하신 바를 행하지 않으시며 하신 말씀을 실행하지 않으시랴."(민 23:19)

자녀 삼으시고, 천국을 약속하시고, 이 땅에서 약속하신 대로 잘 되고 형통하리라 하신 모든 약속을 그대로 지키시는 신실하신 아버지를 늘 믿으십시오. 우리가 하나님을 절대적으로 섬기지 아니하고 우상을 섬기듯 섬긴다면 그런 신앙은 아무런 체험과 능력을 받을 수 없습니다. 신앙이 삶의 우선순위에서 두 번째로 밀리는 순간 그것은 짐이 되고 맙니다.

당신은 짐을 지고 신앙생활하기 원하십니까? 아니면 자유를 누리며 신앙생활하기 원하십니까? 하나님 제일, 하나님 절대, 하나님 우선인 신앙생활을 할 때 진리 되시는 예수님의 말씀이 우리의 심령을 점령하고 "진리가 너희를 자유하게 하리라"라고 하신(롬 8:32) 말씀대로 참된 자유를 누리게 될 것입니다. 신앙이 자신의 삶에서 한낱 유희에 그치느냐, 새로운 창조가 되느냐는 전적으로 우리의 신앙 태도에 달려 있습니다.

교회 공동체가 돈과 물질을 하나님보다 우선하는 것 이외에 조심해야 할 것이 또 있습니다. 바로 교회가 성장하면서 목사를 높이거나 어느 특정 인물을 높이는 것입니다. 언제나 하나님 한 분만 영광을 받으시는 교회가 참된 교회요, 하나님이 기뻐하시는 교회요, 살아 있는 교회임을 명심해야 합니다.

여호수아가 이스라엘 백성들을 모아놓고 고별 설교를 하던 장면을 기억하십니까? 그때 여호수아는 이스라엘 백성들에게 하나님을 진정으로 섬길 것을 권면하면서 만약 그것이 좋지 않게 여겨지거든 너희의 섬길 자를 택하라고 말했습니다. 그러면서 오직 여호수아와 그 가족들은 여호와만을 섬길 것을 맹세하여 모든 이스라엘 백성들이 그를 따랐던 것입니다(수 24:14-15).

우리도 여호수아와 같아야 합니다. 우리 안에 하나님만 섬기는 데 장애가 되는 인간적 요소, 물질적 요소, 모든 우상을 제해 버립시다. 그리하여 하나님만 섬기는 성도, 하나님만 섬기는 교회가 됩시다.

영적인 장부를 길러 내는 교회

우리나라의 인구 정책은 참 많이도 변했습니다. 제가 어렸을 때는 이승만 대통령이 집권하고 있었는데 그 당시 자녀를 많이 낳은 사람에게 나라에서 상을 주었다는 말을 들은 적이 있습니다. 그러다가 박정희 정권이 들어서면서 인구 정책이 산아 제한을 장려하면서 "둘만 낳아 잘 기르자", "잘 기른 딸 하나 열 아들 안 부럽다"라는 표어들로 국민들이 인구 정책에 동참하도록 했습니다. 산아 제한 정책에 맞춰 자녀를 출산하다 보니 이제는 이것이 국가의 큰 문제로 대두되었습니다. 지금 우리나라 출산율은 세계 최하위에 머물러 이대로 가다가는 젊은 인구는 줄어들고 봉양해야 할 노인 인구는 점점 늘어나 국가 경쟁력마저 약해질 것이라는 전망이 나오고 있습니다. 그래서 얼마 전 어느 지자체에서 아기를 셋 이상 낳으면 출산 장려금을 지급하겠다는 발표를 하기에 이르렀습니다. 흥부가 들었으면 참으로 좋아할 일이지만, 흥부를 동경할 때가 곧 오게 될 것입니다.

돌고 도는 것이 세상입니다. 그러나 만고불변의 진리가 있는데 인재를 양성하는 일에 최선을 다하면 그 공동체의 미래가 밝다는 사실입니다. 우리나라가 이만큼 잘 먹고, 잘 입고, 잘살게 된 것은 우리 부모님들이 논 팔고, 밭 팔고, 소 팔아서라도 자식들 공부, 오직 자녀 교육에 힘 쏟은 덕택입니다.

오늘날 한국교회가 이만큼 성장하게 된 것도 과거 교회학교 교육이 세상 교육보다도 재미있고 앞서 있었기 때문입니다. 그러다가 1980년대 들어서 세상 교육에 역전되기 시작했습니다. 학교 교육과 학원 교육은 시청각 자료와 컴퓨터와 과학 교재를 사용하기 시작했고, 세상에는 각종 오락과 영화 등 너무나 재미있는 것이 많은데 교회교육은 여전히 제자리걸음을 하고 있습니다. 그러니 당연히 교회학교 학생 숫자가 줄어들기 시작합니다. 그런데도 교회들은 이에 대해 위기의식을 느끼지 못했습니다. 당장 교회를 채우고 있는 어른들이 교회에 많이 있기 때문입니다. 그러나 한 번만 더 생각해 보십시오. 교회학교의 어린이들이 줄고 있다는 것은 보통 심각한 문제가 아닙니다. 지금 어른들의 대부분이 교회학교에서 자라난 사람들입니다. 그렇다면 지금의 교회학교 추세라면 앞으로 한국교회의 앞날은 대단히 어둡다는 사실을 밝히 알 수 있습니다.

이런 생각을 가지고 우리 교회는 출발 때부터 교회 교육에 힘을 쏟기 시작했습니다. 뿐만 아니라 성인 교육에도 힘을 쏟았습니다. 교회 교육은 교회가 해야 할 일 중에 가장 중요한 일입니다. 선교와 교육은 둘이 아니요 하나입니다. 예수님께서도 마태복음 28장 19-20절에서 제자를 삼고 가르쳐 지키게 하라고 말씀하셨습니다. 이는 무엇을 의미합니까? 선교와 교육은 하나라는 말씀입니다. 선교하면 교육해야 하고, 교육하면 선교사가 되는 것입니다.

> "너희 패역한 자들아, 이 일을 기억하고 장부가 되라. 이 일을 마음에 두라. 너희는 옛적 일을 기억하라. 나는 하나님이라. 나 외에 다른 신은 없느니라. 나는 하나님이라. 나 같은 이가 없느니라."(사 46:8-9)

"패역한 자들아"라는 말은 무엇을 할지 몰라 정신 못 차리는 이스라엘 백성들을 꾸짖는 말씀입니다. 우리는 이스라엘 백성들처럼 되지 말고 하나님의 뜻을 헤아리고 그 뜻을 따라 살아야 합니다. 하나님의 뜻을 헤아려 그대로 사는 사람이 영적인 장부입니다. 우리는 이 시대의 모든 교회와 성도들을 향해 외치는 하나님의 음성을 들어야 합니다. "너희는 영적으로 깨어 나의 일을 행하는 장부가 되어라! 뿐만 아니라 너희의 자녀들을 강하고 담대한 영적인 장부로 길러 내라!"고 주님은 말씀하고 있습니다.

교회의 첫째 사명은 복음 전하는 것이요, 둘째는 이 복음을 전할 수 있도록 믿음의 장부들, 십자가 정병들을 길러 내는 것입니다. 구제와 봉사 같은 것들은 선교를 위한 방편입니다. 그러므로 교회의 본질 중의 본질이 선교하는 것이요, 선교의 일꾼은 교육에 의해 길러지는 것이라는 사실을 명심하시기 바랍니다.

> "보라 내가 너희를 보냄이 양을 이리 가운데로 보냄과 같도다. 그러므로 너희는 뱀같이 지혜롭고 비둘기같이 순종하라."(마 10:16)

"너희는 뱀같이 지혜롭고"라는 말씀이 무슨 뜻일까요? 세상 사람들에게도 배울 것이 있다는 말씀입니다. 믿지 않는 사람들도 얼마나 지혜롭게 세상을 살아가는지 보고 배우라는 것입니다. 현재 세계 제일의 부자는 빌 게이츠(Bill Gates)입니다. 세계 제일의 부자 빌 게이츠가 자기의 기업 마이크로소프트사(Microsoft Inc.)를 키워 나가기 위해 제일 주안점을 두는 일이 인재를 양성하는 일이라고 합니다. 그가 인재를 양성하기 위해 어떻게 투자하는지 아십니까? 인재라고 생각되는 사람을 발견하면 그 인재를 데려오기 위해 전용 비행기를 보냅니다. 또 인재를 발견했는데 마이크로소프트로 오기를 고사하면 그 인재가 소속된 회사 전체를 사들이기도 합니다. 지금 당장 올 수 없는 형편이라고 대답하면 올 수 있을 때까지 계속 접촉을 가지면서 기다립니다. 이렇게 인재를 양성하기 위하여 집중적으로 투자하기 때문에 10년째 세계 최고 기업의 자리를 지키고 있는 것입니다.

교회도 인재를 양성하기 위해 집중 투자해야 합니다. 사람이 경쟁력입니다. 우리 교회도 핵심 인재를 집중적으로 양성해 내는 일을 시도해야 합니다. 다니엘서를 보십시오. 바벨론의 느부갓네살 왕도 각 나라의 인재를 모아 궁중의 관리로 양육하는 교육에 힘썼던 것을 알 수 있지 않습니까? 세상은 이렇게 인재 양성에 힘쓰는데 과연 우리 교회는 어떻습니까? 거룩한빛광성교회는 이러한 자기반성을 통하여 인재 양성에 초점을 맞추어 학생들에게 교회 장학금을 지급하고 있습니다.

> "또 네가 많은 증인 앞에서 내게 들은 바를 충성된 사람들에게 부탁하라 그들이 또 다른 사람들을 가르칠 수 있으리라"(딤후 2:2)

이 말씀을 살펴보면 복음의 조상과 후손 4대가 등장합니다. 이 말씀을 쓰고 있는 주체로 '나'인 사도 바울, 이 말씀을 받아 볼 대상으로 '너'인 디모데, 그리고 '충성된 사람들'로 칭해지고 있는 디모데의 제자들, 마지막으로 '또 다른 사람들'로 칭해지고 있는 디모데의 제자들의 제자들입니다. 예수님께서도, 사도 바울도 제자 양육에 힘썼듯이 우리 모두 제자 양육에 힘써야 합니다. 영적인 장부를 길러 내야 합니다. 내일의 교회를 책임지고 나갈 디모데를 길러 내야 합니다.

먼저 내가 충성된 제자가 됩시다. 그리고 내 자녀들과 교회의 자녀들을 영적 장부로 길러 냅시다. 우리 교회는 영적인 장부를 길러 내는 사관학교가 되어야 합니다.

하나님께서 친히 이루시는 교회

세상에는 참으로 많은 직업들이 있습니다. 어떤 직업들은 속된 말로 머리가 비상하게 돌아가야 하는데 제 개인적인 생각으로는 카피라이터도 그런 직업이라고 생각합니다. 광고 문안 하나로 수십 억, 수백 억원의 매출이 왔다갔다하니 시대의 흐름과 사람들의 정서에 꼭 맞는 광고 문안을 만들어야 합니다. "순간의 선택이 10년을 좌우합니다"라든가 "산소 같은 여자" 등의 광고 문안은 아직도 사람들에게 기억되고 있습니다. 소위 말해서 히트작입니다.

우리 교회의 세 번째 목표인 '상식이 통하는 교회'도 히트작에 속하는 문안입니다. 이 목표가 마음에 들어서 우리 교회에 등록했다는 분도 꽤 있습니다. 물론 우리 교회에 등록하고 신앙생활을 하는 교인이 많아지니까 기쁘기도 하지만, 오죽이나 교회가 상식이 통하지 않았으면 이런 목표에 호감을 갖게 되었을까 하는 생각에 씁쓸하기도 합니다.

거룩한빛광성교회를 개척하기 전까지 저는 여덟 개의 교회를 거쳐왔습니다. 처음 교회는 네 살 때 떠났으니까 기억에 없고, 나머지 일곱 개 교회는 모두 기억에 생생합니다. 교회마다 하나같이 은혜롭고 아름다운 추억이 있지만 공통적으로 언로에 문제가 있었습니다. 교회마다 아래에서 올라온 건의나 의견이 위로 전달되지 않거나 무시되는 경우가 많았습니다. 교회마다 마치 감기 걸린 콧구멍같이 막히고 답답해서 성질 급한 사람은 제 성질을 못 이겨 튀어 나가기 딱 좋은 구조였습니다.

어떤 공동체든지 신바람이 나야 그 공동체가 부흥하게 마련입니다. 특히 교회야말로 성령의 바람이 불어야 되지 않겠습니까? 그러므로 어떤 일을 추진하고 기획할 때 그 일이 하나님께 죄를 범하지 않는 것이라면 "이러이러해서 안 된다." "저러저러하기 때문에 못한다"고 막지 말고 "좋습니다, 한번 해 봅시다." 하고 멍석을 깔아 주어야 신명나게 되어 있습니다. 그런데 대부분의 한국교회들은 교회마다 일하고자 하는 사람들의 기를 다 죽여 버립니다. 그러니 일하는 사람들은 김이 빠지고, 목에 힘주는 사람들만 남게 됩니다.

어떤 일을 해 보고자 나서는 성도나 기관이 있으면 예산 타령하며 막지 맙시다. 돈은 돌고 돕니다. 있다가도 없고 없다가도 있는 것이 돈입니다. 사업이 좋고 뜻이 통하면 하나님께서 주머니가 열리도록 도와주십니다. 그러므로 가능하면 일하고자 하는 것은 모두 들어주고 도와주는 것이 교회를 살리는 비결입니다.

이렇게 성도들이 해 보고자 하는 일들을 적극 지원하다 보니 우리 교회는 주일 저녁 예배 때마다 찬양 축제, 선교사 보고, 각 부서 발표회 등 다양한 행사가 벌어지게 되었습니다. 그러자 몇몇 분들이 예배 시간에 설교를 들을 수 없다고 더러 불만을 표시하는 것을 보았습니다. 비만은 건강의 무서운 적입니다. 마찬가지로 영적인 비만은 신앙 건강에 무서운 적임을 알아야 합니다. 한국 교인들이 일주일간 얼마나 많이 설교를 듣는지 아십니까? 주일 대예배 설교, 주일 저녁 찬양 예배 설교, 수요 기도회 설교, 금요 기도회 설교, 구역 예배 설교, 새벽 기도회 설교 7번, 거기다가 대심방이나 교인들의 경조사 때마다 참석하여 설교를 듣습니다. 또 라디오에서도, 케이블 TV에서도, 기독교계 신문에서도 얼마나 많은 설교를 듣고 있는지 모릅니다. 그렇게 많은 설교를 듣고 언제 그 말씀대로 다 실천할 겨를이 있습니까? 설교만 많이 듣고 행하지는 않다 보니 모두 귀는 다락같이 높은데 손과 발은 전혀 사랑을 실천하지 못하고 마비되어 영적 성인병에 걸려 있는 것이 한국교회 열심당원들의 기형적인 모습인 것입니다.

주일 대예배 드리고 나서 바로 선교회 모임을 가지기로 약속했다고 합시다. 대부분의 성도들은 예배드리고 10분도 지나지 않아 목사님께 선교회 모임에 설교해 달라고 부탁합니다. 하지만 이런 모습들이 영적 비만의 원인이 된다는 것을 기억하시기 바랍니다.

우리 교회는 이런 부분에 문제점을 발견하고, 관행으로 내려오던 많은 부분을 조금씩조금씩 바꾸어 나가기 시작했습니다. 이제 이러한 노력들이 결실을 얻기 시작하여 우리 교회가 평안한 교회, 화목한 교회, 상식이 통하는 교회, 기쁨이 넘치는 교회로 소문이 나기 시작한 것입니다.

> "내가 시초부터 종말을 알리며 아직 이루지 아니한 일을 옛적부터 보이고 이르기를 나의 뜻이 설 것이니 내가 나의 모든 기뻐하는 것을 이루리라 하였노라. 내가 동쪽에서 사나운 날짐승을 부르며 먼 나라에서 나의 뜻을 이룰 사람을 부를 것이라. 내가 말하였은즉 반드시 이룰 것이요 계획하였은즉 반드시 시행하리라."(사 46:10-11)

하나님께서 우리 교회의 모든 행사를 계획하시고 친히 이루어 주셨습니다. 또 주께서 우리 교회를 경영하셨음을 고백하지 않을 수 없습니다. 이런 체험을 통하여 '상식이 통하는 교회'라는 의미가 영적으로 확대되었습니다. 하나님의 상식은 우리에게는 기적이요, 우리에게 기적이 하나님께는 상식이라는 사실을 깨달았습니다.

그러므로 하나님의 상식이 통하는 교회는 날마다 기적을 맛볼 수 있습니다. 교회를 처음 개척했을 때부터 우리 교회는 날마다 기적을 맛보았습니다. 기적 같은 성장이 그렇습니다. 또한 교회의 운영도 그렇습니다. 목사가 소유에서 완전히 손을 떼고 마음을 비울 수 있었던 것도 성령님의 전적인 인도하심이 아니면 불가능한 일이었습니다. 대규모 성전 건축을 준비하면서 흔들리지 않고 "할 수 있다! 하면 된다! 해 보자! 주여, 주님의 손으로 세우소서!" 외치며 단결할 수 있게 된 것도 하나님께서 주신 큰 은혜였습니다. 저는 이런 체험을 통하여 약한 자를 들어 강한 자를 부끄럽게 하시는 능력의 하나님, 전능하신 하나님께서 거룩한빛광성교회를 통하여 친히 이루시고자 하는 크신 뜻이 있음을 발견하게 되었습니다. 사람이 힘쓰고 애써 세운 정권은 십 년을 못 갈지라도 하나님께서 친히 세우시는 교회는 영원히 주의 일을 행하고 생명을 살리는 기적을 일으키게 될 것입니다.

> "너의 행사를 여호와께 맡기라. 그리하면 너의 경영하는 것이 이루리라."(잠 16:3)

한국교회 모두가 하나님의 계획에 순응해야 합니다. 하나님께서 지휘, 감독, 연출하시도록 주재권을 내어 드립시다. 그리하여 날마다 하나님의 상식인 기적을 맛보는 한국교회가 되기를 바랍니다.

제3장 건강한 교회의 여덟 가지 특징

1. 사역자를 세우는 지도력

에베소서 4장 11-12절

교회는 그리스도의 몸입니다. 몸은 살아 있는 생물이며, 살아 있는 모든 생물은 성장합니다. 그러므로 교회도 생물이라 할 수 있으며, 따라서 교회는 성장해야 합니다. 성장하는 교회가 살아 있는 교회입니다. 교회가 살아 있는가 죽어 있는가는 성장하고 있는지 아닌지를 보면 알 수 있습니다. 자신이 아프기를 바라고 죽기를 바라는 사람은 없습니다. 이와 같이 교회가 성장하지 않기를 바라는 사람은 없습니다. 하나님도 성장을 원하십니다. 예수님도 성장을 원하십니다. 성령님도 성장을 원하십니다. 모든 그리스도인들도 성장을 원합니다. 잠깐 성장하다가 멈추는 것은 우리를 슬프게 합니다.

자녀들을 보십시오. 성장기가 되면 무척 많이 먹습니다. 많이 먹으니 키도 쑥쑥 큽니다. 부모들은 자녀들이 부모보다 더 많이 커서 올려다볼 정도가 되면 매우 흡족해 합니다. 그렇지만 자녀가 언제까지나 자라는 것은 아닙니다. 어느 때부터인가 식욕이 떨어지고 성장이 멈춥니다. 그러면 좀 더 커 보라고 키가 클 수 있도록 도와준다는 영양식을 먹인다, 우유를 먹인다, 성장 보조 영양제를 먹인다 하면서 안타까워합니다. 이와 같이 교회도 성장을 멈추면 하나님께서 안타까워하십니다. 성령께서도 말할 수 없는 탄식으로 우리를 위해 간구하십니다.

교회마다 성장의 열매를 바라고 나무를 심습니다. 교회를 잘 짓고 아름답게 장식하고 각종 프로그램을 도입합니다. 이런 것들은 모두 나무를 심는 것과 같습니다. 그런데 분명한 것은 좋은 토양이 나무를 심는 것보다 우선한다는 것입니다. 저는 이 사실을 제 경험을 통해 확실히 느끼게 되었습니다.

제가 시골에서 목회할 때의 일이었습니다. 어느 날, 교회 앞마당에 포도원을 만들면 좋겠다는 생각이 떠올랐습니다. 그래서 당장 종로 5가에 있는 묘목상으로 가서 캠벨이라는 품종의 포도 묘목 일흔 그루를 좋은 것으로 사다가 심었습니다. 얼마나 기대에 찼던지 묘목을 심은 그날 밤에는 벌써 포도를 따 먹는 꿈을 꿀 정도였습니다. 그런데 이게 웬일입니까. 여름이 지나기도 전에 다섯 그루만 남고 몽땅 말라 죽고 말았습니다. 처음에는 나쁜 묘목인데 좋은 것인 줄 알고 속아 샀다는 생각에 굉장히 분했습니다. 그러나 나중에 농부들이 농사짓는 것을 자세히 보고 저 자신의 잘못임을 알았습니다. 포도 묘목만 심어 놓고 밭에 거름도 주지 않고 지력(地力)은 하나도 북돋지 않은 채 영양가 없는 밭에다 나무만 심은 제 무식의 소치였기 때문입니다.

음성은 밭농사가 유명한 곳입니다. 그 중에서도 인삼 농사가 유명합니다. 그곳에서 농부들이 인삼 농사를 짓는 것을 보면서 깊은 인상을 받았습니다. 인삼이 사람의 원기를 돋우는 효능이 있는 까닭은 인삼이 자라면서 땅의 영양을 완전히 다 빨아 먹기 때문입니다. 그래서 인삼 농사를 6년 짓고 나면 그 밭은 영양소가 하나도 남지 않는다고 합니다. 그 밭에는 인삼은 물론이요 다른 작물 재배도 불가능하다고 합니다. 이를 잘 알고 있는 농민들은 인삼밭을 만들 때 엄청난 양의 퇴비와 토양에 좋다는 여러 가지를 섞어 지력을 북돋은 후에 인삼을 심고 막을 씌웁니다. 이런 모습을 보고서 나무보다 밭이 좋아야 한다는 것을 깨달았습니다.

이처럼 교회가 성장하려면 먼저 밭이 좋아야 합니다. 인삼과 같이 좋은 재능을 가진 분이 신입 교인으로 등록을 했는데 자기 자리를 빼앗길까 봐 곁눈질하고 따뜻하게 맞이하지 않는 수용성 없는 교인들로 가득 찼다면 그런 교회의 토양으로는 결코 성장할 수 없습니다. 여리디여린 새순과 같은 초신자가 오면 온실과 같은 따뜻한 환경으로 보호하고 양육해서 노지(露地)에 내놓을 수 있도록 배려하고, 재능 있는 기존 신자가 오면 은사를 점검하고 교회에 대한 안내를 친절하게 한 후 함께 일할 수 있도록 바나바와 같이 친구가 되어 주는 깊은 배려를 가질 때 교회는 성장할 수 있는 것입니다.

교회를 개척한 후 수많은 교인들을 만나면서 어떻게 하면 교회가 성장할 수 있겠는지 나름대로 생각하고, 답을 가질 수 있게 되었습니다. 그러나 이를 명료한 논리와 검증된 증거를 가지고 성도들에게 설득력 있게 전수할 수 있는 능력이 없어 고민하던 차에 크리스찬 슈바르츠(Christian Schwarz)라는 목사님이 쓰신 『자연적 교회 성장』(Natural Church Development)이라는 책을 보면서 "바로 이거다!" 하는 탄성을 지르게 되었습니다. 슈바르츠 목사는 6대주, 32개의 나라에서 1,000개의 교회를 조사한 결과 건강한 교회, 성장하는 교회가 가지고 있는 질적인 특성 여덟 가지를 찾아내게 되었습니다. 바로 사역자를 세우는 지도력, 은사 중심적 사역, 열정적 영성, 기능적 조직, 영감 있는 예배, 전인적 소그룹, 필요 중심적 전도, 사랑의 관계가 그것입니다. 그는 이 여덟 가지 중 어떤 질적 특성도 무시되어서는 안 되고, 이 여덟 가지 중 일곱 가지가 90점이라 해도 한 가지가 60점이면 교회의 평균 점수가 60점이 되고 만다고 설명했습니다. 그러므로 이 여덟 가지가 골고루 잘 이루어지는 교회가 건강한 교회가 될 수 있다고 설명했습니다.

교인이라면 성장에 대해 마땅히 배워야 합니다. 그 이유는 성장하는 교회의 교인들이라야, 다시 말해 건강한 교회의 교인들이라야 자신도 성장하고 건강할 수 있기 때문입니다.

여기서는 여덟 가지 중 그 첫 번째인 '사역자를 세우는 지도력'에 대해 생각해 보려고 합니다. 어떤 지도자가 사역자를 세우는 지도력을 가진 사람일까요?

온전한 성도를 만드는 지도자

사람만큼 더디 되는 동물은 없습니다. 송아지는 어미 배에서 태어나자마자 이리 비틀 저리 비틀 하다가 곧 걷기 시작하고, 태어난 지 몇 날 지나지 않아 뛰기 시작합니다. 그런데 사람은 태어난 지 일 년이 지나서야 겨우 걸음마를 시작합니다. 새는 날갯짓을 하면 곧이어 먹이 사냥을 하면서 어미로부터 독립합니다. 그런데 사람은 20년이 지나서야 스스로 서고 독립하게 됩니다. 그것도 빠른 사람이 20년이지 늦되는 사람은 30년도 더 걸립니다.

"그가 어떤 사람은 사도로, 어떤 사람은 선지자로, 어떤 사람은 복음 전하는 자로, 어떤 사람은 목사와 교사로 삼으셨으니 이는 성도를 온전하게 하여 봉사의 일을 하게 하며 그리스도의 몸을 세우려 하심이라."(엡 4:11-12)

여기에 나오는 사도, 선지자, 복음 전하는 자, 목사, 교사는 초대교회의 직분들을 가리킵니다. 이 중 사도는 헬라어로 '아포스톨로스(Apostolos)'라고 하는데 '보냄을 받은 자'라는 뜻으로 예수님의 열두 제자와 사도 바울과 예수님의 형제 야고보에 대하여 '사도'라 칭했습니다.

선지자는 구약에서 하나님의 대변자요, 직접적인 계시의 전달자로 나타나는데, 신약의 기록이 완성되고 교회가 굳게 서 가면서 사라진 직책으로 초대교회 당시에는 안디옥교회의 유다와 실라(행 15:32), 빌립의 네 딸(행 21:9) 등이 유명한 선지자로 기록되어 있습니다.

복음 전하는 자로는 빌립, 디모데 등을 꼽을 수 있습니다. 마지막으로 목사와 교사는 별도의 직분으로 보기보다는 목사이며 교사라고 해석합니다. 목사는 목양하는 사람으로 헬라어로는 '포이맨'이라고 합니다. 즉, 목자라는 뜻인데 이 말은 설교와 함께 가르치는 교사의 일이 목사의 2대 직분임을 말해 줍니다. 직분을 한마디로 표현하면 무엇이겠습니까? 바로 '지도자'라고 할 수 있습니다. 하나님께서 지도자를 세우신 목적이 무엇일까요? 12절에 세 가지로 나타나 있습니다.

첫째가 바로 온전하게 하는 일입니다. 교회의 지도자는 성도를 온전하게 하는 책임이 있습니다. '온전하게 한다'는 말은 '채우다' 혹은 '갖추다'의 의미를 갖고 있습니다. 잘 갖춘 사람을 배출해 내는 지도자가 훌륭한 지도자라는 것입니다. 어떤 학교를 좋은 학교라고 합니까? 사회에 꼭 필요한 훌륭한 인재를 많이 배출하는 학교입니다. 어떤 교회가 좋은 교회겠습니까? 역사가 오래 된 교회겠습니까? 건물이 웅장한 교회겠습니까? 인재를 양성하는 교회겠습니까? 두말할 필요 없이 인재를 양성하는 교회입니다. 그러면 어떤 지도자가 훌륭한 지도자이겠습니까? 사역자를 많이 세우는 지도자입니다. 사역자를 많이 세우기 위해서는 성도를 온전하게 해야 합니다. 갖춘 사람을 만들어야 합니다. 지도자가 사역자를 세우는 것은 당연한 말이라고요? 아닙니다. 사역자를 키우지 않는 경우가 더 많습니다.

흔히 듣는 말 중에 "암탉이 울면 집안이 망한다.", "여자는 제 이름석 자만 읽고 쓰면 된다.", "지식인은 말만 많고 골치 아프다.", "모르는 게 약이다."라는 말들이 있습니다. 이런 말들은 우민화와 관계가 있습니다. 많이 가르치지 않고 정보를 제한하여 어리석은 사람을 만들어 종내는 수족이나 짐승같이 길들여 마음대로 부리려는 전근대적 정책을 우민화 정책이라 합니다. 백성을 어리석게 만들어 마음대로 다스리려는 계획을 일컫는 말입니다. 과거 교회에서도 이와 같은 현상이 있었습니다. 중세기 로마 가톨릭 교회에서는 교인들에게 성경을 읽지 못하게 했습니다. 미사를 드릴 때는 뜻을 알든지 모르든지 무조건 라틴어로 미사를 집례했습니다. 그러던 것이 1962년이 되어서야 일반 성도들이 자기 나라 말로 미사를 드리게 되었습니다. 불과 50년 전의 일입니다. 참다운 지도력을 가진 참다운 지도자는 성도 한 사람 한 사람을 지도자로 만들어 지도력을 나누는 사람입니다. 정보를 제한하여 자신의 수족으로 부리려는 지도자는 참다운 지도자가 아닙니다.

"너도 네 제자들을 온전하게 하며 또 네 제자들은 제자를 온전하게 하는 일에 힘쓰도록 하라"(딤후 2:2)

디모데에게 권면한 사도 바울의 충고를 지금 우리에게 대입하여 생각해 보면, 목사는 장로과 권사들과 안수 집사들을 지도자로, 또 구역 장(목자)들은 구역원(목원)들을 지도자로 온전하게 세워 나가야 한다는 말씀입니다.

여기서 한 가지 짚고 넘어가야 할 것이 있습니다. 설교를 들을 때 사전 이해가 전혀 없는 사람과 사전 이해가 있는 사람 중 누가 은혜를 많이 받을까요? 처음 듣는 사람이 더 많은 은혜를 받을 것 같지만 그렇지 않습니다. 고기도 먹어 본 사람이 많이 먹듯이 말씀도 전 이해가 있는 사람이 더 큰 은혜를 받습니다. 그러므로 가르쳐서 온전한 사람을 만드는 것이 훨씬 일하기가 쉽습니다. 그러므로 가르쳐야 합니다.

중국 현대사를 가장 화려하게 수놓은 집안이 송여요(宋如耀)라는 사람의 집입니다. 이 사람은 참으로 대단한 사람입니다. 그에게는 아들이 없고 딸만 셋이 있었습니다. 그는 일찍이 어린 딸들을 미국에 유학 보냈습니다. 여자는 소학교도 보내지 않던 시절에 어린 세 딸을 미국으로 유학을 보내 온전한 사람을 만들고자 힘쓴 것입니다. 이들 중 큰 딸 송애령(宋靄齡)은 중국의 거부 공상시(孔祥熙)와 결혼했습니다. 둘째 딸 송경령(宋慶齡)은 중국의 국부 손문(孫文)과 결혼했습니다. 그리고 막내딸 송미령(宋美齡)은 장개석(蔣介石) 총통과 결혼했습니다. 그래서 훗날 사람들이 이들의 집안을 일컬어 '송가 황조(宋家皇朝)'라고 불렀습니다. 황제를 배출한 송씨 집안이라는 뜻입니다. 일반 사람들도 자녀를 온전한 사람으로 가르치고자 이렇게 노력할진대 우리 성도들은 어떠해야 하겠습니까? 교회의 지도자는 교인도 온전한 지도자로 가르쳐야 합니다.

"우리가 약할 때에 너희가 강한 것을 기뻐하고 또 이것을 위하여 구하니 곧 너희가 온전하게 되는 것이라."(고후 13:9)

이 말씀에서 사도 바울이 위대한 지도자임이 다시 한 번 드러납니다. 나는 약해져도 너희가 강한 것을 기뻐하고, 또 너희가 온전하게 되는 것을 위해 진심으로 기도한다는 그 말에서 이를 알 수 있습니다.

세례 요한은 인간이 낳은 자 중에 가장 큰 자라고 예수님께 칭찬을 받았습니다. 그의 어떤 모습 때문이었을까요? 세례 요한이 예수님에 대해 이렇게 제자들에게 말했습니다.

"그는 흥하여야 하겠고 나는 쇠하여야 하리라."(요 3:30)

이것이 바로 참된 지도자가 성도들을 온전하게 하며 가져야 할 모습입니다. 목사는 성도들을 온전하게 하며, 성도들은 서로를 온전하게 해야 합니다. 뿐만 아니라 가정에서 자녀들을 온전하게 하며, 직장에서 아래 사람들을 온전하게 하며, 모든 이들을 사역자로 세워 나가는 지도자가 되어야 합니다.

봉사하는 성도를 만드는 지도자

현대 교회의 문제 중 가장 심각한 문제는 교인 중에 구경꾼 신자가 많아진다는 점입니다. 구경꾼 신자는 어떤 사람들을 말합니까? 예배만 드리고, 성도의 교제도 없고, 봉사도 없고, 끝나기 무섭게 돌아가는 사람들을 말합니다. 이런 사람을 전문 용어로 '벤치워머(bench warmer)'라고 합니다. 의자를 따뜻하게 데우는 사람이라는 뜻입니다. 이렇게 구경꾼 신자가 많은 것은 전적으로 지도자의 책임입니다. 교회의 지도자인 목사의 책임이라는 말입니다.

교회를 야구 팀에 비유한다면 목사는 감독입니다. 그럼 직접 야구를 하는 사람들은 평신도들입니다. 투수, 포수, 외야수, 내야수, 타자 등 모두 교인들이 선수를 해야 합니다. 그런데 구경꾼만 있으니 목사가 투수도 하고, 포수도 하고, 타자도 하고, 수비수도 해야 합니다. 그러니 시합 한 번 해 보지 못하고 패하고 마는 것입니다.

목사의 할 일은 평신도를 돕는 것입니다. 교인들이 선수로 뛰도록 만드는 것이 목사의 사명입니다. 지도자의 역할은 성도들이 봉사의 일을 하게 하는 것입니다. 철저하게 봉사하는 사람을 만들어 가는 것입니다. 유격 훈련, 공수 훈련, 특공 훈련을 시켜서라도 봉사하는 사람을 만드는 것이 지도자의 사명입니다.

요즘은 교회에 와서 서비스만 받고 가는 성도들이 늘어나고 있습니다. 어떤 교회는 교회 직원이 50명입니다. 50명의 직원이 교회 일을 전부 맡아서 합니다. 교인들은 모두 호텔에서 서비스 받듯이, 극장에서 공연 구경하듯이 쫙 빼 입고 왔다가 의자만 따뜻하게 하고 돌아갑니다. 그러나 이것은 잘못된 것입니다. 예배 드리고 헌금했으니 내 할 일 다했다고 생각하면 평생 지도자가 될 수 없습니다.

지미 카터(Jimmy Carter) 전 미국 대통령은 대통령 시절에도 주일만 되면 고향 교회에 가서 주일학교 성인 성경공부 교사로 어김없이 봉사했습니다. 그때 사람들은 카터를 시시한 대통령이라고 생각했습니다. 그러나 세월이 지난 지금, 전 대통령들 중에 제일 존경받는 사람이 되었습니다. 그는 지금도 해비타트(Habitat for Humanity, 사랑의 집짓기) 운동에 칠십 세가 넘은 노구를 이끌고 계속 봉사하고 있습니다.

우리나라 대부분의 부모들이 어떻게 자녀를 키우고 있는지 생각해 보신 적이 있으십니까? 자녀의 시험 기간이 다가옵니다. 아이가 잠자리에서 일어나 이부자리라도 걷을라치면 "시험이 코앞인데 이불 갤 시간이 어디 있어? 얼른 학교 가서 공부해라!"라고 말하지 않습니까? 아이가 식사하고 그릇이라도 치울라치면 "너 시험인데 정신 나갔니? 엄마가 할 테니까 얼른 공부나 해!"라고 말하지 않습니까? 그러다 보니 아이들은 이부자리 하나 개지 않습니다. 방 청소는 꿈도 안 꿉니다. 갈아입은 옷은 치울 생각도 안 하고 어지럽게 엉망이 된 방을 그대로 둔 채 학교에 갑니다. 그러면 어머니들은 아이들의 방을 청소하면서 "아이고, 내 팔자야. 나는 매일 밥이나 하고 청소나 하고 빨래나 하고…." 하고 신세 한탄을 하면서도 자녀들에게는 시킬 줄을 모릅니다.

이것이 과연 옳은 자녀 양육입니까? 자녀들이 자라면서 공부보다 더 중요한 생활 교육, 봉사 교육, 예절 교육 같은 것을 가정에서 하나도 교육받지 못한 채 자랍니다. 그러니 어른이 되어서도 삐걱거리는 일이 투성이요, 부모들은 자녀의 뒤를 쫓아다니며 해결해 주느라 바쁩니다. 음식을 만들 줄 모르는 자녀에게는 음식을 만들어 주고, 생활 능력이 없는 자녀에게는 돈을 대 주느라 바쁩니다. 언제까지 자녀 대신 살아 주시렵니까?

그런데 아주 보기 드물게 잘 교육시키는 부모님들이 있습니다. 꼭 훈련소 조교처럼, 유격대 교관처럼 매정합니다. 그러나 그런 부모가 자녀를 자립심 있는 사람으로 키웁니다. 교회도 마찬가지입니다. 지도자는 철저하게 봉사하는 성도를 만들어야 합니다.

지금 거룩한빛광성교회는 다른 교회에 비하면 엄청난 봉사 인력이 투입됩니다. 일주일에 한 번 이상 봉사하는 교사, 찬양대원, 식당 봉사, 호스피스, 전도대, 목자, 권찰, 상담까지 굉장히 많은 인원이 봉사합니다. 그러나 여기에서 자만하면 안 됩니다. 전 성도가 봉사하는 일에 동참해야 합니다. 그리고 더 깊이, 더 넓게, 더 크게 봉사해야 합니다. 봉사의 지경을 넓혀야 합니다. 자기의 힘으로 봉사하던 사람이 하나님의 힘을 공급받아 봉사하고, 자기 혼자 봉사하던 사람이 손을 내밀어 주위의 사람들을 가르쳐 함께 봉사하게 하는 것, 이것이 봉사의 지경을 넓히는 것입니다.

> "각각 은사를 받은 대로 하나님의 여러 가지 은혜를 맡은 선한 청지기같이 서로 봉사하라 만일 누가 말하려면 하나님의 말씀을 하는 것같이 하고 누가 봉사하려면 하나님이 공급하시는 힘으로 하는 것같이 하라"(벧전 4:10-11)

이 말씀을 자세히 살펴보면 봉사는 첫째, 하나님께 받은 은사를 가지고 하는 것임을 알 수 있습니다. 둘째, 청지기가 맡은 일을 하듯 성실히 해야 함을 알 수 있습니다. 셋째, 봉사는 하나님의 공급하시는 힘으로 할 때 잘할 수 있다는 것을 알 수 있습니다.

봉사할 때 즐겁지 않고 힘들 때가 있습니다. 내 은사가 아닌 것으로 봉사하면 신이 나지 않습니다. 그런 분은 봉사를 바꿔 보십시오. 봉사 자체를 포기하지 말고 다른 봉사로 바꿔 보라는 말입니다. 가르치는 것이 기쁘고 즐거우면 교사, 찬양하면 배고픈 줄 모르고 기쁘면 찬양대원으로, 음식 만드는 것이 즐겁고 내가 만든 음식을 남들이 잘 먹어 주는 것만 봐도 즐거운 분은 식당 봉사를 하라는 것입니다. 안내를 하며 미소를 지으면 노지심 같은 사람도 웃고, 우울증 걸린 사람의 우울증이 뚝 떨어질 정도로 표정이 밝은 분은 영접 담당을 하면 됩니다.

모든 성도가 선한 청지기 같은 봉사자가 되어야 합니다. 혼자 봉사하지 말고 함께 봉사해야 합니다. 자녀들을 봉사자로 양육해야 합니다. 모든 성도를 봉사하는 사역자로 세우는 교회, 그리하여 쑥쑥 성장하는 교회가 되어야 합니다.

교회를 세우는 성도를 만드는 지도자

하나님께서는 교회를 세우기 위해 지도자를 세우셨습니다(엡 4:12 하). 이는 지도자를 세우신 가장 궁극적 목적이기도 합니다.

교회는 그리스도의 몸입니다. 모든 성도와 지도자는 교회를 세워 나가는 데 헌신해야 합니다. 교회를 세운다는 것은 건물을 건축하는 것이 아닙니다.

> "우리가 다 하나님의 아들을 믿는 것과 아는 일에 하나가 되어 온
> 전한 사람을 이루어 그리스도의 장성한 분량이 충만한 데까지 이
> 르리니"(엡 4:13)

교회를 세워 나간다고 하는 것은 그리스도의 장성한 분량이 충만한 데까지 이르는 것을 의미합니다. 건강한 교회, 성숙한 교회, 모든 사람들이 흠모할 만한 장미의 향처럼, 10월의 국화 향기처럼 세상에 널리 풍기는 교회로 만들어 가는 것을 의미합니다.

그런데 그리스도의 몸인 교회를 세우지 않고 목사를 세우는 교회가 있습니다. 제가 번번이 말씀드리지만 교인들이 자기 교회 목사님을 열심히 자랑하면 그 교회는 반드시 부흥합니다. 그러나 여기서 조심해야 할 것이 있습니다. 목사 자랑이 지나쳐 하나님, 예수 그리스도의 자랑을 잊어버리면 목사가 교주가 된다는 사실입니다. 성락교회의 김기동 목사를 보십시오. 한국교회가 이단으로 정죄했어도 승승장구해 왔는데

드디어 본색을 드러내고 말았습니다. 자기 고향 초등학교에 자기 부조상을 세우고 아들을 후계자로 임명했습니다. 그러자 교회 내에서 문제를 제기하고 나선 사람들이 생겼는데 전에 목사를 자랑하고 거품을 물고 방어하던 사람들입니다. 목사를 신으로 세우면 안 됩니다.

어떤 사람들은 그리스도의 몸인 교회를 세우지 않고 자신을 세우기도 합니다. 이러한 사람들은 이기적 신앙이요, 기복적 신앙이라 할 수 있는 형태로 건강과 평안과 물질의 복을 구하는 사람들입니다. 건강과 평안과 물질을 구하는 것이 잘못된 것이 아니라 우선순위가 잘못된 것입니다.

> "먼저 그의 나라와 그의 의를 구하라 그리하면 이 모든 것을 너희
> 에게 더하시리라."(마 6:33)

우선순위로는 하나님의 나라가 먼저인데 자신을 먼저 세우니 잘못되었다는 말씀입니다.

> "네 영혼이 잘됨 같이 네가 범사가 잘되고 강건하기를 내가 간구
> 하노라."(요삼 1:2)

영혼이 잘 되는 것이 먼저입니다. 그 다음이 범사에 복을 받고 건강의 복을 받는 것이 참된 신앙입니다. 이런 신앙인들이 모인 교회가 참된 교회가 됩니다. 교회를 세우는 사람들을 만들어 나가는 교회가 참된 교회입니다. 교회를 세워 나가는 사람들은 여우를 제일 조심해야 합니다.

> "우리를 위하여 여우, 곧 포도원을 허는 작은 여우를 잡으라 우리

의 포도원에 꽃이 피었음니라"(아 2:15)

어떤 여우를 잡으라 하십니까? 큰 여우가 아니라 작은 여우입니다. 여우도 작은 것은 예쁩니다. 그런데 이 작고 예쁜 여우가 꽃이 핀 포도원을 헤집고 다니면 꽃을 떨어지게 만들어 결국 열매가 맺지 못하게 합니다. 이것은 교회에 기쁨을 앗아가고 향기를 사라지게 하는 행위를 말합니다. 여러 가지 해석이 가능하지만 부정적인 말, 남을 비방하는 사람을 뜻합니다. 이 일은 큰 일 같지 않습니다. 대수롭지 않습니다. 주먹으로 사람을 때린 것도 아니고, 큰 손해를 끼칠 것 같지도 않습니다. 그러나 부정적 생각은 사람들의 마음을 어둡게 하며 주저앉게 만듭니다. 말로 맞는 매는 외상이 아니라 내상을 입힙니다. 외상보다 내상이 치료하는 데 더 어렵다는 것을 잘 아실 것입니다.

우리 교회도 포도원입니다. 나도 모르게 나 자신이 교회를 허무는 작은 여우가 된다면 얼마나 불행한 일입니까? 그러므로 항상 긍정적으로 생각하고 말을 할 수 있도록 노력하십시오.

"할 수 있습니다."

"하면 됩니다."

"해 봅시다."

"당신은 하나님께 복을 받은 사람입니다."

"복의 근원이 되십시오."

"당신이 교회에 있으니 교회가 빛을 발합니다."

"당신이 찬양을 할 때 찬양대가 빛을 발합니다."

"당신의 봉사하는 모습이 아름답습니다."

"당신은 우리 교회에 꼭 필요한 사람입니다."

이쯤 되면 넘어지던 사람도 일어서게 될 것입니다. 기둥이 될 만한 나무를 키우는 데는 100년이 걸리지만 넘어뜨리는 데는 한 시간이면 족합니다. 마찬가지로 한 사람을 지도자로 세우는 데는 참으로 오랜 시간이 필요합니다. 그러나 지도자를 넘어뜨리는 것은 말 한 마디면 됩니다. 우리는 무너뜨리는 사람이 아니라 지도자를 세우는 사람이 되어야 합니다. 나도 세우고, 남도 세워 나가야 합니다. 세우는 사람이 칭찬을 받습니다.

> "유스도라 하는 예수도 너희에게 문안하느니라. 그들은 할례파이나 이들만은 하나님의 나라를 위하여 함께 역사하는 자들이니 이런 사람들이 나의 위로가 되었느니라."(골 4:11)

바울은 유대인 중에 개종해서 기독교인이 된 유스도라는 사람이 교회를 세우고, 지도자인 자신을 도와줌으로 고난 중에 위로받은 사실을 간증하고 있습니다. 성경에 기록된 이 유스도는 분명 천국의 생명책에도 기록되었을 것입니다.

유스도와 같이 교회를 세우고, 지도자를 세우는 자랑스런 평신도 사역자가 되십시오. 목사만 제사장이 아닙니다. 우리 모두 왕 같은 제사장입니다. 이제 더 이상 목사만 스타 되고, 교인은 구경꾼이 되지 맙시다. 목사 혼자 원맨쇼를 하는 것이 아니라 모든 성도들이 손에손에 악기를 잡고 함께 연주하여 아름다운 선율을 이루어 내는 천국의 오케스트라 단원이 됩시다. 그러기 위해 우리 모두가 지도자요, 사역자가 되어야 합니다. 목사는 교인들을 지도자로 세우고, 성도들은 봉사하며 교회를 세워 나가는 사역자가 됩시다. 그리하여 교회가 날마다 건강하게 성장하여 세상에 영향력을 끼치는 강력한 교회가 되기를 바랍니다.

2. 자신이 받은 은사로 일하라

고린도전서 12장 4-11절

어떤 사람은 술을 한 잔만 마셔도 얼굴이 빨개지며 취합니다. 그런데 어떤 사람은 술을 말로 마시고도 다음 날 아침에 거뜬히 일어나 툭툭 털고 출근합니다. 이런 사람을 보고 보통 "술이 세다"고 말합니다.

이 현상을 보고 의학자들이 관심을 가지게 되어 연구를 했습니다. 그 결과 알코올을 분해하는 효소를 많이 만들어 내는 유전인자를 가진 사람이 있어서, 그런 사람은 몸에 들어온 알코올을 분해하기 때문에 몸에 큰 해독을 받지 않게 된다는 사실을 알아냈습니다.

앞에서도 언급했지만 슈바르츠 박사가 세계 곳곳의 1,000여 개의 교회를 대상으로 조사한 결과, 건강하게 성장하는 교회는 그냥 우연히 성장한 것이 아니라 여덟 가지의 질적인 특성을 가지고 있다는 것을 발견했습니다. 마치 술이 센 사람은 우연히 술에 취하지 않는 것이 아니라 알코올 분해 효소가 많았던 것처럼 교회 성장도 여덟 가지 질적 특성을 가진 성장의 요소가 있었기에 가능했다는 말입니다.

슈바르츠 박사가 제시한 교회가 성장하기 위해 필요한 두 번째 질적 특성인 '은사 중심적 사역'에 대해 생각해 보고자 합니다. '은사 중심적 사역'이라는 말에는 두 가지 반대되는 개념이 있습니다.

첫째로, '목회자 중심적 사역'입니다. 한국교회의 사역은 목회자 중심적 사역입니다. 교인은 목회자의 가르침을 수동적으로 듣고, 목회자의 지시에 따라 하라는 일만 순종해서 잘하면 양순하고 충성된 일꾼으로 여겨져 왔습니다. 이런 경우에 자신이 하나님께 받은 은사와 맡은 일이 일치하는가, 일치하지 않는가는 별로 상관이 없습니다.

또 하나는 '연륜 중심적 사역'입니다. 역사가 오래된 교회일수록 교회에 오래된 신자와 중직들을 중심으로 사역을 맡아 하는 경우입니다. 이런 경우에 중요한 일을 은사와 상관없이 오래된 신자나 중직이 점하기 때문에 새로 온 교인이나 젊은 교인들이 하나님께 받은 은사를 사용할 수 있는 기회가 제대로 주어지지 않습니다. 이것이 바로 전통적인 교회에서 은사를 가진 사람들이 하나님께 받은 은사대로 일하는 데 걸림돌이 되는 요인입니다. 그러므로 이러한 요인들을 제거하고 은사 중심적 사역을 하기 위해서는 먼저 신학적인 이해를 가지는 것이 필요합니다.

중세 교회를 개혁하면서 종교개혁자들이 외친 원리 가운데 하나가 '만인제사장설(萬人祭司長說)'입니다. 이 원리는 종교개혁의 가장 기본적이며 두드러진 원리 가운데 하나입니다. 이 원리는 모든 신자는 대제사장이신 그리스도를 통해 하나님께 직접 나아갈 수 있으며 따라서 중재자인 사제는 필요 없다는 의미입니다. 더 나아가 모든 그리스도인은 하나님 앞에서 타인을 위해 기도할 수 있고, 하나님에 관한 것들을 다른 사람에게 가르칠 자격이 있다는 것입니다. 따라서 하나님 앞에서 특별한 직위나 도덕성을 가진 성직자의 특수 집단이 있다는 것을 부인합니다.

그러면 만인 제사장설에 근거해서 목사직을 어떻게 이해해야 하겠습니까? 목사는 실제적인 직무상의 일로서, 교회를 맡아서 교인들을 가르치고 설교하고 인도하는 전문직으로 이해합니다. 그리고 이런 만인 제사장설의 근거가 되는 성경 구절은 아래와 같습니다.

> "그러나 너희는 택하신 족속이요 왕 같은 제사장들이요 거룩한 나라요 그의 소유가 된 백성이니 이는 저희를 어두운 데서 불러내어 그의 기이한 빛에 들어가게 하신 이의 아름다운 덕을 선포하게 하려 하심이라"(벧전 2:9)

> "그의 아버지 하나님을 위하여 우리를 나라와 제사장으로 삼으신 그에게 영광과 능력이 세세토록 있기를 원하노라 아멘"(계 1:6)

> "그들로 우리 하나님 앞에서 나라와 제사장을 삼으셨으니 그들이 땅에서 왕 노릇하리로다 하더라"(계 5:10)

위의 말씀에서 성도 모두를 제사장이라고 부르고 있음을 확인할 수 있습니다. 성도들 모두 하나님께서 주신 은사를 가지고 하나님의 일을 주도적으로 행할 수 있음을 증거로 받은 것입니다. 그러므로 이제 한국 교회는 목회자 중심적 사역에서 벗어나 성도들이 모두 함께 하나님께서 주신 은사를 따라 하나님의 역사를 이루어 나가야 하겠습니다. 어떻게 하면 하나님께서 받은 은사를 따라 하나님의 역사를 이루는 성도들이 될 수 있겠습니까?

다양성 안에서 일치를 이루라

"그러나 이 은사는 그 범죄와 같지 아니하니 곧 한 사람의 범죄를 인하여 많은 사람이 죽었은즉 더욱 하나님의 은혜와 또한 한 사람 예수 그리스도의 은혜로 말미암은 선물은 많은 사람에게 넘쳤느니라."(롬 5:15)

"죄의 삯은 사망이요 하나님의 은사는 그리스도 예수 우리 주 안에 있는 영생이니라."(롬 6:23)

"하나님의 은사와 부르심에는 후회하심이 없느니라."(롬 11:29)

"온갖 좋은 은사와 온전한 선물이 다 위로부터 빛들의 아버지께로부터 내려오나니 그는 변함도 없으시고 회전하는 그림자도 없으시니라."(약 1:17)

위의 말씀을 보면 은사는 하나님께서 주시는 선물임을 알 수 있습니다. 그런데 하나님께서 주시는 선물은 천편일률적으로 꼭 같은 것이 아닙니다. 하나님의 은사는 사람에 따라 환경에 따라 각각 그 모양이 다릅니다. 한 가지가 아니고 여러 가지로 다양합니다. 그렇다고 은사에 좋고 나쁨과 크고 작음이 있지 않습니다. 사람이 볼 때에는 좋고 나쁜 것, 크고 작은 것이 있을 수 있으나 하나님께서는 각자에게 가장 적당한 것을 주십니다.

또 사람들의 생각에는 은사가 다양하기 때문에 다툼이 일어나고 충돌할 수 있지 않을까 우려가 들기도 합니다. 그러나 진정한 은사는 주신 분이 하나님이시기에 일치할 수 있습니다.

> "은사는 여러 가지나 성령은 같고 직분은 여러 가지나 주는 같으
> 며 또 사역은 여러 가지나 모든 것을 모든 사람 가운데서 이루시
> 는 하나님은 같으니" (고전 12:4-6)

교회에서 은사 중심적 사역이 이루어지기 위해 가장 중요한 것은 자신의 은사가 무엇인지 알고, 이 은사를 하나님께서 주셨다는 확신을 가지는 것입니다. 자신의 은사가 무엇인지 분명하게 알 수 있고, 하나님께서 주셨음을 확신하게 되면 남의 은사를 부러워할 필요도, 배 아파할 필요도, 기웃거릴 필요도 없습니다. 마치 부부가 우리는 하나님께서 맺어 주신 천생배필이라고 확신하면 제아무리 예쁜 여자, 잘난 남자가 유혹해도 흔들리지 않는 것과 같습니다. 그런데 그런 믿음이 없으면 지나가던 남자나 여자가 눈짓을 한 번만 해도 마음이 흔들려 버리게 되는 것과 같습니다.

교회 안에서 은사 중심적 사역이 이루어지기 위한 두 번째 요소는 무엇보다 은사의 다양성을 인정하는 것입니다. 사람은 참으로 생김새와 성격이 모두 다릅니다. 어느 한 사람 똑같은 사람이 없습니다. 백 사람이 있으면 백 사람의 성격이나 특색이 모두 다르듯이 은사도 마찬가지입니다. 성경에 나타난 은사만 헤아려 봐도 지혜의 은사, 지식의 은사, 믿음의 은사, 영 분별의 은사, 방언의 은사, 통역의 은사, 사도, 선지자, 교사, 능력의 은사, 병 고치는 은사, 돕는 은사, 다스리는 은사, 예언의 은사, 섬기는 은사, 권위의 은사, 구제의 은사, 긍휼을 베푸는 은사, 기도의 은사, 찬양의 은사, 친절한 은사 등 참으로 다양한 은사들이 있습니다.

그런데 일부 교회에서는 이렇게 다양한 은사들을 활용하지 않고 제한하는 경우가 많습니다. 그 까닭은 나와 같아 주기를 바라는 마음 때문입니다. 사도 바울도 이런 마음을 가지고 있었습니다.

> "나는 모든 사람이 나와 같기를 원하노라. 그러나 각각 하나님께 받은 자기의 은사가 있으니 이 사람은 이러하고 저 사람은 저러하니라."(고전 7:7)

사도 바울이 말한 모든 사람이 자기와 같기를 원한 은사가 무엇인지 아십니까? 바로 독신의 은사입니다. 사도 바울은 독신의 은사를 받은 사람입니다. 그래서 할 수 있다면 자신과 같이 결혼하지 않았으면 좋겠지만 사람마다 받은 은사가 다르니 강요할 수는 없다는 뜻으로 말한 것입니다. 이 말을 따른 사람들이 가톨릭 사제인데 처음부터 그런 것은 아니었습니다. 1073년, 그레고리 7세(Gregory Ⅶ)가 교황이 되자마자 결혼한 사제들은 이혼할 것, 앞으로 결혼하면 사제가 될 수 없다고 선포했습니다. 이때부터 가톨릭 신부들이 모두 독신이 된 것입니다. 사도 바울은 꼭 독신으로 살라는 것이 아니고 받은바 은사대로 하라고 말한 것이었는데, 11세기에 들어 그레고리 7세가 자기 마음대로 법을 만든 것입니다.

이와 같이 은사를 강요하면 안 됩니다. 없는 은사가 강요한다고 생기겠습니까? 부작용만 생길 뿐입니다.

> "우리에게 주신 은혜대로 받은 은사가 각각 다르니 혹 예언이면 믿음의 분수대로, 혹 섬기는 일이면 섬기는 일로, 혹 가르치는 자면 가르치는 일로, 혹 위로하는 자면 위로하는 일로, 구제하는 자

는 성실함으로, 다스리는 자는 부지런함으로, 긍휼을 베푸는 자
는 즐거움으로 할 것이라."(롬 12:6-8)

　사도 바울은 각각 달리 받은 은사로 즐겁게 봉사하라고 가르쳤습니
다. 각각 받은 은사가 다양하기 때문에 합력하여 선을 이룰 수 있고 일
치하면 시너지 효과가 일어나는 것입니다. 우리는 서로 간에 달리 받은
은사를 존중해 주어야 하겠습니다. 그리고 서로 합심 협력하여 하나님
의 나라를 이 땅에 세워 나가는 열심 있는 일꾼이 되어야겠습니다.

공동체에 유익을 주어야 합니다

　자신의 은사가 무엇인지 아는 가장 간단한 방법이 있습니다. 그 은
사를 가지고 일할 때 기쁨이 있으면 하나님께서 주신 은사요, 괴로우면
은사가 아닙니다. 전도하는 일이 즐겁고 신이 나고 전도가 잘되면 하
나님께서 전도의 은사를 주신 것입니다. 찬양하는 것이 즐겁고 기쁘고
찬양 연습을 아무리 많이 해도 힘든 줄 모르고 즐겁고 기쁘면 은사입니
다. 그러면 등산을 할 때마다 즐겁고 기쁘고 신나는 사람은 등산을 은
사로 받았겠습니까? 아닙니다. 자신은 기쁠지 몰라도 교회 공동체에는
전혀 기쁨이 되지 않기 때문에 은사라고 할 수 없습니다.

　　"각 사람에게 성령을 나타내심은 유익하게 하려 하심이라."(고전
　　12:7)

　여기서 '성령을 나타내심'이란 은사를 말합니다. 은사는 교회 공동체

에 유익을 주기 위해 하나님께서 주신 선물입니다. 그러므로 자신에게는 아무리 즐거움이 될지라도 남에게 해를 끼치면 그것은 은사가 아닙니다. 가령 자신은 찬양을 좋아하는데 듣는 이는 너무 괴롭다면 그것은 은사가 아닙니다. 은사가 되려면 자신에게 기쁨, 형제에게 덕, 공동체에 유익, 하나님께 영광이라는 네 박자가 맞아야 비로소 하나님의 은사가 되는 것입니다.

개봉교회에 오세철 목사님이라는 분이 계셨습니다. 지금은 제자에게 담임목사를 물려주고 은퇴하셨는데, 정신여고 교목 시절 틴라이프 중창단을 만들고, 또 틴라이프 선교회를 만들어 오늘까지 제자훈련을 해오고 계신 것으로 유명합니다. 이 목사님이 한창 목회를 하실 때 워낙 성령 충만하고 훌륭한 인품을 소유하셨던지라 많은 제자들이 그 밑에서 자라났습니다. 그래서 부흥회 요청도 종종 받으셨는데 그때마다 사양하셨습니다.

"저는 부흥회는 잘 못합니다. 다른 강사를 찾아보시는 것이 어떨까요?"

"목사님, 그저 그냥 교회에서 하시는 대로만 해 주시면 됩니다."

그렇게 되면 할 수 없이 부흥회를 맡아 시작을 합니다. 그런데 이 목사님은 설교를 잘하는 편이 아니었습니다. 설교가 별로 재미없는 것을 자신도 잘 아셨습니다. 그래서 부흥회 첫 시간을 인도한 후에 꼭 유명한 강사나 촉망받는 제자를 데리고 가서 성도들에게 소개를 시키고 정식으로 부흥회를 시작하게 하셨습니다.

목사님께서 본인이 설교하는 것을 싫어하셔서 그랬겠습니까? 자신은 좋아도 부흥회에 참석한 교인들이 은혜를 받지 못하니까 교회의 유익을 위해 아는 분 중에 부흥회 잘하는 분을 대신 세우고 자신은 물러가는 겁니다. 그러면 교회에 유익이 되고, 하나님께 영광이 돌아가고,

그런 태도로 인해 목사님은 더욱 존경을 받으셨습니다.

은사 중심적 사역이란 바로 이렇게 사역과 은사가 맞는 사람을 찾아 배치하는 것을 말합니다. 인재를 적재적소에 배치해야 나라가 잘되듯이, 은사자들을 그 사역에 맞게 적재적소에 배치하면 교회가 성장하고 부흥합니다. 그렇게 되면 일하는 사람에게는 기쁨이 있고, 교회는 흥이 나고 신명이 나는 법입니다. 이는 슈바르츠 목사의 조사에서도 증명됩니다. 자신이 지금 교회에서 하는 일과 은사가 꼭 맞을 때 가장 기쁨을 누리고 만족하고 행복감을 느끼며 신앙생활을 한다는 결과가 나왔습니다.

인재를 적재적소에 배치하는 것을 현대 학문으로는 '인사 관리'라고 하고 교회에서는 '은사 배치'라고 합니다. 한비자(韓非子)는 "닭에게는 새벽을 알리게 하고 고양이에게는 쥐를 잡게 해야 한다."고 말했습니다. 은사 배치를 잘해야 함을 말한 것입니다.

전국 시대 제자백가의 한 사람인 양주(楊朱)가 왕에게 말했습니다.

"천하를 다스리는 것은 손바닥을 뒤집는 것만큼 쉽습니다."

"선생은 자기 집조차 다스리지 못하고 논 몇 마지기도 가꾸지 못하면서 무슨 큰소리인가?"

"전하는 양치기 소년이 막대기 하나로 백 마리의 양을 다스리는 것을 못 보셨습니까? 그것은 요순 같은 성인도 못 하는 일입니다. 큰 일을 해 낼 수 있는 능력이 있다고 작은 일을 하거나 장사를 잘할 수 있는 것이 아니며, 계산을 잘 한다고 나라 경영을 잘할 수 있는 것도 아닙니다. 공자도 집안을 다스리지 못해 아내가 도망가지 않았습니까?"

이 말에 왕이 아무 대답도 하지 못했다는 이야기입니다.

하나를 못한다고 다른 것을 다 못하는 것이 아니며, 하나를 잘한다고 다른 것을 다 잘하는 것이 아닙니다. 자폐아 중에도 놀라운 기억력이 있어 반에 있는 친구들의 이름과 생년월일을 모두 기억하는 아이가 있습니다. 이와 같이 누구에게나 은사가 있습니다.

> "각각 은사를 받은 대로 하나님의 여러 가지 은혜를 맡은 선한 청지기같이 서로 봉사하라."(벧전 4:10)

받은 은사를 바르게 사용하려면 선한 청지기같이 봉사하여야 합니다. 그리스도인이라면 누구나 먼저 자신의 은사를 발견해야 합니다. 그리고 이 은사를 가지고 선한 청지기같이 봉사하여 자신에게는 기쁨이 되고, 형제에게는 덕을 세우고, 교회에는 유익을 주고, 하나님께는 영광 돌려야 합니다.

하나님의 뜻대로 사역하여야 합니다

모든 은사는 하나님께로부터 옵니다. 그러므로 하나님께로부터 받은 은사는 당연히 은사를 주신 하나님의 뜻대로 사용해야 합니다.

> "어떤 사람에게는 성령으로 말미암아 지혜의 말씀을, 어떤 사람에게는 같은 성령을 따라 지식의 말씀을, 다른 사람에게는 같은 성령으로 믿음을, 어떤 사람에게는 한 성령으로 병 고치는 은사를, 어떤 사람에게는 능력 행함을, 어떤 사람에게는 예언함을, 어떤 사람에게는 영들 분별함을, 다른 사람에게는 각종 방언 말함을, 어떤 사람에게는 방언을 통역함을, 이 모든 일을 같은 한 성령이 행하사 그의 뜻대로 각 사람에게 나누어 주시는 것이니라."

(고전 12:8-11)

하나님께서 하나님의 뜻대로 각종 다양한 은사를 각각의 사람에게 나눠 주셨습니다. 그런데 어찌 된 일인지 교회에는 다양한 은사가 나타나지 않습니다. 하나님께서는 성도들이 구경꾼의 자리에서 일어나 함께 경기에 임하는 선수들이 되기를 원하십니다. 하나님의 뜻은 각 성도들은 선수가 되고, 담임 목사는 감독이 되고, 부교역자는 코치가 되어 선수들이 안타도 치고, 홈런도 치고, 환호성을 지르며 흥겨운 잔치 한마당을 벌이는 것입니다.

그런데 대부분의 교회에서는 목사가 열심히 뛰고, 장로들이 목사의 일을 지도 감독합니다. 그러나 목사가 열심히 일하느라 바쁘고 지친 교회, 교인들은 구경꾼이 된 교회는 절대로 성장할 수 없습니다. 모든 일을 목사가 해결해야 하다 보니 목사에게서 병목 현상이 일어나고, 과부하가 걸려 더 이상 나아가지 못하고 멈추어 버리고 맙니다. 한 사람이 교회의 모든 필요를 다 채운다는 것은 절대로 불가능한 일입니다. 그러므로 건강한 교회, 성장하는 교회가 되기 위해서는 평신도가 받은 은사를 따라 일해야 합니다. 이것이 하나님의 뜻입니다.

이제는 교회의 지도자도 철저하게 은사 중심적으로 접근해야 합니다. 은사 중심적 접근이란, 어떤 그리스도인이 어떤 사역을 감당할 것인가를 목사가 정하는 것이 아니라 하나님께서 주권적으로 정하셨다는 믿음에서 접근하는 것을 말합니다. 이때 지도자의 역할은 교인들이 자신의 은사가 무엇인지를 발견하도록 도울 뿐 아니라 자신에게 맞는 은사를 따라서 사역할 수 있도록 잘 조정해 주는 것입니다. 이렇게 하나님의 뜻을 따라 주어진 은사를 가지고 섬길 때 인간의 힘으로 하는 부분은 줄어드는 대신 성령의 능력 안에서 이루어지는 일은 더 많아지게 되는 것입니다. 이런 공동체는 놀라운 일을 할 수가 있습니다. 이런 결과를 두고 사람들은 기적이라 말합니다. 이런 기적을 이루기 위해 모든 교회의 일꾼들은 맡은 사역을 위해 훈련받아야 합니다. 훈련을 통해 받은 은사가 더욱 확실해지고 확대되기 때문입니다.

은사를 받은 사람은 은사를 주신 하나님의 뜻대로 사용해야 합니다. 보내신 이의 뜻을 어기면 그 은사가 소멸되고 말기 때문입니다. 한국교회가 가장 소홀히 하는 것이 바로 성도의 은사 활용입니다. 성도들이 받은 은사를 발견하고 계발하여 사용하도록 해야 합니다.

구원의 확신 다음으로 중요한 것이 은사의 확신입니다. 가장 위험하고 어리석은 일은 확신 없이 교회 다니는 것이요, 은사 없이 교회 일을 하는 것입니다. 교회의 봉사는 자신에게 주어진 은사를 따라 하는 것이 효과적입니다. 하나님께서 주신 은사대로 봉사할 때 하나님의 경륜이 나타나며 자신도 즐겁고, 교회에 유익을 끼치게 됩니다. 무조건 열심만 가지고 많은 일을 맡아서 봉사하는 것보다 은사에 맞추어 자기에게 맞는 일을 하는 것이 중요합니다. 이것이 은사를 주신 하나님의 뜻입니다.

> "그를 향하여 우리가 가진 바 담대함이 이것이니 그의 뜻대로 무
> 엇을 구하면 들으심이라."(요일 5:14)

하나님의 뜻대로 행할 때 하나님께서 그 사역을 축복해 주셔서 형통하게 해 주십니다.

> "하나님이 죄인의 말을 듣지 아니하시고 경건하여 그의 뜻대로 행
> 하는 자의 말은 들으시는 줄을 우리가 아나이다."(요 9:31)

예수님께서도 하나님 뜻대로 일하지 않는 것은 아무리 많은 일도, 큰 일도, 열심도 보지 아니하시지만 아무리 작은 일도, 하찮은 것 같은 일도 하나님의 뜻대로 할 때 하나님께서 들어주신다고 말씀하셨습니다.

은사를 주시는 분도 하나님이시요, 일하게 하시는 분도 하나님의 영이신 성령님이십니다. 하나님은 일하라고 은사를 주셨습니다.

당신이 받은 은사, 하나님께서 주신 은사가 무엇입니까? 당신이 받은 은사를 묻어 두지 않고 사용할 때 성령님이 함께 일하셔서 큰 역사를 행하게 하실 것입니다. 하나님께 받은 은사를 하나님께 돌려 드리십시오. 그리하여 하나님의 마음을 시원하게 하고, 교회 성장의 일익을 담당하는 성도가 됩시다.

3. 열정적인 영성을 가지고 일하라

요한계시록 3장 14-22절

종교개혁이 무엇이라고 생각하십니까? 종교개혁이란 중세 로마 가톨릭 교회가 성경이 가르치는 예수의 영성을 떠나 성경에서 벗어나는 모습을 보이자 기독교 근본 영성에서 멀어진 것을 되돌리려 일어난 운동이었습니다. 그래서 여기서는 영성에 대해, 그 중에서도 자연적 교회 성장의 세 번째 요소인 '열정적 영성'에 대해 생각해 보고자 합니다.

요즈음 '영성'이라는 말이 많이 사용되고 있는데, 이 단어의 뜻을 바로 알아야 할 필요가 있습니다. 영성이란 한자로 '靈性'이라고 쓰는데 '신령한 성품'이라는 뜻입니다. 또 영어로는 정신적 사람을 의미하는 'spirituality'라고 합니다.

사실 영성이라는 말은 기독교에서만 쓰는 전문 용어가 아닙니다. 스토아주의 영성, 불교 영성, 도교 영성, 공산주의 영성 등 실로 다양하게 사용하고 있습니다. 소크라테스의 정신을 자기의 정신으로 내면화시켜서 소크라테스의 정신대로 살아가는 스토아 철학자들에게는 스토아주의 영성을 가졌다고 말합니다. 세계를 테러와 전쟁의 공포로 몰아갔던 알 카에다의 지도자 빈 라덴(Osama Bin Laden)과 같은 사람은 이슬람 영성에 투철한 사람이라고 말합니다. 의사라는 자신의 직업을 버리고 쿠바 해방 전쟁에 참여하여 쿠바국립은행 총재와 재무 장관이 되었지만 그 자리를 박차고 볼리비아 혁명에 투신했다가 사살된 체 게바라(Ernesto Che Guevara) 같은 사람은 공산주의 영성이 투철한 사람입니다. 이처럼 영성이란 자기가 보기에는 가장 이상적인 정신을 자기의 정신으로 받아들여 그 정신을 실천하기 위하여 자기의 생명을 거는 것을 의미합니다. 이런 의미에서 심청전의 주인공인 심청이는 효(孝)라는 정신에 생명을 건 유교적 영성의 한 모범이라고 볼 수 있습니다.

그렇다면 기독교 영성이란 무엇이겠습니까? 기독교 영성은 역사 속에 사셨던 예수의 삶과 인격과 정신을 본받아 살며 그의 성품을 내면화시키기 위한 교육과 훈련을 강조합니다. 그래서 기독교 교육의 목표는 예수 그리스도를 닮아 가는 것입니다. 예수 그리스도의 삶을 본받아 작은 예수가 되어 사는 것이 바로 기독교 영성입니다.

가끔 "저는 교회에 나가기는 하지만 나일론 신자입니다."라는 말을 듣습니다. 무슨 뜻으로 하는 말입니까? 교회에는 나가지만 예수님의 삶과 가르침과는 거리가 먼 위선적인 삶을 살고 있다고 자책하는 말이라 생각합니다.

기독교 영성은 훈련을 강조합니다. 청빈, 고독, 침묵, 봉사, 순종, 고백, 기도, 금식, 말씀 훈련 등 이런 것들이 잘 훈련받아 지켜지고 전수될 때 기독교가 부흥, 발전했던 것을 역사를 통해 알 수 있습니다. 이것뿐이라면 기독교 영성과 일반 영성과는 다를 바가 없습니다. 그러나 기독교 영성은 여타 영성과 다른 것이 있습니다. 하나님의 아들 예수 그리스도를 따라 산다는 점에서 다른 영성과 그 내용이 근본적으로 다릅니다. 또 역사적 인물로서만 예수를 배우는 것으로 끝나지 않고, 부활 승천하시고 성령 안에서 성도들을 찾아오셔서 임마누엘 하나님으로 우리 가운에 역사하시는 하나님으로 만나는 데까지 나아갑니다. 여기에 기독교 영성의 독특성이 있습니다.

대체로 일반 영성은 역사적 인격체의 정신과 사상을 본받으려는 인본적인 영성입니다. 그러나 기독교 영성은 역사적 예수의 정신과 삶을 계승하려는 인본적인 요소를 가질 뿐 아니라, 오늘 우리 가운데 찾아오셔서 우리와 직접적으로 교제하시는 신성을 가진 예수 그리스도와 인격적 관계를 추구하는 수직적이고 하나님 중심적인 영성을 함께 가지고 있습니다. 또한 일반 영성은 엄격한 자기 훈련과 수양을 통하여 자신의 성품을 바꾸려는 인간적인 노력을 강조하는 데 반하여, 기독교 영성은 성령 안에서 우리에게 임재하신 예수 그리스도와의 인격적인 교제의 삶을 살게 하기 위해 의의 열매, 빛의 열매, 성령의 열매를 맺게 해 주신다는 점에 초점을 맞추는 것이 다릅니다. 예수님께서는 우리와 사귐을 갖기를 원하고 계십니다.

"두세 사람이 내 이름으로 모인 곳에는 나도 그들 중에 있느니라."(마 18:20)

"볼지어다 내가 세상 끝날까지 너희와 항상 함께 있으리라."(마 28:20)

"두려워 말고 침묵하지 말고 말하라. 내가 너와 함께 있으면 어떤

사람도 너를 대적하여 해롭게 할 자가 없느니"(행 18:9-10)

또한 사도 바울은 주님과의 사귐을 이렇게 고백합니다. "내가 그리스도와 함께 십자가에 못 박혔나니 그런즉 이제는 내가 사는 것이 아니요 오직 내 안에 그리스도께서 사는 것이라"(갈 2:20) 즉, "내가 주 안에, 주가 내 안에" 이런 상태가 기독교 영성의 진수라고 할 수 있습니다.

목사마다 영성을 말하지 않는 목사가 없고 교회마다 영성을 강조하지 않는 교회가 없습니다. 그런데 어느 교회는 성장하고, 어느 교회는 성장하지 않습니다. 그 이유는 영성에 열정이 없기 때문입니다. 살아 있는 성도는 열정을 되찾아야 합니다. 아울러 이 열정적 영성을 가지고 교회를 부흥하게 하며 자신을 새롭게 하는 성도들로 거듭나야 합니다.

열정적 신앙을 가져야 합니다

저는 거룩한빛광성교회를 개척하면서 자연스레 성장하는 교회에 대해 관심을 가지게 되었고, 그 양상을 유심히 관찰하게 되었습니다. 목사의 설교가 좋아서 성장한 교회가 있는가 하면, 심방을 잘해서 성장한 교회도 있었고, 지역사회 주민을 위한 문화센터가 중심이 되어 성장한 교회도 있고, 교회 건물을 잘 지어 성장한 교회도 있었습니다. 하지만 목사의 설교가 훌륭해도, 심방을 잘해도, 문화 센터가 좋아도, 건물을 잘 짓고도 성장하지 못한 교회 또한 많았습니다. 그래서 성장하는 교회가 가지고 있는 공통분모는 다름 아닌 열정적 신앙에 있었음을 발견하였습니다.

어떤 목사과 코미디언이 있었습니다. 이 둘은 학창시절부터 친한 친구 사이였는데 목사로 말하자면 진실하고 성실하기로 유명했습니다. 속된 말로 뻥이 심하기로 유명했던 친구는 코미디언이 되어 인기가 날로 치솟고 있었습니다. 코미디언 친구는 매일 거짓말을 가지고 나와 말도 안 되는 소리로 사람들을 웃겼습니다. 사람들은 거짓말인 줄 알면서도 너무 재미있어 했습니다. 그런데 친구 목사는 아무리 설교를 진실하게 해도 교인들에게 '아멘' 하는 반응이 나오질 않았습니다. 그러다 보니 교회도 부흥되지 않았습니다. 고민에 빠진 목사가 코미디언 친구에게 물었습니다.

"야, 너는 매일 말도 안 되는 거짓말만 하는데 인기가 치솟고 나는 진리만 말하는데 교회가 부흥하지 못하는 것일까?"

그 말을 들은 코미디언 친구가 대답했습니다.

"자네는 진리를 꼭 거짓말처럼 맥없이 말하기 때문이고, 나는 거짓을 진리처럼 열정적으로 말하기 때문이야."

그렇습니다. 그 목사에게는 열정이 없었던 것입니다. 이를 깨달은 목사님이 열정을 되찾고 열심히 진리를 외치니 교회가 부흥되기 시작했다고 합니다.

예수님도 열정적이셨습니다. 우리 주님께서 열정적이셨기에 열정적인 사람을 좋아하십니다.

> "라오디게아 교회의 사자에게 편지하라. 아멘이시요 충성되고 참된 증인이시요 하나님의 창조의 근본이신 이가 이르시되 내가 네 행위를 아노니 네가 차지도 아니하고 뜨겁지도 아니하도다. 네가 차든지 뜨겁든지 하기를 원하노라. 네가 이같이 미지근하여 뜨겁지도 아니하고 차지도 아니하니 내 입에서 너를 토하여 버리리라."(계 3:14-16)

여기서는 예수님에 대해 '아멘'이라고 묘사하고 있습니다. 이는 예수님께서 진실하신 분이라는 뜻입니다. 또 '충성되다'는 말은 열정적인 분이라는 뜻입니다. 즉, 진실하시고 열정적이신 주님께서 말씀하십니다. "차든지 뜨겁든지 하라. 미지근하면 내 입에서 너를 토하여 버리리라." 이 말씀을 받은 라오디게아(Laodicea) 교회에 대해 잠시 살펴보겠습니다. 라오디게아의 지역적 특성을 보면, 라오디게아 북쪽 11km 지점에 '히에라볼리(Hierapolis)'라는 도시가 있었는데 이 도시는 온천으로 유명했습니다. 항상 펄펄 끓는 온천수가 흘러 넘쳤습니다. 한편 라오디게아 남쪽 16km 되는 골로새(Colosse) 지방에는 차가운 냉천이 있었습니다. 반면 라오디게아 지방은 물이 좋지 않았습니다. 그래서 많은 사람들이 북쪽 히에라볼리 온천을 찾거나 남쪽의 골로새 냉천에 가서 물을 길어 왔습니다. 차지도 뜨겁지도 않은 라오디게아 물은 알아주는 이가 없었습니다.

신앙도 이와 같습니다. 여당도 아니고, 야당도 아니고, 길짐승도 아니고, 날짐승도 아니면 박쥐와 같이 버림을 받게 마련입니다. 옛날에는 먹은 것이 탈이 났을 때 어떻게 했을까요? 소화제가 있을 리가 만무합니다. 그저 손가락을 목구멍 깊숙이 넣고 토하는 방법을 썼습니다. 그래도 안 되면 소금물을 미지근하게 해서 먹고 속에 있는 것까지 모두 토해 버렸습니다. 그래서 "미지근하면 내 입에서 너를 토하여 버리리라"(계 3:16)고 말씀하신 것입니다.

미지근한 신앙은 안 됩니다. 미지근한 영성을 가지고는 자신도, 남에게도 영향을 미칠 수가 없습니다. 마귀를 대적하여 이길 수가 없습니다. 커피를 마셔도 뜨거운 커피를 마시든지, 냉커피를 마시지 미지근한 커피를 마시는 사람은 없습니다. 병균도 미지근한 곳에서 번식합니다. 마귀도 미지근한 신자를 집중 공격합니다. 미지근하면 온갖 죄악의 유혹이 밀려오게 되는 것입니다. 그러므로 그리스도인은 열심을 품어야 합니다. 열정적 신앙, 열정적 영성을 가져야 합니다. 주변 사람에게도 확 불이 옮겨 붙도록 열정을 가져야 합니다. 가정에 불이 붙고, 직장에 불이 붙고, 친구에게 불이 붙도록 열정을 가집시다.

"공의를 갑옷으로 삼으시며 구원을 자기의 머리에 써서 투구로 삼으시며 보복을 속옷으로 삼으시며 열심을 입어 겉옷으로 삼으시고"(사 59:17)

열심을 입어 겉옷을 삼으신 하나님과 예수 그리스도를 본받아 열심을 가져야 합니다. 당신은 지금 어떤 신앙을 가지고 계십니까? 미지근한 신앙입니까? "불 같은 성령님, 내게 임하사 성령의 불을 주옵소서. 열정을 회복시켜 주옵소서." 이렇게 기도해야 합니다. 기도에 응답 받고 열정적 영성을 받아서 열심히 주를 위해 사는 성도가 됩시다.

지속적인 열정을 가져야 합니다

열정을 가지게 된다고 그것으로 끝나는 것이 아닙니다. 한 번 뜨겁기는 쉬워도 오래도록 뜨거움을 유지하기는 대단히 어렵기 때문입니다. 또 한 방면에 뜨겁기는 쉬워도 여러 방면 모두 뜨겁기는 대단히 어렵기 때문입니다.

이러한 예는 참으로 많이 찾아볼 수 있습니다. 먼저 남녀 간의 사랑이 그렇습니다. 옆의 사람들이 델 정도로 불같이 뜨겁게 사랑을 하다가 갑자기 남남으로 갈라지는 경우가 있습니다. 다윗에게는 수많은 부인이 있었고, 그들이 낳은 아들도 열일곱 명이나 되었습니다. 그 중 맏아들이 암논이었는데 이복누이 다말을 사랑하다가 상사병이 났습니다. 이 암논에게 요나답이라는 간교한 친구가 있었는데 그가 계책을 일러 주었습니다. 암논이 병든 척하고 오래 누워 있으니 아버지 다윗이 돌아보러 왔습니다. 그때 암논이 아버지에게 "누이 다말이 간병 좀 하게 해 주십시오."라고 청하였습니다. 아들의 병세로 걱정이 많았던 다윗은 그 청을 들어 주었습니다. 그래서 아버지의 명을 따라 간병하러 온 다말을 암논이 그만 겁탈하고 말았습니다. 그런데 문제는 그 이후에 일어났습니다. 암논은 다말을 겁탈한 후에 불같이 타오르던 정이 싸늘하게 식었고, 급기야 이전에 사랑하던 마음보다 더 심하게 미워하게 되어 다말을 쫓아내 버리고 말았습니다. 이 일로 인해 다말의 오빠인 압살롬이 앙심을 품게 되었고 결국 암논은 이복동생 압살롬에게 2년 후에 암살당하고 말았습니다. 이렇게 사랑도 지속적으로 뜨겁게 하기가 쉽지 않습니다.

라오디게아 교회가 처음부터 미지근한 것은 아니었습니다. 처음에는 라오디게아 교회도 열정이 있었습니다. 그런데 그 열정이 오래 지속되지 못했습니다. 그 원인은 바로 물질적 풍요에 있었습니다.

라오디게아 지방에는 몇 가지 특산품이 있었습니다. 질 좋은 양털이 생산되어 모직물이 유명했고, 의학이 발달해서 안약과 고약이 유명했습니다. 의약품과 모직물로 인해 라오디게아 지방은 부자가 되었고, 라오디게아 교인들도 그만 돈에 빠져 열정이 식어 버리고 말았습니다. 그래서 예수님께서 "네가 부자라 부족한 것이 없다 하나 믿음의 눈으로 보니 가난한 자로구나." 하고 책망하셨습니다(계 3:17). 그러시면서 모직 옷으로 구원받을 수 없으니 어린양의 피로 씻은 세마포 흰옷을 입고, 영적 상태를 볼 수 있도록 영의 안약을 발라 영안을 열어 보라고 말씀하시면서 회개하고 다시 열심을 내라고 권고하셨습니다(계 3:18).

이 말씀은 라오디게아 교회에만 해당되는 말씀이 아닙니다. 우리도 마찬가지입니다. 부요할 때 조심해야 합니다. 주머니에 돈이 있으면 그저 돈 쓰기에 바쁜 사람이 있습니다. 놀러 다니기에 바쁜 사람이 있습니다. 그러다 보니 주일 성수에 소홀해지고, 주일 성수를 하지 않으니 십일조도 드리지 않게 되고, 십일조를 드리지 않으니 하나님의 것을 도적질한 결과가 되어 믿음이 다 식어 버리게 됩니다. 그러다가 아주 믿음을 저버리고 하나님이 어디 있냐고 하는 경우마저 생깁니다.

> "나를 가난하게도 마옵시고 부하게도 마옵시고 오직 필요한 양식
> 으로 나를 먹이시옵소서. 혹 내가 배불러서 하나님을 모른다 여호
> 와가 누구냐 할까 하오며"(잠 30:8-9).

현자 아굴의 기도를 기억합시다. 부요해질 때 세상을 사랑하게 될까 조심하십시오. 세상을 사랑하면 하나님 사랑, 교회 사랑의 열정이 당연히 줄어들 수밖에 없습니다.

성경에 비극적인 이름이 하나 등장하는데 바로 '데마'라는 이름입니다.

> "데마는 이 세상을 사랑하여 나를 버리고 데살로니가로 갔느니
> 라."(딤후 4:10)

처음에는 열정적으로 바울을 따라 복음 전파 사역을 도왔던 데마가 세상을 사랑하여 로마 감옥에 갇힌 스승 바울을 버리고 떠나 버렸던 것입니다. 하나님께서는 열정을 가지고 처음부터 끝까지 변함없이 충성

하고 사랑하는 사람에게 은혜를 베푸십니다. "우리 주 예수 그리스도를 변함없이 사랑하는 모든 자에게 은혜가 있을지어다."(엡 6:24) 끝까지 변함없이 주를 사랑해야 합니다. 지속적인 열정으로 봉사해야 합니다.

지속적인 열정으로 봉사, 충성, 사랑하기 위해서는 훈련이 필요합니다. 차가 오래 달리려면 연료가 필요하고 사람이 오래 일하려면 밥을 잘 먹어야 하듯이, 말씀과 기도로 온전하게 되며 죽도록 충성하려면 영의 양식인 말씀을 먹고 기도로 하나님과 끊임없이 사랑으로 교제해야 가능합니다.

아합의 때, 하나님을 섬기는 사람들에 대한 극심한 핍박 중에도 끝까지 남아 믿음을 지킨 엘리야를 보십시오. 그는 열심이 특심한 사람이었습니다(왕상 9:10). 그가 하나님에 대한 열심을 끝까지 가질 수 있었던 것은 하나님과 끊임없이 교제하고 말씀을 들을 수 있었기 때문입니다.

우리도 엘리야처럼 지속적인 열정으로 하나님을 섬겨 복을 받고 교회를 부흥하게 하는 성도가 됩시다.

주와 교회를 위한 열정을 가져야 합니다

흔히 세상에서 제일 골치 아픈 사람은 머리는 나쁜데 열심히 일하는 사람이라고 하는 말을 들은 적이 있으실 것입니다. 왜냐 하면, 열심히 할수록 일이 잘못되고 꼬이기 때문입니다.

우리도 한 번 자신의 봉사를 점검해 봐야 합니다. 교회에서 열정적으로 봉사하고 충성하는데 그것이 다 하나님께서 기뻐하실 만한 봉사요, 교회를 성장하게 하는 것인가를 점검해 보아야 합니다.

"볼지어다 내가 문 밖에 서서 두드리노니 누구든지 내 음성을 듣고 문을 열면 내가 그에게로 들어가 그와 더불어 먹고 그는 나와 더불어 먹으리라."(계 3:20)

하나님께서 기뻐하실 만한 봉사를 하기 위해서는 하나님의 음성을 듣는 것이 중요하고, 하나님과 더불어 먹는 것이 중요합니다. 열정적으로 일하나 하나님의 음성을 듣지 않고 일하는 사람은 자신의 일을 하는 것이지 하나님의 일을 하는 것이 아닙니다. 그러므로 하나님과 더불어 먹는 식탁 교제가 있어야 합니다. 영의 양식인 말씀 속에서 하나님의 지시를 받고 뜻을 분별해야 하나님의 일을 할 수 있습니다. 지금 당신의 열정은 인간적인 것입니까? 아니면 하나님을 향한 것입니까?

사도 바울을 보십시오. 회심하기 전, 사울은 대단한 열정을 가지고 교회를 핍박했습니다. 그 자신이 열심으로는 교회를 핍박하고, 율법의 의로는 흠이 없는 자였다고 옛적 자신을 고백하고 있음을 볼 수 있습니다(빌 3:6). 열심은 특심했으나 잘못된 열심이었던 것입니다. 사람에게 보이려는 공명심에서 나오는 열심이었던 것입니다.

초대교회 평신도 중에 제일 유력한 두 사람이 있었습니다. 요즈음으로 말하면 장로감인 사람입니다. 바로 바나바와 아나니아였습니다. 그런데 초대교회에 가난한 사람들이 몰려 들어오고 공동체 생활을 하면서 서로 유무상통하게 되자 많은 비용이 필요하게 되었습니다. 이를 타개하기 위해 바나바가 자신의 밭을 다 팔아 교회에 바쳤습니다. 그러자 남이 시키지도 않고 누가 강요하지도 않았는데 아나니아가 눈치를 보다가 자신도 전 재산을 다 팔아 교회에 바치려 하다가 아까운 생각이 들어 아내와 상의하여 절반만 바치기로 하였습니다. 절반만 바치면서 이것이 전 재산이라고 해도 누가 알겠나 하는 생각에 절반은 감춰 두고 절반만 바쳤습니다. 그래서 어떻게 되었습니까? 하나님을 속인 죄로 아나니아와 삽비라 부부가 다 죽고 말았습니다. 인간적으로 보기에는 아나니아와 삽비라의 봉사와 충성과 헌금이 다른 교인들보다 상대적으로 대단한 것처럼 보였을지도 모릅니다. 하지만 그들은 하나님을 의식하지 않고 사람의 눈만을 의식했습니다. 하나님을 보지 않고 사람을 보고 거짓말했기 때문에 그대로 벌을 받아 죽고 만 것입니다. 제 개인적으로는 이 일이 하나님의 시범 케이스였다고 생각합니다. 초대교회의 거룩성을 지키시려는 하나님의 계획에 의한 것이라는 말씀입니다.

믿음에 있어서는 열정이 문제가 아니라 열정의 내용이 중요한 것입니다. 칼이 중요한 것이 아니라 칼이 어디에 사용되느냐가 중요한 것과 마찬가지입니다. 강도의 손에 들려 있으면 그 칼은 살인 무기가 되지만 의사의 손에 들려 있으면 생명을 살리는 도구가 됩니다.

열정은 중요합니다. 지속적인 열정은 더욱 중요합니다. 그러나 가장 중요한 것은 열심의 내용입니다. 하나님을 향한 열정인가, 교회를 위한 열정인가가 중요합니다.

> "나는 유대인으로 길리기아 다소에서 났고 이 성에서 자라 가말리엘의 문하에서 우리 조상들의 율법의 엄한 교훈을 받았고 오늘 너희 모든 사람처럼 하나님께 대하여 열심히 있는 자라."(행 22:3)

바울이 유대인들에게 자신의 회심에 대해 증거하면서 자신에 대해 스스로 설명한 내용입니다. 여기에서 바울은 그 열심은 바로 '하나님'께 대하여 열심이라고 말하고 있습니다. 이처럼 하나님을 위한 열정이 중요합니다.

예수님께서 우리를 대신하여 죽으신 것은 우리를 죄에서 깨끗하게 하사 하나님을 위한 선한 일에 열심을 다하는 백성으로 삼으시기 위한 것입니다(딛 2:14). 하나님께 대하여 선한 일에 열정을 가져야 합니다.

초대교회 때 로마에 율리우스(Julius)라는 성자가 있었습니다. 하루는 율리우스가 꿈을 꾸었는데 한 사람이 나타났습니다. 율리우스는 그에게 자신은 주를 위한 열심이 대단한 사람이라고 스스로 자랑했습니다. 그러자 그 사람이 그 열심을 보여 달라고 했습니다. 그래서 율리우스가 자신의 가슴에서 열심 덩어리를 꺼내 보여 주었습니다. 그러자 그는 율리우스의 열심 덩어리를 저울에 달아 무게를 쟀습니다.

"오, 굉장히 많이 나가는군요. 100근이나 나갑니다."

그 말을 들은 율리우스는 기분이 좋아졌습니다. 이번에는 그가 율리우스의 열심 덩어리를 뜨거운 물에 넣고 녹이더니 구성 성분을 밝혀 냈습니다.

"이런, 당신의 열심에는 야심이 35근, 의심이 20근, 명예심이 40근, 예수님 사랑은 5근밖에 되지 않는군요."

율리우스는 부끄러워 고개를 들 수가 없었습니다. 꿈에서 깬 후 그는 열심의 내용을 오직 주님을 향한 열정으로 고쳐 나갔고, 그리하여 훗날 성자라 불리게 되었습니다.

> "내가 하나님의 열심으로 너희를 위하여 열심을 내노니 내가 너희를 정결한 처녀로 한 남편인 그리스도께 드리려고 중매함이로다."(고후 11:2)

사도 바울이 참으로 재미있는 표현을 썼습니다. 바울이 스스로를 신랑 그리스도와 신부 성도들을 맺어 주는 중매쟁이로 표현한 것입니다. 중매쟁이가 얼마나 열심이냐에 따라 결혼이 성사되고 되지 않음에 달려 있습니다. 바울은 열심히 노력하는 중매쟁이였습니다.

우리도 사도 바울과 같이 한 생명을 어두움 가운데서 불러내어 빛 되시는 그리스도께 인도하는 열정을 가집시다. 하나님과 교회를 위한 열정으로 봉사할 때 교회는 날로 구원받는 수가 더하고 부흥 성장하게 될 것입니다. 그리스도와 믿지 않는 사람들을 맺어 주는 중매쟁이가 됩시다. 예수님의 인격과 정신을 본받아 영성이 충만한 작은 예수가 됩시다. 주를 향한 지속적인 열정을 가지고 신앙생활을 함으로 교회를 부흥하게 하는 성도가 됩시다.

4. 기능적 조직을 갖춘 교회

출애굽기 18장 13-27절

 자연적으로 교회를 성장시키도록 하는 여덟 가지 질적 특성 중에 네 번째 질적 특성인 '기능적 조직'에 대해 생각해 보려고 합니다.

사실 이 '기능적 조직'이라는 특징은 자연적 교회 성장의 여덟 가지 특징 중 가장 논란이 되고 있는 특징입니다. 먼저 '조직'이라는 단어에 반발하는 영성 지상주의자들이 있습니다. 이들은 조직이 영성과는 관계가 없다고 비판하는 경향이 있습니다. 영성 지상주의자들은 어떤 일이든지 인간의 생각을 배제하고 하나님의 사인을 받아야 한다고 강조합니다. 그러나 하나님께서는 일일이 지시하는 것이 아니라 이미 우리에게 지침서로 성경을 주셨습니다. 그러므로 우리는 그 지침서에 해석이 필요한 부분을 만나면 기도하며 성령의 인도하심을 받아야 합니다.

다음으로 '조직'이라는 단어보다는 '기능적'이라는 단어에 대해 더 반발심을 가지는 전통주의자들이 있습니다. 그들의 기준으로 볼 때 '기능적'이라는 말은 비신학적이고 쓸데없을 뿐만 아니라 영적이지 못한 말이라고 생각합니다. 그러나 이 '기능적'이라는 말이 '생명'과 동일한 뜻으로 쓰이는 것을 안다면 그런 오해는 사라질 것입니다.

예수 그리스도는 살아 계신 분입니까, 죽으신 분입니까? 우리는 "살아 계신 주 나의 참된 소망"이라고 찬양하듯이 살아 계신 예수님을 믿습니다. 그렇다면 예수 그리스도의 몸 된 교회는 살아 있습니까? 죽어 있습니까? 살아 계신 예수 그리스도께서 교회의 머리가 되시니 그리스도의 몸인 교회도 살아 있는 생명체인 것이 당연합니다.

그렇다면 살아 있는 몸은 어떠합니까? 몸은 조직체입니다. 팔, 다리, 머리, 허리 등 여러 지체가 어울려 있는 조직체이며 생명체입니다. 생명을 표현하기 위해서는 이 조직이 필요합니다. 손은 손대로, 발은 발대로, 입은 입대로, 자기 맘대로 말하고 행동하는 것이 아니라 조직적인 통제 시스템에 의해 행동하여 생명을 표현합니다. 이 조직적인 통제 시스템을 '기능적'이라고 말합니다. 모든 지체는 유기적 관계를 맺고 있습니다. '유기적'이라는 말은 각 부분과 전체가 필연적 관계를 갖고 있는 것을 뜻합니다. 유기성을 잃어버리면 생명을 잃는 것입니다. 이처럼 성도가 머리 되시는 그리스도와 떨어질 때 생명을 잃게 되며, 따라서 이런 유기적 관계가 원활하게 돌아가도록 하는 것을 '기능적'이라고 표현하는 것입니다.

모든 조직이 살아남기 위해서는 기능적이어야 합니다. 그러므로 교회의 조직도 당연히 기능적이어야 합니다. 기능적 조직은 창조성이 있어야 합니다. 변화를 관리할 수 있어야 합니다. 소련의 공산주의는 변화를 관리할 수 없어 무너지고 말았습니다. 조직이 기능적일 때 새로운 환경 속에서 생존할 수 있습니다.

가을이 되면 낙엽이 우수수 떨어집니다. 이 낙엽은 살아 있는 생명체인 나무가 찬바람과 함께 닥쳐올 새로운 환경(겨울)에 대처하기 위한 생존 방안입니다. 기온이 떨어지고 겨울이 다가옴을 느낀 나무는 즉시 구조 조정에 들어갑니다. 나무는 각 잎마다 영양분 공급을 줄이기 시작합니다. 그러면 나뭇잎은 마지막 생을 불태우기 위해 노란색이나 빨간색 등 아름다운 색깔로 물들게 됩니다. 이어서 나무와 나뭇잎을 연결하는 부위에 특수 물질을 보내면 나뭇잎은 바람과 함께 사라지고 마는 것입니다. 이것이 나무의 기능적 조직 행태입니다. 이렇게 나무는 죽지 않고 겨울을 견디고 봄이 오면 신록으로 새롭게 태어나게 되는 것입니다.

어느 조직에도 기온이 떨어지고 찬바람이 불 때가 있습니다. 그때 기능적 조직에서는 새로운 환경에 대처하여 신록의 봄을 맞을 수 있습니다. 그러나 전통적 조직만을 고수하면 추운 겨울에 살아남을 수 없습니다. 신록의 봄을 맞을 수 없습니다. 교회도 마찬가지입니다. 급격한 변화의 21세기를 맞이한 교회는 이제 전통적 조직을 기능적 조직으로 바꾸고 새롭게 거듭나야 합니다.

하나님께서는 출애굽기 18장 13-27절의 말씀을 통해 우리 한국교회들이 기능적 조직으로 거듭나기 위한 지침을 주셨습니다. 이 말씀을 상고함으로 기능적 조직으로 거듭나는 우리 교회와 성도가 되기 바랍니다.

새 술은 새 부대에 담아야 합니다

"새 포도주를 낡은 가죽 부대에 넣는 자가 없나니 만일 그렇게 하면 새 포도주가 부대를 터뜨려 포도주와 부대를 버리게 되리라 오직 새 포도주는 새 부대에 넣느니라."(막 2:22)

이스라엘은 포도 농사를 많이 지었습니다. 해마다 포도 수확철이 오면 많은 포도를 다 먹을 수 없을 정도로 풍성히 거두었습니다. 포도는 많은데 오래도록 보관할 수 있는 방법이 없었기에 포도를 가공하는 방법을 연구하게 되었습니다. 그래서 건포도를 만들거나 포도주를 만들어 오래도록 먹었습니다. 그런데 당시에는 독만 있고 병은 개발되지 않았을 때라 포도주를 운반하는 데 문제가 생겼습니다. 가까운 거리를 이동할 때야 독을 지고 가도 되지만 먼 거리를 여행할 때는 독을 지고 갈 수가 없었습니다. 그래서 만든 것이 양가죽으로 만든 가죽 부대였습니다. 그런데 새 술을 오래 된 가죽 부대에 담아 여행하다 보니 가죽 부대가 터져 술도 부대도 다 버리는 일이 생겼습니다. 왜 그런지 아십니까? 새 술은 발효가 한참 진행되고 있기 때문에 화학적 반응이 왕성하므로 낡아서 마르고 신축성이 없는 가죽 부대가 화학 반응을 견디지 못해 터지고 마는 것입니다.

예수님의 말씀에서 낡은 가죽 부대는 낡은 전통을 뜻하고, 새 술은 새 시대, 새로운 환경, 새로운 문화를 뜻합니다. 즉 낡은 전통을 바꾸지 않으면 새로운 시대와 환경을 담아 낼 수 없다는 말씀을 이 비유를 통하여 하신 것입니다.

세상은 정신없이 빠르게 변화하고 있습니다. 일례로 요즘 수박을 보신 적이 있으십니까? 수박은 여름에 즐기는 최고의 자연 음료수이자 과일입니다. 맛도 있고, 시원하고, 갈증을 풀어 줍니다. '수박' 하면 짙은 초록색에 둥그런 공 같은 모양이라고 누구나 인지하고 있습니다. 수박을 쪼개면 빨간 속에 까만 씨가 촘촘히 도열해 있는 모양을 우리 모두 눈 감고도 그릴 수 있습니다. 오래 전 우장춘 박사에 의해 씨 없는 수박이 등장했을 때 참으로 신기해했던 생각이 납니다. 그런데 얼마 전에 보니 벽돌과 같이 착착 쌓을 수 있는 네모난 수박이 나와 있었습니다. 또 몇 해 전 겉이 노란 수박이 개발되어서 호박인지 수박인지 헷갈리게 하더니, 아예 속까지 노란 수박도 등장했습니다. 겉이 노랗고 속이 노랗다고 해서 수박이 아니라고 말할 수 있습니까? 네모난 모양이라고, 씨가 없다고 수박이 아니라고 말할 수 있습니까? 수박이 아니라고 거부하고 먹지 않을 것이 아니라 수박이 이렇게 변화되었구나 하고 받아들이고 먹으면 됩니다.

세상도 수박처럼 이렇게 급속히 변하고 있는데 교회는 변하지 않고 있습니다. 교회도 수박과 마찬가지입니다. 전통을 바꾼다고 교회가 없어지는 것이 아니고, 복음이 없어지는 것도 아닙니다. 오히려 본질적인 것은 보수하면서도 비본질적인 것은 과감하게 바꾸어 나가는 것이 진정 교회가 나아가야 할 길입니다.

이스라엘이 출애굽하여 광야 길을 행하고 있을 때 모세의 장인 이드로가 방문했습니다. 미디안의 족장이었던 이드로가 모세를 방문하고 보니 사위가 너무 바빠 말을 건넬 시간조차 없었습니다. 모세는 혼자서 하루 종일 백성들을 재판하느라 바빴고, 백성들은 줄지어 재판을 기다리다 지쳐 있었습니다. 장인 이드로가 그 비능률적인 장면을 목격하고 자기의 경험을 바탕으로 모세에게 충고했습니다(출 18:13-18).

출애굽한 이스라엘 공동체에 무슨 재판 받을 일이 그렇게 많았을까 궁금하실지 모르겠습니다. 한마디로 이스라엘 공동체에 경제 호황이 일어난 것입니다. 출애굽하면서 애굽 사람들에게 금은보화를 얻어 가지고 나온데다 출애굽기 17장에 나타난 대로 아말렉과의 전쟁에서 승리하면서 수많은 전리품을 노획했습니다. 그러다 보니 사치품에 눈을 뜨게 되었고, 시장 경제가 이루어졌습니다. 급격한 사회 변동이 일어난 것입니다. 그로 인해 보물에 눈이 어두워진 백성들 사이에서 수많은 분쟁과 다툼이 일어났습니다.

이렇게 세상은 변했는데 모세는 전통적 방법으로 백성을 다스리고 있었습니다. 제사장과 재판관과 왕의 사역을 일일이 모두 감당하는 군주적 통치 방식을 행사하고 있었다는 말입니다. 그 결과, 모세의 재판을 받기 위해 백성들이 아침부터 저녁까지 서 있었다고 합니다(출 18:13). 무더운 광야에서 얼마나 지치고 힘든 일이었겠습니까? 이를 보고 모세의 장인 이드로가 선하지 못하다고 말합니다(출 18:17). '옳지 못하다'는 것은 능률적이지 않다, 최선책이 아니다, 지혜롭지 못하다는 뜻입니다. 아무리 선한 일이라도 주먹구구식으로, 계획 없이 하면 안 됩니다. 효율적으로 운영하는 지혜가 있어야 합니다. 모세의 통치 방식을 보고 이드로가 모세에게 충고합니다.

"너와 또 너와 함께한 백성이 필경 기력이 쇠하리니 이 일이 네게
중함이라. 네가 혼자 할 수 없으리라."(출 18:18)

전통적 조직에서는 모든 권한이 위로 쏠려 있기 때문에 아래 사람들은 권한도 없고 따라서 책임도 없습니다. 그러나 이런 조직을 가지고는 새 시대를 담보할 수 없습니다. 변화하는 시대의 물결은 전통 조직의 틀을 바꿀 것을 요구하고 있습니다. 새 술은 새 부대에 담아야 합니다. 과거의 전통적인 틀에 얽매여서는 새로운 경쟁에서 도태될 수밖에 없습니다. 교회도 이것에서 예외일 수는 없습니다. 그래서 우리나라에서는 10년 전부터 교회 경영학이 도입되기 시작했습니다. 서구에서는 교회에 경영학 개념이 도입된 지 이미 오래되었습니다.

지난 10년 동안 사회 가치관의 변화는 참으로 컸습니다. 조직 내의 관료주의가 붕괴되고, 상하 관계가 퇴조되었습니다. 얼마 전 대통령이 한 지방의 농업 장려 행사에 참석했을 때 사전 예고 없이 농민 대표가

갑자기 일어나 "대통령께 드릴 말씀이 있습니다."하고 말을 꺼냈습니다. 그러자 경호원들이 그 농민 대표의 입을 막고 끌어내 사람들의 항의가 빗발치자 비서관이 내려가 사과하는 해프닝이 있었습니다. 바로 세상이 이렇게 바뀐 것입니다. 10년 전만 해도 꿈도 못 꿀 일이지만 이제는 대통령을 왕으로 대접하지 않습니다. 국회의원 노릇, 시장 노릇도 하기도 정말 어렵습니다. 전통적 관습을 바꾸고 개혁하지 않으면 도저히 살아남을 수 없게 변화하고 있습니다. 이제 세상은 수평적 인간관계가 형성되고, 쌍방간 의사 결정이 보편화되고 있습니다. 기업에서는 연봉제가 도입되고, 팀제로 운영되는 부서가 많아지고 있습니다. 윗사람이 아랫사람을 점수 매기던 인사 고과가 아니라 아랫사람이 윗사람의 점수를 매기는 방식이 등장하고 있습니다. 의사 결정권이 상층부에 집중되어 있는 관료주의가 급속도로 붕괴되고 있습니다. 이런 변화는 시대가 변하기 때문에 일어나는 시대적 요구에 부응하기 위한 것입니다.

단순하고 안정적인 농업 사회 같은 환경 속에서는 상하 관계가 엄격하고 일사불란하게 움직이는 기계적 조직이 적합하지만 복잡하고 가변적인 정보 사회에서는 개인적 능력과 독창성이 중시되는 수평적 연결이 중시되는 유기적 조직(Organic Structure)이 유효합니다.

우리는 지금 산업 사회에서 정보화 사회로 급속히 변화되는 시점을 살아가고 있습니다. 교회에 몸담고 있는 성도들의 삶의 현장에서는 급속한 변화의 물결이 흐르고 있는데 교회는 여전히 농업 기반 사회를 고집하고 있으면 제일 편한 것은 목사일지 모릅니다. 그러나 이런 교회에 미래는 없습니다. 미래가 없는 것은 바꾸든지 없애든지 해야 살아남을 수 있습니다. 변화의 시도는 어려운 법입니다. 처음에는 힘들지만 변화의 물결을 타고 나면 그때는 편하게 됩니다. 그러므로 우리는 미래를 지향하며 변화를 추구해야 합니다. 이것이 바로 전통적 조직을 벗고 새 술을 새 부대에 담는 일입니다. 그리고 이를 위해 모든 성도가 함께 노력해야 합니다.

> "두 사람이 한 사람보다 나음은 그들이 수고함으로 좋은 상을 얻을 것임이라"(전 4:9)

목사 혼자 혹은 당회원들만 혹은 중직들만이 집을 짓는 비능률적인 수직 구조의 조직 시스템을 벗어나 함께 수고하고 상을 받을 수 있는 수평적 조직으로 거듭나야 합니다. 우리 교회도 새 술을 담은 새 부대가 되어야 합니다.

지도자를 키워야 합니다

옛날에는 지식, 정보, 기능, 권한 등을 소수의 지도자들이 독점했습니다. 그러나 요즈음은 정보화와 민주화의 덕분으로 지식이 보편화되었고 많은 사람들이 정보를 공유하게 되었습니다. 따라서 권한은 자연스럽게 분산되어 가고 있습니다. 시대가 얼마나 달라지고 있는지 단적인 이야기를 하나 들려드리겠습니다.

우리 교회에서 운영했던 '십대들의 둥지'에 이웃 고등학교 1학년 학생들 한 반 전체가 몽땅 와서 파티를 벌인 적이 있습니다. 무슨 파티였는지 아십니까? 생일 축하 파티가 아니었습니다. 남녀 학생이 사귀기 시작한 지 백 일이 된 것을 반 친구들이 축하하는 의미로 파티를 열어 준 것입니다. 이것이 요즈음 십대들의 생각이요, 가치관입니다. 어른들이 생각하기에는 기가 막힐지도 모르지만 자신들에게는 너무 당연한 일인 것입니다.

이렇게 급속히 변해 가는 21세기에 존재하는 교회가 여전히 19세기인 채로 살고 있으면 안 됩니다. 본질은 더욱 분명하게 빛나야 하지만 방법을 부드럽게 바꾸어야 합니다. 그 중에 제일 중요한 것이 지도력을 평신도들에게 위임하는 것입니다. 평신도 중에서 지도자감을 찾아야 합니다. 찾지 못하면 키워서 위임해야 합니다.

> "너는 또 온 백성 가운데서 능력 있는 사람들 곧 하나님을 두려워하며 진실하며 불의한 이익을 미워하는 자를 살펴서 백성 위에 세워 천부장과 백부장과 오십부장과 십부장을 삼아"(출 18:21)

모세의 장인 이드로는 모세에게 지도자를 키울 것을 권고했습니다. 우선 "율례와 법도를 가르쳐서 마땅히 갈 길과 할 일을 이들에게 보여주는 것"입니다(20절). 다음으로 지도력의 정도에 따라 역할을 맡겨나가는 것이 중요합니다. 어떤 이에게는 십부장, 어떤 이에게는 오십부장, 혹은 백부장, 큰 능력을 가진 이에게는 천부장을 맡겨 그들이 백성을 다스리도록 하게 하였듯이 지도자의 자질과 정도에 따라 역할을 맡기는 일은 매우 중요한 일입니다.

이어서 이드로는 지도자를 세우는 기준에 대해서도 권고하고 있습니다. 첫째로, '능력 있는 사람들'을 세우라고 합니다. 이 말은 재주가 있으면서도 덕망이 있는 사람을 중용하라는 말입니다. 재승박덕(才勝薄德)이라는 말이 있습니다. 재주가 뛰어나면 덕이 부족하기 쉽다는 말입니다. 그러기에 재주만 보지 말고 후덕한 사람을 등용해야 공동체가 편안한 법입니다. 둘째로, '하나님을 두려워하는 사람'을 중용하라고 합니다. 하나님을 두려워할 줄 아는 사람, 즉 경건하여 하나님의 임재를 늘 느끼며 사는 사람이라야 신앙 공동체의 지도자가 될 수 있습니다. 셋째로, '진실 무망한 사람'을 중용하라고 합니다. 즉, 진실하며 허물이 없는 사람이라야 지도자로 적합하다는 뜻입니다. 넷째로, '불의한 이익을 미워하는 사람'을 중용하라고 합니다. 불의한 이익을 미워하는 사람, 즉 청렴하고 뇌물을 싫어하며 사사로운 이를 탐하지 않는 강직한 사람을 지도자로 세워야 한다는 것입니다. 마지막으로 말씀에는 언급되지 않지만 시대를 읽고 미래의 비전이 있는 사람이 지도자로서 적합한 사람이라고 봅니다.

교회와 교회 지도자들은 이런 일꾼들을 찾아서 평신도 지도자로 세우고 그들에게 책임을 주어야 합니다. 미국의 유명한 농구 감독인 베어 브라이언트(Bear Bryant)는 일이 잘못되었을 때는 "내 책임이다."라는 말을, 일이 잘 되었을 때는 "우리가 해냈다."라는 말을, 최상의 결과가 나왔을 때는 "너희들이 해냈다."라는 말을 자주 했다고 합니다. 그는 최고의 지도자로 인정받았다고 합니다. 이것은 무엇을 뜻합니까? 칭찬이 최상의 지도력임을 뜻합니다. 교회의 지도자들은 평신도 지도자들을 발굴하되, 끊임없는 격려로 키워 나가야 함을 의미합니다.

지도자에게 있어 가장 중요한 일은 좋은 인재를 발굴하고 그들을 주위에 두는 일입니다. 조직 스스로는 목표를 향상시킬 수 없습니다. 그러나 사람들은 할 수 있습니다. 어느 조직이든 가장 귀한 자산은 바로 사람입니다. 시스템은 옛것이 되고 건물은 허물어지며 기계는 낡습니다. 그러나 사람들은 자신이 가진 잠재된 가치를 인정해 주는 지도자를 만나면 헌신 봉사하면서 성장 발전하여 유능한 인재로 자라게 되는 것입니다.

우리 거룩한빛광성교회에서는 참으로 많은 사역이 이루어지고 있습니다. 지역 주민을 위한 문화 강좌, 도서관, 상담실, 호스피스, 십대들의 둥지, CMS 등 모두 다 참으로 보람 있게 운영됩니다. 이 프로그램들이 잘 운영되는 요인이 어디에 있다고 보십니까? 이것으로 인해 얻는 최고의 가치를 봉사하는 성도들에게 두고 있기 때문입니다.

예수님께서는 "너는 땅끝까지 이르러 십대들의 둥지를 해라"라고 말씀하시지 않았습니다. 사실 십대들의 둥지는 해도 좋고 안 해도 그만입니다. 그러나 이런 프로그램을 통해 자원 봉사하는 150명의 성도들이 봉사하며, 섬기며, 지도자로서 자라가는 것이 우리 교회 목표인 것입니다.

우리 거룩한빛광성교회는 '인재를 양성하는 교회'를 두 번째 목표로 삼고 있습니다. 평신도 지도자를 양육해 교회의 모든 부분을 천부장, 백부장, 오십부장, 십부장으로 책임지게 만드는 것이 교회의 목표입니다. 그렇게 할 때 일이 쉬워지고, 즐거워지고, 교회 생활이 행복하게 되는 것입니다(22절).

하나님께서는 각 사람에게 고유한 능력과 은사를 주셨습니다. 교회 지도자들은 성도들이 가지고 있는 능력과 은사를 발견하여 평신도 지도자로 키워 나가야 합니다. 모든 성도들은 책임감 있는 지도자로 자라 교회 일을 함께 나누어 사역하십시오. 아울러 기쁘고 즐겁게 신앙생활 하며 교회를 성장시키는 주역이 되어야 합니다.

성령의 인도함을 받아야 합니다

교회가 전통적 조직에서 기능적 조직으로 전환하는 데 가장 문제가 되는 것은 전통적 조직이 갖는 장점을 살리고 단점을 잘라 내지 못하는 것입니다.

전통적 조직에서는 지도자 한 사람에게 권한이 집중되어 지도자가 유능하면 잘되고, 일사불란하게 움직일 수 있는 장점이 있습니다. 그러나 지도자의 실패가 공동체의 실패가 될 수 있고, 공동체 구성원들의 은사를 골고루 활용할 수 없는 단점이 있습니다.

하나님께서는 각 사람의 지혜와 경험을 골고루 사용하시기를 원하십니다. 혼자서 열 걸음 가는 것보다 열 명이서 한 걸음 진보하는 것을 기뻐하십니다. 이것이 공동체가 가져야 할 공동 가치입니다. 그런데 이때 모든 가치를 사람들에게 두다가 인본주의로 흐르는 것을 가장 조심해야 합니다. 교회 공동체는 언제나 중심에 하나님께서 계셔야 합니다. 전체가 다 좋아해도 하나님의 뜻이 아니면 멈추어야 합니다. 그것이 성령 공동체인 교회의 정신입니다. 그러므로 교회는 평신도 지도자를 세우고 조직을 기능적으로 만들어 가는 일에 힘을 쓰면서도 언제나 성령의 인도하심을 받기 위해 기도해야 합니다.

> "네가 만일 이 일을 하고 하나님께서도 네게 허락하시면 네가 이 일을 감당하고 이 모든 백성도 자기 곳으로 평안히 가리라."(출 18:23)

'하나님께서도 네게 허락하시면'이라는 말씀은 '성령께서 인쳐 주시면'이라는 뜻입니다. 교회는 오순절에 성령께서 강림함으로 이루어졌습니다. 그러기에 교회를 '성령 공동체'라고 부릅니다. 교회는 목사가 앞장서고 평신도 지도자들이 자라 함께 일을 감당해 나가야 합니다. 그러나 여기서 머무르면 인본주의적 모임에 불과합니다. 반드시 성령의 인도하심이 있어야 합니다.

우리 교회는 창립부터 2년간 "성령의 인도하심을 받는 교회가 되자"는 표어를 사용했습니다. 그 후로는 "비전을 품으라. 성령이 이루시리라."는 표어를 사용했습니다. 이 뜻은 교회 운영에 있어서 인위적이고 작위적인 사람의 생각과 방법을 최대한 배제하고 성령의 인도하심을 받고자 하는 의도를 담고 있습니다. 또한 매사에 최선을 다해 계획하고 조직하여 기능의 최대화를 꾀하면서도 제일 중요한 것은 성령님께서 허락하셔야 된다는 고백을 담고 있습니다.

이드로의 충고대로 실행한 모세는 성령의 인도하심을 받았습니다. 모세는 전통적 지도력을 버리고 새로운 제도와 지도 방법을 가르쳐 준 장인을 더 도와달라고 붙잡지 않고 떠나보냈습니다(출 18:27). 그리고 성령의 도우심을 간구했습니다. 그 결과 이스라엘 공동체는 평안히 시내산에 도착할 수 있었습니다.

이렇게 성령의 인도하심을 받으면 공동체에 평안이 임합니다. 공동체 일원들의 심령에 불이 붙습니다. 그 결과 교회가 성장하게 되는 것입니다.

"사람이 마음으로 자기의 길을 계획할지라도 그의 걸음을 인도하
시는 이는 여호와시니라."(잠 16:9)

새 부대를 준비하는 교회로 서기 위해 기능적 조직을 만들어 나가는 중에도 사람을 중하게 여기고 늘 성령의 인도하심을 간구하는 교회와 성도가 되기를 바랍니다.

5. 영감 있는 예배를 드리는 교회

역대상 29장 10-19절

　　이번에는 자연적인 교회 성장에 꼭 필요한 여덟 가지 질적 특성 중에 다섯 번째 특성인 '영감 있는 예배'에 대해 생각해 보고자 합니다.

　　종교개혁자들은 "우리 인간은 예배를 드리기 때문에 존재할 수 있다."고 정의했습니다. 이처럼 기독교인의 생활과 교회는 예배를 떠나서는 존재할 수 없는 불가분의 관계입니다. 예배는 그리스도인과 교회의 삶에 있어서 심장과 같은 것입니다. 교회의 존재와 사역, 모든 것은 예배에 뿌리를 둔다고 해도 과언이 아닙니다. 하나님께서는 예배를 통해서 그의 백성을 부르시고 은혜를 주시며 또한 역사 속으로 보내시어 창조주의 목적을 성취하게 하십니다.

　　개혁 교회의 전통 예배는 우리 자신이나 우리의 느낌, 감정보다 하나님을 중심으로 드리는 예배입니다. 예배의 중심이 삼위일체 하나님의 영광과 장엄함에 집중되며 예수 그리스도의 구속 사역과 교회와 하나님의 백성을 세상에 파송하시는 성령의 능력에 집중하게 됩니다. 예배의 중요성은 아무리 강조하고 반복해서 강조해도 지나치지 않습니다.

예배는 인간이 만유의 주권자가 되시는 하나님을 만나고 그분이 자신을 내어놓으신 데 대해 감사하고 찬송하는 행위입니다. 예배는 하나님을 믿는 사람들의 공동체가 하나님과 형제 간에 서로 감격스럽게 만나는 인격적 만남을 말합니다. 윌리엄 템플(William Temple)은 예배에 대해서 '하나님의 거룩하심으로 양심을 살리는 것이며, 하나님의 진리로 심령을 양육하는 것이며, 하나님의 아름다우심으로 창의력을 맑게 하는 것이며, 하나님의 사랑에 대해 마음을 여는 것이며, 하나님의 목적에 대해 생각을 바치는 것'이라고 정의했습니다.

예배는 인류의 발명품이 아니라 하나님의 요청이십니다. 구약에서 예배는 희생 제사를 중심으로 한 예배요, 안식 중심의 예배였습니다. 신약에서는 예수 그리스도를 정점으로 하여 안식일이 바뀌어 예수께서 부활한 주일로 정하고 희생 제사 중심인 구약 예배에서 주의 만찬을 중심으로 한 예배로 바뀌었습니다. 이제 진정한 예배는 부활의 기쁨과 하나님과의 사랑의 만남을 즐기며 형제들이 함께 잔치를 베푸는 예배입니다.

그러면 영감 있는 예배가 무엇인가 이해하기 위해 먼저 '영감 있다'는 말의 뜻을 살펴보아야 할 것입니다.

"하나님은 영이시니 예배하는 자가 영과 진리로 예배할지니라."
(요 4:24)

여기서 '영으로'라는 말은 '자기의 영으로'라는 뜻입니다. '진리로'라는 말의 뜻은 '하나님께서는 영이시라는 진리를 염두에 둔다'는 뜻입니다. 즉, '영과 진리로 예배한다'는 뜻은 '성령의 지배를 받는 심령을 가지고 예배한다'는 뜻입니다. 또 '영감 있는 예배'라고 할 때 '영감 있다'는 말은 헬라어로 '인스피라티오(inspiratio)'라고 하는데 '하나님의 영으로부터 오는 영'이라는 뜻입니다. 결국 영감 있는 예배란 성령의 지배를 받는 심령들이 모여서 드리는 예배를 의미하는 것입니다.

교회가 성장하려면 예배(Worship), 전도(Evangelism), 봉사(Service), 교육(Teaching) 이 네 가지 요소가 살아야 합니다. 이를 교회 성장의 4대 요소, 즉 WEST라고 합니다. 여기서 가장 중요한 요소는 예배입니다. 예배 없는 전도, 예배 없는 봉사, 예배 없는 교육은 자신에게 아무 유익이 없고 하나님과도 아무 상관이 없습니다.

살아 있는 예배로 하나님께 영광 돌리고, 성도 자신은 은혜 받아 교회가 성장하려면 우리 한 사람 한 사람이 영감 있는 예배자가 되어야 합니다.

모든 영광을 하나님께 돌리는 예배가 영감 있는 예배입니다

예배는 교회의 최대 사명입니다. 하나님께서는 일하는 사람보다 예배하는 사람을 찾으십니다. 예배에 성공하면 모든 것에 성공하는 것이요, 예배에 실패하면 모든 것에 실패하는 것입니다.

예배 때 예배드리지 못하고 일하는 사람들이 있습니다. 부교역자들과 안내자들입니다. 이분들은 예배를 두 번 드리셔야 합니다. 한 번은 자신이 예배자가 되어 드리는 예배요, 또 한 번은 자신이 봉사자가 되어 드리는 예배입니다. 이렇게 하지 못하면 날마다 예배에 실패하고 영혼이 피폐해져 영적 기아가 될 수 있습니다.

예배에서 영광을 하나님께 돌린다는 것을 모르는 사람은 없습니다. 그러나 "왜 하나님께만 영광을 돌려야 합니까?" 하고 묻는다면 제대로 대답할 수 있는 사람은 그렇게 많지 못합니다. 성경말씀에서는 그 이유를 다음과 같이 가르쳐 주고 있습니다.

"다윗이 온 회중 앞에서 여호와를 송축하여 이르되 우리 조상 이스라엘의 하나님 여호와여 주는 영원부터 영원까지 송축을 받으시옵소서. 여호와여 위대하심과 권능과 영광과 승리와 위엄이 다 주께 속하였사오니 천지에 있는 것이 다 주의 것이로소이다. 여호와여 주권도 주께 속하였사오니 주는 높으사 만유의 머리이심이니이다. 부와 귀가 주께로 말미암고 또 주는 만물의 주재가 되사 손에 권세와 능력이 있사오니 모든 사람을 크게 하심과 강하게 하심이 주의 손에 있나이다. 우리 하나님이여 이제 우리가 주께 감사하오며 주의 영화로운 이름을 찬양하나이다."(대상 29:10-13)

예배에서 하나님께 영광을 돌려야 할 이유는 하나님께서 천지 만물과 인간의 대주재가 되셔서 주관하시는 주권을 가지고 계신 분이시기 때문입니다. 그러면 영광을 조금 나누어 다른 분에게 돌리는 것은 어떨까요? 그것은 절대로 안 됩니다. 하나님 한 분만이 송축을 받으시기에 합당하신 분이시기 때문입니다. 위대하심과 권능과 영광과 승리와 위엄이 다 주께 속해 있습니다. 천지에 있는 것이 다 주의 것입니다. 부와 귀가 주께로 말미암고, 주의 손에 권세와 능력이 있으며, 모든 사람을 크게 하심과 강하게 하심이 주의 손에 달려 있습니다. 하나님께만 절대 주권이 있으며 하나님의 절대 주권은 온 세계 만방에 미칩니다. 그러므로 하나님께서는 만왕의 왕이십니다. 그러므로 그의 거룩하신 이름에 감사와 찬양을 드려야 합니다.

그런데 어느 틈엔가 예배 중에 조금씩조금씩 영광을 하나님과 나누는 풍조가 들어왔습니다. 강대상에 왕의 보좌 같은 의자를 가져다 놓고 그곳에 근엄하게 앉아 계시는 목사님을 간혹 볼 수 있습니다. 근엄한 것은 그나마 나은 편이고, 다리를 꼬고 앉는 분도 있습니다. 그리고 자신만 높은 곳에 앉기 미안하니까 앞자리에 장로석을 만들고 장로들도 앉게 합니다. 이런 모든 것이 자신도 알지 못하는 사이에 하나님과 영광을 나누어 받는 행위가 되는 것입니다.

'예배'를 의미하는 히브리어는 '엎드려 부복하다(Histahawah)'라는 뜻이 담겨 있습니다. 인간은 누구나 하나님 앞에 나와 엎드려 경배할 때 진정한 예배자가 되는 것입니다. 몸뿐만 아니라 심령까지 그러해야 합니다.

사도행전 12장에 보면 헤롯 왕이 등장하는데, 이 사람은 예수님께서 태어날 당시 두 살 미만의 어린 아기를 모두 잡아죽인 대 헤롯의 손자인 헤롯 아그립바 1세(Herod Agrippa I)로 AD 39~44년까지 유대의 분봉왕이었습니다. 그는 사도 야고보를 죽이고, 기독교를 핍박하는 데 앞장선 사람입니다. 헤롯이 무슨 이유에서인지 두로와 시돈 사람과 사이가 좋지 않았습니다. 두로와 시돈은 항구 도시 국가이기 때문에 중개 무역을 통해 돈이 많았습니다. 그러나 양식은 유대에서 사다 먹어야 했는데 사이가 나빴던 헤롯이 팔지를 않았습니다. 그래서 두로와 시돈의 사절단들이 헤롯에게 큰 뇌물을 바치고 찾아와서 뵙기를 청했습니다. 못 이기는 체 헤롯이 이들을 만나러 나타났습니다. 금으로 장식한 왕관과 왕복을 입고 왕좌에 앉아 연장 연설을 합니다.

"너희들의 옛일을 생각하면 쓴 물이 올라오나 다 잊고 너희들에게 은혜를 베풀리라."

그때 헤롯의 금으로 된 왕복이 햇볕을 받아 빛을 발하고 헤롯 아그립바의 목소리는 우렁차고 멋있었던 모양입니다. 그러니까 두로와 시돈의 사절단이 아첨했습니다.

"이것은 신의 소리지 사람의 소리가 아닙니다."

그 말에 기분이 좋아진 헤롯이 "에헴" 하고 그 영광을 다 받았습니다. 그 결과 어떻게 되었습니까?

"헤롯이 영광을 하나님께 돌리지 아니하므로 주의 사자가 곧 치니 벌레에게 먹혀 죽으니라."(행 12:25)

사도 요한이 환상 중에 천사를 보았습니다. 그래서 천사에게 경배하려 하니 천사가 막으며 오직 하나님께만 경배하라고 합니다(계 19:10). 우리는 천사에게도, 능력 있는 목사에게도, 다른 어느 피조물에게도 경배해서는 안 됩니다. 오직 하나님께만 경배해야 합니다. 예배를 통해 오직 한 분, 하나님만 높임 받으셔야 합니다. 모든 영광을 하나님께만 돌려 드리는 영감 있는 예배를 드리는 성도가 됩시다.

즐거운 마음으로 드리는 예배가 영감 있는 예배입니다

'예배 역동의 원리'라는 것이 있습니다. 이 원리는 예배가 힘이 있고, 기쁨이 있고, 활력이 있고, 성령이 춤출 때 교회가 성장한다는 것입니다.

예배는 교회 성장의 앞문입니다. 예배에 참석한 사람들을 살펴보면 여러 모습을 발견할 수 있습니다. 일찌감치 교회에 나와 앞자리에 앉아 기도하며 예배를 준비하는 사람이 있습니다. 그런가 하면 기도가 끝날 때쯤 허겁지겁 들어와 눈도장을 찍고 가는 사람도 있습니다. 어떤 사람은 도살장에 끌려가는 소처럼 억지로 들어와 안내하는 분이 앞자리를 권해도 앞으로 나가면 큰 일 날 것처럼 뒷자리에 끼어 앉습니다. 아예 예배는 제쳐 두고 유아실에서 자녀를 보고 있기도 합니다. 예배를 의무로 생각해서 이행하기 위해 오는 사람, 아내를 위해 오는 사람, 목사를 위한 충성심 때문에 참고 나오는 분들이 있다면 참으로 대단한 분들입니다.

그런데 이런 분들만 나무랄 것이 아닙니다. 예배가 영감이 넘치면 이런 분들도 스스로 예배에 참여하게 됩니다. 일찍이 교회 성장학의 대가인 피터 와그너(Peter Wagner)는 "은혜로운 예배는 즐거움이 있는 예배"라고 말하면서 예배를 장례식과 같이 엄숙하게만 이끌고 가지 말라고 경고했습니다. 또 목사 혼자 공연하고 청중은 잠자는 교회의 특성을 보면 세 가지 공통점이 있다고 말했습니다. 첫째로, 지루하고 뻔한 것을 반복하며, 둘째로, 삶과 무관한 설교를 하며, 셋째로, 헌금만 강조한다는 것입니다. 어떤 여성도가 사랑하는 남편을 전도하기 위해 10년 동안 기도하고 노력하여 간신히 교회에 데리고 왔는데 마침 그날 따라 설교 시간에 헌금 이야기만 계속된다고 생각해 보십시오. 얼마나 속이 타겠습니까? 아마 그 남편은 다시는 교회에 나오지 않으려고 할 것입니다.

예배에 기쁨이 있고, 예배자는 즐거운 마음이 있어야 영감 있는 예배가 될 수 있습니다.

"나와 내 백성이 무엇이기에 이처럼 즐거운 마음으로 드릴 힘이 있었나이까. 모든 것이 주께로 말미암았사오니 우리가 주의 손에서 받은 것으로 주께 드렸을 뿐이니이다. 우리 하나님 여호와여 우리가 주의 거룩한 이름을 위하여 성전을 건축하려고 미리 저축

한 이 모든 물건이 다 주의 손에서 왔사오니 다 주의 것이니이다. 나의 하나님이여 주께서 마음을 감찰하시고 정직을 기뻐하시는 줄을 내가 아나이다. 내가 정직한 마음으로 이 모든 것을 즐거이 드렸사오며 이제 내가 또 여기 있는 주의 백성이 자원하여 드리는 것을 보오니 심히 기쁘도소이다."(대상 29:14,16-17)

하나님의 성전을 건축하기 위해 하나님께 예배하고 헌물을 드릴 때의 모습을 보여 주는 내용입니다. 즐거운 마음으로, 즐거이 드렸으며, 즐거이 드리는 것을 보오니 심히 기쁘다고 다윗이 기뻐하는 내용입니다. 다윗이 이렇게 기뻐했으니 하나님께서는 얼마나 기뻐하셨겠습니까? 그래서 하나님께서는 다윗을 가리켜 "내 마음에 합한 자"라고 극찬하셨던 것입니다.

예배에는 기쁨이 있어야 합니다. 예배는 장례식이 아니라 축제가 되어야 합니다. 예배자의 마음에는 즐거움이 가득 차고, 얼굴에 기쁨이 넘쳐야 합니다. 그런데 한국 사람들은 이것이 잘 안 됩니다. 유교 문화 속에 젖어 살아온 관계로 웃는 것, 즐거워하는 모습을 경박하게 여겨왔기 때문입니다.

세계 교회의 많은 지도자들이 한국교회의 놀라운 성장에 주목하여 그 상황을 직접 보기 위해 방문하는 경우가 있습니다. 한번은 유명한 미국의 목사님이 한국교회를 방문했습니다. 몇 교회의 예배에 참석하고 고개를 갸웃거리면서 안내하는 목사님에게 물었습니다.

"목사님! 어찌해서 한국교회는 그렇게 엄숙합니까? 그리고 기도할 때 왜 그렇게 울고 우거지상을 합니까?"

이 질문에 답이 궁해진 목사님에게 좋은 생각이 났습니다.

"아, 예. 한국교회와 교인들은 예수님의 십자가를 묵상하기 때문에 그렇습니다."

그러자 미국의 목사님이 물었습니다.

"그러면 예수님의 부활은 잊었습니까?"

이 말에 할 말을 잊었다는 이야기를 접한 적이 있습니다.

기독교는 십자가의 종교입니다. 동시에 부활의 종교입니다. 결국 기독교는 부활의 승리에 기뻐하고 감사하는 종교요, 우리의 예배는 부활하신 예수를 보내신 하나님을 경배하는 것입니다. 그러므로 승리의 노래가 있어야 합니다. 승리의 즐거움이 있어야 합니다.

같은 목사의 같은 설교를 듣고 잘 웃는 교회가 건강한 교회라는 통계가 있습니다. 노인들보다는 어린아이가 잘 웃습니다. 설교 시간에 25%만 웃는 교회는 병든 교회요, 60%가 웃는 교회는 건강한 교회입니다. 사도 바울도 항상 기뻐하라고 권면했습니다(살전 5:16). 예배 시간에는 기뻐하지 말고 엄숙하라고 한다면 이것은 틀린 것입니다. 예배 시간에도 기뻐해야 합니다. 이것이 살아 계신 하나님의 뜻입니다. 하나님께서는 예배 시간에 손뼉 치며, 춤추며, 찬양하라고 말씀하고 있습니다. 즐거운 마음으로 예배하는 영감 있는 예배자가 됩시다.

탕자를 돌아오게 하는 예배가 영감 있는 예배입니다

교회가 성장하려면 예배가 살아 있어야 합니다. 그러나 예배가 기존 신자들, 즉 큰아들만의 축제가 된다면 하나님의 기쁨이 될 수 없습니다. 하나님 아버지께서는 집을 나간 탕자, 즉 작은아들에게도 온 마음을 기울이고 계시기 때문입니다.

하나님 아버지의 마음을 가장 잘 그린 비유가 바로 탕자의 비유입니다. 이 비유를 모르는 사람은 하나도 없습니다. 이 비유를 잘 알면서도 하나님의 마음을 기쁘시게 해 드리는 사람이 없다는 것이 문제입니다.

교회의 성장의 4대 요소 중 첫째가 예배요, 둘째가 전도라고 말씀드렸습니다. 그런데 예배와 전도를 떼어놓고 생각하는 것이 문제입니다. 예배 속에 탕자가 쉽게 들어오도록 문을 열어 놓는 전도가 포함되어야 합니다. 그래서 열린 예배, 구도자 예배라는 말이 최근에 생겼습니다. 그러나 예배 이름만 열린 예배, 구도자 예배라고 붙였다고 탕자가 돌아오는 것이 아닙니다. 냉담한 태도, 못마땅한 태도를 보이는 큰아들이 존재하는 한 작은아들은 예배에 들어올 수가 없습니다.

교회에 처음 나왔을 때 무엇이 제일 어려웠습니까? 그것이 해결되어야 합니다. 알아들을 수 없는 음향 시스템, 답답하기 만한 찬송, 들어가고 나가기 어려운 장의자, 지루한 설교, 불친절, 이해할 수 없는 전문 용어, 찾을 수 없는 성경, 이 모든 것들을 해결한 뒤 작은아들을 초청하고 그들이 안심하고 아버지 집에 거하도록 만들어야 합니다.

"그 마음을 준비하여 주께로 돌아오게 하시오며"(대상 29:18 하)

불신자들이 주께로 돌아올 수 있도록 준비된 예배가 되어야 합니다. 예배는 언제나 불신자들을 초청하여 하나님께 그들의 영혼을 드리는 자리가 되어야 합니다. 그러기 위해서는 예배 순서 하나하나에 작은아들을 고려한 세심한 배려가 있어야 합니다.

초대교회 당시에는 예배 때 불신자들을 초청해서 함께 예배드렸습니다. 그런데 그들을 배려하지 않고 알아들을 수 없는 방언과 울부짖는 기도와 어려운 말만 주고받는다면 '미친 사람들의 모임이구나.' 하고 모두 도망갈 터이니 알아들을 수 있는 하나님의 말씀과 거룩한 예식과 함께 부를 수 있는 찬송으로 예배하라고 가르치신 것입니다. 그리하면 작은아들들이 하나님의 살아 계심을 느끼고 돌아오리라고 사도 바울도 충고했습니다(고전 14:23-25).

예배는 반드시 작은아들을 돌아오게 하도록 준비되어야 합니다. 쉽고, 단순하고, 경건하면서도, 활력이 넘치는 예배를 준비해야 합니다. 그렇게 하려면 밝고, 깨끗하고, 분위기 있는 장소와 조직된 안내 팀과 감동적인 설교와 찬양이 물 흐르듯 순서가 짜여 있어야 합니다.

몇 해 전부터 경기도 이천에서 여름마다 도자기 엑스포가 열립니다. 성황리에 열리기는 하지만 해마다 외국인 관광객이 대단히 적은 점이 문제로 지적되고 있습니다. 결국 집안 잔치로 끝나고 만 것입니다.

우리가 드리는 예배는 집안 잔치로 끝나서는 안 됩니다. 항상 작은아들을 초청하고 그들을 하나님께 드리는 예배가 될 때에야 비로소 하나님께서 기뻐 영광 받으시는 영감 있는 예배가 되는 것입니다.

> "이 은혜는 곧 나로 이방인을 위하여 그리스도 예수의 일꾼이 되어 하나님의 복음의 제사장 직분을 하게 하사 이방인을 제물로 드리는 것이 성령 안에서 거룩하게 되어 받으실 만하게 하려 하심이라."(롬 15:16)

우리가 이방인을 위하여 복음의 제사장 직무를 맡았음을 늘 잊지 말아야 합니다. 사도 바울과 같이 이방인을 제물로 드리는 것이 영감 있는 예배 됨의 조건임을 기억합시다. 하나님의 임재를 느끼며, 하나님의 말씀이 작은아들에게도 이해되고, 돌아온 형제와 함께 손 잡고 드릴 수 있는 영감 있는 예배를 드려야 합니다. 나아가 하나님께서 기뻐 영광 받으시는 영감 있는 예배를 드릴 수 있게 되기를 바랍니다.

6. 전인적 소그룹을 통해 성장하는 교회

에베소서 4장 13-16절

우리 몸을 이루고 있는 최소의 단위는 세포입니다. 그러면 우리 몸은 몇 개의 세포로 이루어져 있을까요? 사람은 약 60~65조의 세포로 이루어져 있다고 합니다. '60조'라 하면 6아래 0이 무려 13개나 붙는 천문학적인 숫자입니다. 더욱 놀라운 것은 이렇게 많은 사람의 세포가 모두 같은 크기를 가지고 있는 것이 아니라는 것입니다. 큰 세포도 있고 작은 세포도 있습니다. 가장 작은 세포는 정자이고, 가장 큰 세포는 난자입니다. 난자와 정자의 크기 차이는 실로 엄청난데, 난자가 정자보다 자그마치 10만 배나 크다고 합니다. 역사는 남자가 움직인다고 남자가 아무리 큰소리쳐도 그런 남자를 움직이는 것은 여자라는 말이 이해가 됩니다. 애초부터 10만 배 컸으니 말입니다. 이 작은 정자는 한 번 방출될 때 4억 개 정도 방출됩니다. 그 중 단 한 개의 정자가 난자와 결합하여 사람으로 태어나는 것이니 우리 모두 4억 분의 1이라는 확률 속에 오늘의 내가 된 것입니다. 이렇게 대단한 확률로 태어났으니 "나는 보통 사람이 아니다." "나는 굉장한 사람이다." 이런 자부심을 가져도 좋을 듯합니다.

그러면 이 세포들이 한 번 생기면 사람의 생애와 운명을 같이할까요? 그렇지 않습니다. 세포의 수명은 다양해서 어떤 세포는 3일만에 죽고, 오래 사는 세포는 30년을 살기도 합니다. 그러니까 30년 이상 산 사람은 태어날 때 가지고 있던 세포가 하나도 남아 있지 않습니다. 자신이 미처 깨닫지 못한 가운데 거듭남의 체험을 한 것입니다.

이렇게 우리 생명을 이루고 있는 기본 단위인 세포를 떼어 놓고 보면 아주 작고 보잘것없는 것 같고, 그곳에 생명이 없을 것 같지만 과학이 발달하면서 속속 밝혀지는 세포의 세계는 사람들을 계속 놀라게 하고 있습니다. 왜냐 하면 그 작은 세포 속에 완벽한 생명이 존재하고 있는 것을 발견했기 때문입니다. 세포는 세포질과 핵으로 이루어져 있습니다. 그 속에 세포를 움직이기 위해 동력을 일으키는 공장이 있는데 그것을 미토콘드리아(mitochondria)라고 합니다. 더 놀라운 것은 핵 속에 DNA라고 하는 것이 있는데 이것을 유전자라고 합니다. 이미 유전자 속에 세포의 역할, 모양, 기능이 모두 입력되어 있는데 이것을 입력한 사람은 아무도 없습니다. 그래서 결국 과학을 깊이 연구하면 할수록 DNA 속에 수많은 정보를 입력한 것은 하나님이시라고 고백하게 됩니다. 하나님의 능력이 세포 속에 담겨 있는 것입니다.

제가 시작부터 장황하게 세포에 대해 언급한 이유가 있습니다. 바로 자연적으로 성장하는 교회들이 가지고 있는 여덟 가지 질적 특성 중 여섯 번째 특성인 '전인적 소그룹'이 바로 세포와 같기 때문입니다.

교회를 몸으로 볼 때 소그룹은 세포에 해당됩니다. 세포는 비록 작지만 그 안에 놀라운 생명이 존재함과 같이 '전인적'이라는 말의 의미는 온전한 생명을 뜻하기 때문입니다. '전인적(全人的)'이란 말의 사전적 의미는 지정의(知情意)가 조화를 이룬 원만한 인격을 말합니다.

이전까지 교회에서는 소그룹을 전인적으로 보지 않았습니다. 옛날, 사람들이 세포의 가치를 알지 못해 그 속에 생명이 있음을 깨닫지 못했던 것과 같습니다. 그러나 예수님께서는 이미 소그룹의 중요성을 인식하셨습니다. 예수님의 3년 공생애 기간 중 수많은 사람들이 모여들었고 따랐으나 예수님께서는 열두 명의 소그룹만을 제자로 삼으셔서 양육하셨습니다. 예수님께서 십자가에 돌아가셨을 때 사람들 모두 예수님을 실패자로 여겼습니다. 그러나 결국은 실패가 아닌 성공이었습니다. 열두 제자에 의해 전해진 복음이 세계 만방에 전해졌던 것입니다.

오랫동안 이런 소그룹의 중요성이 잊혀졌다가 현대에 들어와 다시 부각되고 있습니다. 그 원인은 교회 밖과 교회 안 모두에서 찾을 수 있습니다. 교회 밖의 원인으로는 산업화 사회에서 정보화 사회로 변화하고 있는 것을 들 수 있습니다. 산업화 사회는 대량 생산 위주의 사회로서 생산자 중심의 가치관이 자리하고 있었습니다. 그러나 정보화 사회는 소수 정예화된 사회로 벤처 산업이 발달합니다. 소비자 중심의 가치관이 자리잡고 있습니다. 더욱이 정보 시대의 흐름은 이전 발신자 중심에서 수신자 중심으로 그 중심이 이동되었습니다. 무슨 말씀인가 하면, 과거에는 인쇄된 신문을 손에 들게 되면 처음부터 끝까지 다 보아야 하고 TV나 라디오의 뉴스도 접하게 되면 다 듣고 보아야 했지만, 지금은 인터넷 덕분에 소비자가 알고 싶은 뉴스, 관심 가는 정보들만 볼 수 있게 되었습니다. 소비자들이 직접 뉴스와 정보를 선택하는 것입니다. 이런 세상의 변화가 소그룹의 중요성을 낳게 된 것입니다.

또 교회 안의 원인으로는 소그룹에 눈뜬 교회들이 성장하고 있으며, 크기와 상관없이 왕성한 선교를 하고 있다는 사실이 정보망을 통하여

전 세계 교회에 알려지게 된 때문입니다. 그래서 나온 운동이 셀(cell) 교회 운동입니다. 셀이란 세포를 의미합니다. 셀 교회 운동은 교회의 세포라 할 수 있는 구역(목장) 하나하나를 살아 있는 세포, 온전한 생명을 가진 세포와 같이 살아 있는 구역(목장), 생명 있는 구역(목장)으로 만들자는 운동입니다. 그래서 셀 교회에서는 소그룹과 교회 예배라는 두 날개를 강조하고 있습니다. 우리 거룩한빛광성교회가 강조하는 사회 구원과 개인 구원의 두 날개와는 이런 차이가 있습니다.

어떤 의미에서 셀 교회들은 교회 예배보다 소그룹의 발전에 더 역점을 두고 있습니다. 그렇게 되기 위해서는 먼저 소그룹이 전인적 소그룹이 되어야 한다는 전제가 뒤따릅니다. 이 말은 혹시 소그룹이 작다고 반쪽 생명만 가지고 있어서는 안 되며, 교회가 가지고 있는 생명을 모두 가지고 있는 온전한 모임이 되어야 함을 의미합니다. 이번 기회에 전인적 소그룹에 대해 잘 이해하시게 되면 앞으로 우리 목장들도 전인적 소그룹, 즉 온전한 교회가 될 수 있습니다.

온전한 사람으로 양육하는 소그룹이 전인적 소그룹입니다

전인적 소그룹이 확산되어 가기 위해서는 우리들의 뇌리에 박혀 있는 큰 것을 동경하고 좋아하는 심리를 벗어 버려야만 합니다. 우리 민족은 큰 것을 대단히 좋아합니다. 이름을 붙일 때도 대한민국, 대통령, 대학교, 대사, 대로, 대교 등등 '큰 대(大)' 자를 잘 써서 붙입니다. 그러다 보니 자연히 작은 것을 무시하고, 작으면 왠지 불안하고 기가 죽습니다. 그러나 성수대교가 다리 사이사이를 이어 주던 용접 부분의 나사 하나가 부실해서 무너졌던 것을 교훈 삼아야 합니다. 이제 생각을 바꾸어야 합니다. "작은 것이 아름답다(Small is Beautiful.)"는 말도 있듯이 교회도 작고 알찬 교회가 많아져야 하고, 큰 교회라 할지라도 작은 그룹이 많아져야 건강한 교회가 될 수 있습니다.

> "우리가 다 하나님의 아들을 믿는 것과 아는 일에 하나가 되어 온전한 사람을 이루어 그리스도의 장성한 분량이 충만한 데까지 이르리니"(엡 4:13)

온전한 사람, 온전한 믿음을 가진 사람이 되어야 장성하고 성령 충만한 그리스도인으로 자라 갈 수 있습니다. 이렇게 온전한 믿음의 사람으로 양육하기 위해서 가장 적합한 구조가 바로 소그룹입니다.

세상은 정보화의 물결을 타고 급속하게 변하고 있는데 학교만은 여전히 40, 50명씩을 한 학급으로 묶어 교육하다 보니 학교의 위기, 교실의 붕괴가 일어나는 원인 중의 하나가 되고 있다고 생각합니다. 그래서 교육계가 이 문제를 해결하기 위해서는 학생을 줄여야 한다는 데에 의견의 일치를 보고, 학급당 학생 수를 35명으로 만들기 위해 엄청난 돈을 퍼붓고 있다는 소리도 들립니다. 제 생각으로는 35명도 많다고 생각합니다. 영어 교육에 종사하시는 분의 이야기를 들으니 학생 수가 여섯 명을 넘으면 효율적으로 영어를 가르치기 힘들다고 합니다. 소그룹이어야 한다는 것입니다. 지식을 가르치는 데에도 소그룹이 효율적일진대 하나님의 생명을 전달하고 나누는 교회에서는 두말할 나위가 없습니다. 소그룹이 온전한 실력자, 온전한 신앙인을 양육하는 데 대단히 중요합니다.

힐트너(Seward Hiltner)라는 실천학자는 목회의 세 기둥을 전달(Communicating), 목양(Shepherding), 조직(Organizing)이

라고 했습니다. 설교는 이것들 중에 전달에 속합니다. 그러나 설교는 일방적으로 듣게 되어 있기 때문에 설교를 듣다가 궁금한 것이 있어도 설교 시간에 "질문 있습니다!" 하고 물을 수가 없습니다. 그러나 소그룹 모임을 통한 성경공부에서는 질문과 토의가 가능하기 때문에 훈련이 되고 양육이 가능한 것입니다.

또 소그룹은 목회자가 성도 개인의 신앙 성장을 관찰할 수 있는 기회를 주므로 목회 전반에 도움을 받을 수 있습니다. 임상적으로 볼 때 소그룹에 참석한 교인들이 소그룹에 참석하지 않고 예배에만 참석하는 교인들보다 성장이 훨씬 빠른 것을 알 수 있습니다. 우리 교회에서도 일대일 제자양육을 받으신 분들이나 부부 목장에 참석하시는 남자 성도님들의 신앙이 빠르게 성숙해 가는 것을 볼 수 있습니다.

진정한 교육은 서로를 알 때 가능합니다. 그런데 대중 교육, 집단 교육의 방식으로는 서로를 아는 것이 불가능합니다. 인격적 만남이 이루어질 수가 없습니다. 눈높이 교육이 불가능합니다. 집단 교육을 통해서는 10%의 똑똑한 사람을 위해서 90%의 보통 사람이 희생 제물이 되는 경우가 종종 발생합니다. 자기가 알아서 깨닫고 스스로 자라야 되는 교육이 집단 교육입니다. 이러한 병폐를 씻는 대안이 소그룹입니다. 소그룹은 하나님의 축복입니다. 주일 예배에서 맛보지 못한 감격과 사랑의 교제를 맛보고 마음 문을 활짝 열 수 있는 곳이 소그룹입니다.

사실 현대인은 외롭습니다. 군중 속에서 고독을 느끼고, 기계와 대화를 나누니 정에 굶주리고 있습니다. 멀쩡한 사람들 같지만 가슴을 열어 보면 구멍이 크게 뚫려 있습니다. 허한 마음을 부여안고 살아가는 것이 현대인입니다. 이들의 영혼이 동병상련의 아픔을 나누며 교제하고 말씀으로 치유 받고 양육 받을 수 있는 자리가 바로 소그룹입니다.

이 소그룹의 가장 대표되는 것이 구역(목장)입니다. 그러기에 구역

(목장)이 살아야 교회가 산다는 말이 나오게 되는 것입니다. 교인이 75만 명이나 되는 여의도순복음교회는 세계에서 제일 큰 교회입니다. 이 교회는 바로 구역이 전인적 소그룹이 되었기에 부흥한 대표적인 교회입니다. 아마 순복음교회 교인들이 드리는 구역 예배에 참석한 경험이 있으시거나 이웃에 순복음교회 교인이 살았던 분들은 이해할 것입니다. 그들은 구역 예배에서 성경 공부만 하지 않았습니다. 주일 예배와 다름없는 열정적인 찬송과 부르짖는 기도, 불신 이웃 초청 등 모든 것이 어우러진 전인적 예배를 드렸던 것입니다. 그때 장로교인들은 순복음교회 교인들을 흉보았습니다. 무식한 사람들이 모여서 동네가 떠나가도록 시끄럽게 해서 교회 망신 다 시킨다고 흉보았습니다. 그러나 그들은 그들의 구역을 전인적 소그룹으로 만들었고, 그 결과 여의도순복음교회가 놀라운 성장을 하게 되었던 것입니다.

예수님께서는 두세 사람이 예수님의 이름으로 모인 곳에는 예수님이 그들 중에 함께 계신다고 말씀해 주셨습니다(마 18:20). 작다고 움츠리지 마십시오. 작은 것이 아름답습니다. 우리의 구역(목장), 성경 공부 모임, 우리의 사역 팀이 비록 작은 것 같지만 이런 작은 모임을 통해 온전한 신앙인을 양육하는 전인적 소그룹을 만들 수 있습니다.

상처받은 심령을 치유하는 소그룹이 전인적 소그룹입니다

세상에는 사랑하지 못할 만큼 가난한 사람도 없고, 사랑 받지 않아도 될 만큼 부요한 사람도 없습니다. 사람은 누구든지 작거나 크거나 간에 상처를 안고 살아갑니다. 그 상처를 치료 받지 못하면 언젠가 반드시 종기가 되어 터지고 맙니다. 그런데 큰 모임에서는 진정한 만남이 이루어지지 않기 때문에 모두들 마음의 문을 열지 않습니다. 그러니 당연히 치유 받을 수 없습니다. 그러나 작은 모임에서는 쉽게 친교할 수 있는 장점이 있기에 마음 문을 열게 되고 따라서 상처를 치료받게 되는 것입니다.

상처 받은 심령은 그 상처 때문에 영이 자라지 못하고 어린아이의 상태로 머물고 맙니다. 겉은 멀쩡한 신사 숙녀요, 어엿한 기반을 닦은 저명인사라 할지라도 속은 어린아이인 경우가 얼마나 많은지 모릅니다. 그 대표적인 경우가 클린턴(Bill Clinton) 전 미국 대통령입니다. 그는 어려서 부모님이 이혼한 가정환경 때문에 상처 받은 사람입니다. 머리가 좋았고 능력도 있었기에 젊은 나이에 미국의 대통령이 되었고 재선도 되었지만 이성을 대하는 데 있어서만큼은 깨어진 가정에서 받은 상처를 극복하지 못한 어린아이가 영 속에 그대로 자리 잡고 있었습니다. 그는 잘 나가는 사람이었고, 언제나 승승장구했고, 수많은 사람 속에 있었기 때문에 소그룹 속에서 진지하게 자신의 상처를 돌아보고 치유 받을 수 있는 기회를 놓쳤던 것입니다. 그래서 가장 유능한 대통령이었지만 가장 추한 대통령으로 남게 되었습니다. 그러나 소그룹 활동을 통하여 치유 받으면 어린아이와 같이 요동하지 않고 반석 위에 서서 흔들리지 않은 어른으로 자라게 될 수 있습니다.

그러므로 소그룹은 반드시 치유하는 공동체가 되어야 합니다. 미국에서 대활약을 펼치던 우리나라 야구 선수 중 김병현 선수가 있습니다. 김병현 선수가 애리조나 다이아몬드백스 팀의 선수로 있을 당시 가장 중요한 월드시리즈에서 홈런을 맞고 패전 투수가 되는 상처를 받았습니다. 그러나 애리조나 다이아몬드백스 팀은 끝까지 굴하지 않고 싸워 결국 월드시리즈에서 우승했습니다. 그 원인이 어디 있는지 아십니까? 바로 팀 분위기에 있습니다.

월드시리즈에 등판한 김병현이 홈런을 맞고 패전 투수가 됐을 때 감독이 "나는 김병현을 믿는다."라고 격려하며 다음 경기에서도 등판시켰습니다. 그러나 또 홈런을 맞고 패했습니다. 이번에는 고참 선수들이 그를 격려하며 따뜻하게 대해 주었습니다. 이렇게 서로 신뢰하며 격려하는 팀의 분위기 때문에 7차전에서 극적으로 역전 우승을 일구어 내었습니다.

우리 공동체도 이렇게 되어야 합니다. 상처를 들춰내고, 허물을 비난하고, 정죄하고, 다시 못 박는 그런 공동체가 되면 소망이 없습니다. 상처 받은 이의 아픔을 함께 나누며, 그의 영혼의 치료를 위해 함께 기도하고 얼싸안고 사랑으로 감싸주는 공동체를 이루어야 합니다. 목장마다, 팀마다, 성경 공부 모임마다, 선교회마다, 전도회마다 이런 사랑과 치유의 역사가 일어나야 합니다. 그래서 치유 받은 형제의 입에서 "내게 줄로 재어 준 구역은 아름다운 곳에 있음이여 나의 기업이 실로 아름답도다"(시 16:6)라는 고백이 나오며, 교회가 고향같이 아늑하고 어머니 품같이 포근하여 "주님 전의 하루가 세상의 천 날보다 낫습니다"라며 교회에 나오기를 즐겨 하게 되는 역사가 일어나게 되기를 바랍니다.

소그룹은 성도의 교제가 결여되어 있는 현대 교회, 특히 대형 교회에서도 친밀한 교제를 가능하게 해 줍니다. 큰 교회에서는 소외되는 많은 교인들이 있습니다. 이때 소그룹 목회는 개인에게 목회적 관심을 기울일 수 있고, 양질의 목회를 제공할 수 있습니다. 그러기 위해서 소그룹의 리더들―구역장(목자), 성경 공부 지도자들 등―은 작은 목회자가 되어야 합니다. 소그룹은 상호 격려와 후원을 통하여 교인 상호간의 신앙 성장에 많은 도움을 줄 수 있습니다.

바울이 로마 감옥에 갇혀 있는데 오네시모라는 젊은이가 감옥에 들어왔습니다. 그는 바울의 전도를 받고 회개하여 예수를 믿고 세례를 받게 되었습니다. 그런데 오네시모가 자신의 죄를 회개하는 내용을 들으니 참 기가 막힙니다. 바울이 전에 골로새에서 빌레몬이라는 부자를 전도하고 그의 집에 골로새교회를 세운 적이 있습니다. 그러니까 빌레몬은 바울의 충성된 제자입니다. 그런데 감옥에서 예수를 믿고 회개한 오네시모라는 젊은이가 바로 빌레몬의 돈을 훔쳐 로마로 도망 온 노예였습니다. 그가 노름하다 잡혀 왔는지, 돈을 탕진하고 도둑질하다 잡혀 왔는지는 모르지만 그 당시는 노예가 도망쳤다 잡히면 사형을 당할 수도 있는 중범죄에 해당됐습니다. 그런데 이러한 중죄인 오네시모가 예수를 믿고 완전히 새사람이 되었습니다. 바울의 사랑과 성령의 감동과 말씀의 능력으로 완전히 새사람이 되었습니다. 상한 심령에 치유함을 받았습니다. 그래서 그가 형기를 마치고 출옥하게 되었을 때 바울이 친히 주인 빌레몬에게 편지를 써 보내며 오네시모를 용서하고 형제로 받아들이라고 권면하였습니다(몬 1:10-12).

오네시모가 바울과 소그룹을 이룸으로 자신의 상처를 치유 받았듯이 교회는 치유 공동체가 되어야 합니다. 특히 구역(목장) 모임과 팀 모임과 성경공부 모임마다 심령을 치유하는 사랑의 역사가 일어나는 전인적 소그룹이 될 수 있기를 바랍니다.

풍성한 생명의 번식이 일어나는 소그룹이 전인적 소그룹입니다

교회의 건물이 아무리 좋고, 교인 수가 많고, 소그룹이 아무리 화기애애하고 친교가 잘 된다 할지라도 전도하고 배가되지 않으면 그 소그룹은 죽은 것입니다. 왜냐 하면 그것은 전혀 영적인 모임이 아니기 때문입니다.

생명이 있는 것은 열매를 맺게 마련입니다. 나무의 목적은 열매에 있지 않고 그 씨를 통하여 또 다른 나무를 키우는 데 있습니다. 살아 있는 세포는 분열하며 번식합니다. 하나가 둘로, 둘이 넷으로, 넷에서 여덟으로…. 그래서 눈에 보이지도 않는 정자와 난자가 합하여 어머니 뱃속에서 열 달을 자라는 동안 3kg의 어린아이로 자라 태어나게 됩니다.

생명 있는 그리스도인은 범사에 자라야 합니다. 생명 있는 소그룹은 항상 자라야 합니다. 그리고 각 지체를 이루어야 합니다. 계속 번식하며 또 번식해야 합니다.

> "오직 사랑 안에서 참된 것을 하여 범사에 그에게까지 자랄지라. 그는 머리니 곧 그리스도라. 그에게서 온몸이 각 마디를 통하여 도움을 받으므로 연결되고 결합되어 각 지체의 분량대로 역사하여 그 몸을 자라게 하며 사랑 안에서 스스로 세우느니라."(엡 4:15-16)

그리스도인은 그리스도에게까지 자라며 번식해야 합니다. 생명의 특징은 성장이요, 사람이 장성하면 부모를 떠나 독립하는 것처럼 소그룹은 계속 번식에 번식을 거듭해야 합니다.

중국에 마군단이 있습니다. 군대의 이름이 아닙니다. 마귀들의 집합소도 아닙니다. 마씨 성을 가진 감독이 이끌고 있는 국가 육상 대표 팀을 일컫는 말입니다. 이들이 갑자기 세계 육상계에 다크호스로 등장하더니 메달을 휩쓸기 시작했습니다. 그래서 세계 스포츠계가 그들의 훈련 방법에 주목했습니다. 자세히 보니 훈련 방법은 별다른 것이 없었고, 선수들에게 동충하초를 먹인 것이 우승의 비결임이 밝혀졌습니다. 그래서 세계적으로 동충하초가 알려졌습니다.

동충하초는 버섯의 포자를 굼벵이와 같은 벌레가 먹게 되면 그 버섯이 벌레 뱃속에서 자라나 겨울에는 벌레였던 것이 여름에는 벌레의 진액을 먹고 버섯으로 자라는 독특한 버섯을 말합니다. 생명은 이와 같이 놀라운 힘을 가지고 있습니다. 포자같이 보이지도 않는 작은 버섯균이 벌레를 죽이고 신비의 약효가 있는 버섯이 되는 것입니다.

교회 소그룹도 이와 같습니다. 소그룹 속에 살아 있는 하나님의 말씀이 떨어지고 성령의 능력이 함께하시면 말씀과 기도의 힘과 사랑이 자라나 불신 영혼들을 변화시키고 전도하게 되는 것입니다. 그러므로 교회의 모든 소그룹은 전인적 소그룹이 되어야 합니다. 구역(목장)과 성경 공부 모임뿐 아니라 남녀 선교회와 찬양 팀, 등산 선교 팀, 골프 선교 팀, 야구 선교 팀, 축구 선교 팀, 십대들의 둥지, 도서관, 문화 강좌, 호스피스, 상담실 등 모든 소그룹은 전인적 소그룹이 되어야 합니다. 단순히 등산만 하고, 야구만 하고, 골프만 치고, 축구만 하고, 책만 나누어 주고 끝난다면 아무런 의미가 없습니다. 말씀이 있어야 합니다. 기도가 있어야 합니다. 서로를 위해 치유하는 사랑의 손이 있어야 합니다. 그리고 불신 영혼을 전도하기 위한 계획과 실천이 따라야 합니다. 그런 모임을 가리켜 '전인적 소그룹'이라 부르는 것입니다.

소그룹은 인간관계를 통하여 자연스럽게 전도할 수 있습니다. 교회에 가서 예배드리자고 권하는 것보다 우리 집에 와서 차 한 잔 마시자고 전도하면 얼마나 부드럽습니까? 우리 거룩한빛광성교회는 얼마든지 접근이 용이한 접촉점을 많이 만들어 놓았습니다.

"올리브 향기에 가서 커피 한잔 하시죠."

"도서관에 가면 좋은 책이 많습니다. 같이 가보실까요?"

"문화 강좌에서 영어도 배우고 동양화도 배워 보지 않으시겠어요?"

"문제가 있으세요? 상담실에서 만납시다."

이 모든 것들이 전도를 위해 열려 있는 것입니다. 이렇게 전도 받은 피전도자도 소그룹을 통해 빠른 시간에 교회에 친숙함을 느낄 수가 있게 되는 것입니다.

소그룹을 전도해서 배가되면 반드시 번식해야 합니다. 하나님께서는 생명체를 지으실 때 그 생명체가 어느 정도까지 자라나서 때가 되면 생식 기능을 통해 닮은꼴들을 만들어 생명이 연장되도록 하는 오묘한 법칙을 주셨습니다. 그러므로 나뉘는 것을 당연히 받아들여야 합니다. 불안해하면 안 됩니다. 출애굽한 이스라엘 공동체를 모세 혼자 다스릴 때 모세도 지치고 백성도 지쳤습니다. 그렇지만 소그룹 리더를 세우니 문제가 해결되었습니다. 초대교회 공동체에서 사도들이 모든 일을 다 할 때 문제가 발생했습니다. 하지만 일곱 집사를 세워 일을 나누니 교회가 더욱 성장하게 되었습니다. 일꾼을 세우고 그룹을 번식시키는 모임이 생명 있는 모임입니다. 모든 소그룹은 시작될 때부터 차기 리더를 세우고 번식에 대비해야 합니다.

사도 바울은 디모데를 소그룹의 리더로 세웠습니다. 디모데는 자기 제자 중에서 리더를 세워 소그룹을 만들어 주었습니다. 또 디모데의 제자가 리더를 세워 소그룹을 만들어 주면서 복음의 핵분열이 일어났습니다.

> "또 네가 많은 증인 앞에서 내게 들은 바를 충성된 사람들에게 부탁하라. 그들이 또 다른 사람들을 가르칠 수 있으리라." (딤후 2:2)

우리의 소그룹에 풍성한 생명의 번식이 있습니까? 이제부터 우리 교회의 소그룹에 풍성한 생명의 잔치가 벌어지는 복된 역사가 일어나게 되기를 소원합니다. 소그룹에서 예배가 드려져야 합니다. 전도, 봉사,

교육, 친교가 행해져야 합니다. 이를 위해 섬기는 헌신이 이루어져야 합니다. 그럴 때 전인적 소그룹, 온전한 소그룹, 살아 있는 작은 교회가 마을마다, 사회마다, 나라마다 이루어져 하나님 나라가 이 땅 위에 널리널리 확장되게 될 것입니다.

7. 사람들의 필요에 따라 전도하는 교회

고린도전서 9장 16-23절

 자연적 교회 성장을 위한 여덟 가지 질적 특성 중에 일곱 번째 특징인 '필요 중심적 전도'에 대해 생각해 보고자 합니다.

전도라는 말은 귀가 닳도록 들었기 때문에 잘 알겠지만 '필요 중심적 전도'라는 말은 아마 처음 들었을 것입니다. 먼저 '필요 중심적'이라는 말의 의미를 설명해 보겠습니다.

사람의 몸은 60% 이상 물로 되어 있습니다. 물은 몸의 신진대사를 돕는 등 아주 유익한 역할을 합니다. 그런데 몸의 물은 그대로 있는 것이 아니라 소변과 대변, 땀과 눈물로 배출되어 줄어들게 마련입니다. 그러므로 매일 일정량의 물을 공급해 주지 않으면 물 부족으로 인해 몸에 열이 나고 탈진하게 됩니다. 물을 좋아하는 사람은 하루 몇 리터씩 마시기도 하지만 물이 몸에 좋다고 해서 강제로 아이들에게 물을 먹이면 그것은 고문이 됩니다.

제가 어렸을 때 우리 집에 양자로 있었던 시응이라는 형이 있었습니다. 그 형이 초등학교 5학년 때 자연 시간에 참기름 속에는 우리 몸에 아주 좋은 영양소가 골고루 담겨 있다는 사실을 배웠습니다. 그래서 수업을 마치고 집에 돌아온 즉시 부엌에 들어가서 찬장을 뒤져 참기름을 찾았더니 한 병이 나왔습니다. 시응이 형은 몸에 좋은 참기름을 많이 먹어 두자며 사이다 마시듯 꿀꺽꿀꺽 다 마셔 버렸습니다. 어떻게 되었을까요? 얼마 지나지 않아 배탈이 나서 저녁 내내 화장실을 들락날락하고 아주 혼이 났습니다.

아무리 몸에 좋은 참기름이라지만 우리 몸은 한꺼번에 한 병의 참기름을 소화시킬 만한 준비가 되어 있지 않은데 꿀꺽꿀꺽 마셔 버렸더니 탈이 난 것입니다. 이처럼 전도가 생명을 구원하는 데 필수 조건이요, 기독교인이 행해야 할 가장 중요한 일이지만 준비가 되어 있지 않은 사람들에게 전한거나 전도하는 사람이 준비하지 않고 전하면 역효과가 나고 부작용이 난다는 뜻에서 말씀드리는 것입니다. 그렇기 때문에 불신자들이 당면한 문제와 필요를 충족시키는 데 초점을 맞추어 접근하고 전도하면 좋은 효과를 거둘 수 있습니다. 이를 '필요 중심적 전도'라고 합니다.

필요 중심적 접근 방식은 비그리스도인들의 필요를 진지하게 받아들이는 것입니다. 가령 문화 강좌를 통해 지역 주민들을 교회에 끌어들이는 것도 필요 중심적 접근 방법의 하나입니다. 한국의 초대교회는 도탄에 빠진 백성들을 위해 학교와 병원과 고아원을 설립하였습니다. 백성들을 위해 학교와 병원과 고아원을 설립함으로 백성들의 필요에 부응했던 것입니다. 이런 것들이 모두 필요 중심적 전도 방법의 하나였습니다.

"내가 의인을 부르러 온 것이 아니요 죄인을 불러 회개시키러 왔

노라."(눅 5:32)

예수님께서는 이 세상에 오신 목적을 분명히 말씀하셨습니다. 사도 바울은 "미쁘다 모든 사람이 받을 만한 이 말이여 그리스도 예수께서 죄인을 구원하시려 세상에 임하셨다"(딤전 1:15)고 말했고, 예수님께서는 "죄인 한 사람이 회개하면 하늘에서는 회개할 것 없는 의인 아흔 아홉으로 말미암아 기뻐하는 것보다 더하리라"(눅 15:7)고 말씀했습니다. 또 사도 바울은 "하나님은 모든 사람이 구원을 받으며 진리를 아는 데에 이르기를 원한다"(딤전 2:4)고 전하고 있습니다. 즉, 예수님께서 이 땅에 오신 목적은 죄인을 불러 구원하게 하심에 있었습니다. 예수님께서 승천하시며 그 사명을 제자들에게 주셨고, 오고 오는 세대에 모든 성도들이 이 제자의 사명을 물려받았습니다. 그러므로 전도는 피할 수 없는 우리의 사명입니다.

여기서 중요한 것이 있습니다. 전도라는 대명제는 바뀌지 않지만 그 방법은 시대에 따라 바뀔 수 있습니다. 따라서 필요 중심적 전도 방법은 새 시대, 정보화 시대에 맞는 전도 방법이라고 말할 수 있습니다. 종전의 전도 방법이 전하는 사람 위주의 방법이라고 한다면, 필요 중심적 전도는 받는 사람 위주의 방법이라 말할 수 있습니다.

우리는 전도의 사명에 불타야 합니다

전도는 아무나 하는 것이 아닙니다. 전도는 사명감에 불타는 사람이 하는 것입니다. 눈을 들어 사방을 바라볼 때 추수할 곡식이 고개를 숙이고 있어도 농부가 아닌 사람은 낫을 들어 추수할 생각을 하지 않고 그냥 지나칩니다. 그러나 추수할 사명이 있는 농부는 아침부터 저녁까지 구슬땀을 흘리며 벼를 벱니다. 전도도 마찬가지입니다. 전도의 사명을 느끼지 못하는 사람은 매일 같이 사는 가족들에게도 예수 믿고 구원받아 천국에 갈 수 있도록 교회에 나가자고 전도하지 못합니다. 그러나 전도의 사명을 받은 사람은 집뿐 아니라 병원과 거리, 공원과 광장을 찾아다니며 복음을 전파합니다. 그렇습니다. 문제는 바로 사명입니다.

> "내가 복음을 전할지라도 자랑할 것이 없음은 내가 부득불 할 일
> 임이라 만일 복음을 전하지 아니하면 내게 화가 있을 것이로다."
> (고전 9:16)

사도 바울은 전도의 사명에 불타고 있었습니다. 전도를 하는 것은 자랑할 일이 아니기 때문에 하지 않으면 화를 당할 것이라고 말하고 있습니다. 복음의 빚진 자이기 때문에 복음을 전해 빚을 갚겠다고 나선 것입니다. 사도 바울은 자나깨나 복음 전파를 생각했습니다. 사명에 살다 사명에 죽은 사람입니다.

존 웨슬리(John Wesley)도 그런 사람이었습니다. 그가 감리교 후배들에게 당부했습니다.

"당신은 영혼을 구원하는 일에는 아무 일도 하지 마십시오. 그러므로 이 일로 시간을 보내며 이 일로 당신이 쓰이도록 하십시오. 당신이 얼마나 설교했느냐 또는 이런 저런 일들에 얼마나 관심을 가졌느냐가 문제가 아닙니다. 당신이 최선을 다해 영혼을 구했느냐 못했느냐가 문제입니다. 할 수 있는 대로 많은 죄인을 데려와 회개하게 하시오."

우리나라에도 전도의 사명에 불타는 전도자가 많이 있었지만 그 중에 가장 유명한 분이 최봉석 목사님입니다. 1869년 평양에서 태어난

최 목사님은 평양 감사 밑에서 감찰직으로 일하던 중 공금 횡령 혐의로 삭주에 유배되어 갔다가 1902년 전도 받아 기독교인이 되었습니다. 최 목사님이 1903년에 세례를 받고 꿈을 꾸었는데 불덩어리가 가슴에 떨어지는 꿈을 꾸었습니다. 그 후에 사명감에 불타 전도인이 되었고, 1907년 평양신학교에 입학하여 1913년에 평양신학교를 제6기로 졸업했습니다. 최 목사님은 신학교에 다닐 때 하도 전도하러 다니느라 학점이 모자라 졸업하지 못하게 될 위험에 처했습니다. 어느 날, 다급해진 목사님이 교수실에 들어가 기습적으로 기도를 시작했습니다.

"여러 교수님들, 다같이 기도합시다. 하나님, 저 길거리에 흩어져 다니는 수많은 불신자들을 볼 때마다 이놈은 전도하지 않고는 도저히 견딜 수가 없습니다. 그래서 '예수 천당!'을 외치며 전도했습니다. 그랬더니 교수님은 성적이 모자란다고 두 번씩이나 낙제를 시켰습니다. 하나님 아버지, 어떻게 하면 좋겠습니까? 어떻게 해야 이놈이 목사 될 수 있겠습니까? 이번엔 졸업할 수 있게 해 주시옵소서. 예수님의 이름으로 기도합니다. 아멘."

교수들도 엉겁결에 '아멘' 하고 기도를 드렸습니다. '아멘' 하고 화답했으니 어쩌면 좋습니까. 할 수 없이 교수 회의가 열려 최 목사님을 졸업시키게 되었습니다. 이렇게 평양신학교를 가까스로 졸업한 최봉석 목사는 평생 70개의 교회를 국내와 만주에 개척하고 신사 참배를 끝까지 반대하다 일제에 체포되었습니다. 1944년 3월 1일부터 감옥에서 40일 금식 기도를 드리다가 병으로 쓰러져 4월 11일에 가석방되었으나 4월 15일 천국에 가셨습니다.

최 목사님이 생전에 한번은 함경도 산악 지대 화전민촌에 전도를 나갔습니다. 산밑에서 위를 쳐다보니 아찔했습니다. 저 꼭대기에 집이 드문드문 몇 채가 보입니다. 전도를 하러 가야 하는데 다리는 아프고,

산꼭대기까지 오를 생각을 하니 한숨이 저절로 나왔습니다. 그때 갑자기 좋은 생각이 나서 큰 소리로 외쳤습니다.

"호랑이 나왔다, 호랑이! 사람 살려! 사람 살려!"

그 소리를 들은 사람들이 여기저기서 낫과 몽둥이를 들고 우르르 내려왔습니다.

"어디 있소? 호랑이가 어디 있소?"

"여러분, 호랑이는 나요. 여기 최봉석 목사가 호랑이요."

"아니, 뭐가 어쩌고 어째?"

화가 나서 낫을 들고 달려드는 사람들에게 최 목사가 더 힘차게 말했습니다.

"여러분, 회개하고 예수 믿으시오. 예수 믿지 않으면 지옥에 갑니다."

약이 바짝 오른 사람들이 일제히 때리려고 달려들었습니다.

"저 야소쟁이 죽여라!"

다급해진 목사님이 품속에서 전도상으로 노회에서 받은 메달을 꺼내 들고 다시 외쳤습니다. "암행어사 출두요! 암행어사 출두요!"

그 말에 놀라 무릎을 꿇는 사람들에게 회개하고 예수 믿으라고 더 힘차게 전도하고 돌아왔다는 이야기입니다.

"예수 천당, 불신 지옥"

이 한 마디로 수많은 사람을 전도했던 능력의 종 최봉석 목사를 후세 사람들은 최권능 목사라고 불렀습니다. 최 목사님의 전도 방식이 우습게만 느껴질 수도 있습니다. 그러나 오늘도 최권능 목사의 후예들이 지하철에서, 때로는 버스에서, 때로는 동네에서 "예수 천당, 불신 지옥"을 외치고 다니는 것을 가끔씩 볼 때가 있습니다. 저는 이 전도 방식을 '십자군 전도 방식'이라 이름 붙여 보았습니다. 공격 상대가 듣든지 안

듣든지 듣고 받으면 살고, 듣지 않으면 죽는다고 일방적으로 선포하는 정복 전쟁식의 전도 방식이라고 여겨졌기 때문입니다. 대단히 용감하고 불타는 사명감에 사로잡혀 있는 용사들이 할 수 있는 전도 방식이라고 생각합니다.

> "너는 말씀을 전파하라 때를 얻든지 못 얻든지 항상 힘쓰라 범사에 오래 참음과 가르침으로 경책하며 경계하며 권하라."(딤후 4:2)

우리가 비록 최권능 목사나 그의 후예처럼 십자군 전도 방식으로 전도하기는 어렵다 할지라도 "우리에게도 전도에 대한 불타는 사명감을 주옵소서."라고 하나님께 간구하시기 바랍니다. 그리하여 사도 바울과 함께하신 하나님, 웨슬리에게 함께하신 하나님, 최권능 목사님과 함께하신 하나님께서 우리에게 불타는 사명감을 주셔서 항상 전도에 힘쓰는 전도자가 됩시다.

우리는 모두 전도자의 직분을 받았습니다

하나님께서 우리를 택하셔서 자녀 삼아 주신 것은 우리를 통하여 영광을 받고자 하심입니다. 신약에 보면 우리를 택하시고 거룩한 자녀 삼으신 이유를 몇 가지 발견할 수 있습니다.

> "너희는 택하신 족속이요 왕 같은 제사장들이요 거룩한 나라요 그의 소유가 된 백성이니 이는 너희를 어두운 데서 불러내어 그의

기이한 빛에 들어가게 하신 이의 아름다운 덕을 선포하게 하려 하심이라."(벧전 2:9)

우리를 복음의 선전대원으로 부르셨다는 말씀입니다.

"내가 내 자의로 이것을 행하면 상을 얻으려니와 내가 자의로 아니한다 할지라도 나는 사명을 받았노라. 그런즉 내 상이 무엇이냐 내가 복음을 전할 때에 값없이 전하고 복음으로 말미암아 내게 있는 권리를 다 쓰지 아니하는 이것이로다."(고전 9:17-18)

사도 바울은 복음 전도자의 직분을 받은 것을 자각하고 그 일에 일평생을 바친 사람입니다. 전도자의 직분을 받은 사람에게 제일 중요한 일이 무엇이겠습니까? 성령 충만한 것이겠습니까, 지혜가 충만한 것이겠습니까, 말씀이 충만한 것이겠습니까, 학자의 혀를 가지고 있는 것이겠습니까, 부지런한 것이겠습니까, 건강한 것이겠습니까? 모두모두 필요합니다. 그런데 "내게 있는 권리를 다 쓰지 아니하는 것"(18절)이 중요하다고 말씀합니다. 사도 바울은 언제나 상대방과의 관계를 고려하면서 권한을 사용했다는 고백입니다. 참으로 성숙한 신앙인의 모습이 아닐 수 없습니다.

전도하는 데 있어 가장 중요한 것은 상대방과의 관계입니다. 사람을 힘으로 꺾을 수는 있어도 마음을 뺏을 수는 없습니다. 그러므로 관계를 잘 맺어야 합니다. 관계를 중시하며 전도하는 방법을 '관계 중심적 전도'라고 합니다.

두 형제가 살고 있었습니다. 형은 불신자요, 자기 아집이 강하여 누구의 말도 듣지 않는 완악한 사람이었습니다. 동생은 신자였지만 사업이 잘되는 재미에 세상에 빠지면서 믿음을 잃었다가 IMF로 위기를 맞으면서 하나님께로 돌아왔습니다. 그리고 기도의 응답을 받고 새롭게 신앙생활을 하게 되었습니다. 나아가서 '아버지학교'라는 프로그램에 친구의 권유로 참석했다가 완전히 변화 받고 봉사자가 되었습니다.

동생은 늘 믿지 않는 형님을 위해 기도하였습니다. 하루는 아무의 말도 듣지 않는 형을 어떻게 아버지학교에 입학시킬까 궁리하며 새벽 기도를 하는데 한 방법이 떠올랐습니다. 아버지께서 형제의 명의로 남겨 준 땅이 있는데 개발 붐이 일어나면서 꽤 값이 올라 있는 땅이었습니다. 그래서 새벽 기도를 마치마자 그 땅의 권리 포기 각서를 쓰고 아내의 동의를 구한 후 형을 찾아갔습니다.

"형님, 아버지께서 남겨 주신 땅의 권리를 포기할 테니 한 번만 이 동생의 소원을 들어주십시오."

형이 어리둥절하여 동생에게 물었습니다.

"뭐가 네 소원이냐?"

"형님, 저희 교회에서 좋은 아버지가 되기 위한 '아버지학교'라는 프로그램을 교육하는데 다섯 번만 참석해 주시면 됩니다. 그러면 제가 땅을 포기하겠습니다."

이야기를 듣고 난 형이 동생을 물끄러미 쳐다보더니 대답했습니다.

"땅 이야기는 없던 것으로 하자. 네가 그렇게까지 간절하게 권하는 '아버지학교'가 얼마나 좋은지 네 소원이라면 내가 한번 참석해 보겠다."

그리고 아버지학교에 참석한 형은 구원을 받고 변하게 되었습니다.

하나님께서는 우리 죄인들과의 관계를 회복하시기 위해 예수님을 이 땅에 보내셨습니다. 이제 예수님께서는 화목 제물의 사명을 다하시고 하늘 보좌 우편에 앉아 계십니다. 아직 하나님을 알지 못하는 사람들을 불러 화목하게 하는 사명은 먼저 믿은 우리의 몫입니다. 하나님과 화목하게 하기 전에 먼저 우리가 할 일은 형제와 화목한 관계를 맺는 것입니다. 화목하지 않은 가운데에서 교회를 따라 나올 사람은 아무도 없습니다. 하나님께서는 그리스도를 보내셔서 우리와 하나님을 화목하게 하셨고, 또 우리에게는 서로 화목하게 하는 직책을 주셨습니다(고후 4:18). 이 화목하게 하는 직책을 잘 감당할 때 많은 사람을 주께로 인도할 수 있게 될 것입니다. 화목하게 하는 일이 쉬운 일은 아닙니다. 때로는 재산을 포기하는 손해를 각오해야 합니다. 물질적 손해뿐 아니라 매사에 양보하고 살지 않으면 안 되는 경우도 종종 발생할 것입니다. 그러나 그것이 우리가 감당해야 할 직분임을 명심한다면 참고 할 수 있습니다.

전도자의 직분은 고귀한 것입니다. 고난이 따라와도 행할 만한 가치가 있는 일입니다. 영혼을 구원하는 일이기 때문입니다. 주님은 고난을 참고 전도자의 직무를 감당하라고 말씀하십니다(딤후 4:5).

"지혜 있는 자는 궁창의 빛과 같이 빛날 것이요 많은 사람을 옳은
데로 돌아오게 한 자는 별과 같이 영원토록 빛나리라."(단 12:3)

고난을 참고 전도자의 직무를 감당할 때 '별과 같이 영원토록 빛나는' 상을 하나님께서 주십니다. 고난을 참고 화목하게 하는 직분을 잘 지켜 전도자의 직분을 감당하십시오. 이 직분을 잘 감당함으로 하늘의 상을 받고 하늘의 별과 같이 빛나는 성도가 되시기를 바랍니다.

우리는 모두 종이 되어 전해야 합니다

과거에는 십자군식 전도가 가능했습니다. 경제적으로 빈곤하고 삶에

어려움이 많고 정신적으로 갈급하며 교회에 대한 이미지가 좋았던 시절에 "예수 천당! 불신 지옥!" 하며 일방적으로 선포하는 전도 방법도 효과가 있었습니다. 그러나 요즘에는 이러한 전도가 반감만 불러일으키고 효과는 미미합니다.

왜 그럴까요? 첫째로, 시대가 악하고 사람들의 마음이 강퍅하기 때문입니다. 둘째로, 이전에는 무능했던 타 종교의 힘이 강해지고 다원화되었기 때문입니다. 셋째로, 교회에 대한 이미지가 좋지 않기 때문입니다. 옛날 민족의 등불이 꺼져 갈 때, 다른 종교가 빛을 잃어버렸을 때에는 기독교의 "예수 천당, 불신 지옥"이 한 줄기 빛이었습니다. 그러나 시대는 지났습니다. 그렇다고 전하지 않을 수 없습니다. 우리들이 외치지 않으면 하나님께서는 돌을 사용하셔서라도 외치게 하실 것입니다. 이렇게 전도하기 어려운 시대에 복음을 전하는 방법이 바로 필요 중심적 전도 방법입니다. 사람은 완전할 수 없는 불완전한 존재입니다. 겉은 다 찬 것 같아도 만나서 30분만 터놓고 이야기하면 문제없는 사람이 없습니다. 반드시 필요한 부분이 무엇인가는 있습니다. 바로 필요한 그 부분을 파고 접근해 들어가야 합니다.

오징어를 잡을 때 그물을 가지고는 안 됩니다. 저인망도 안 되고 통발도 안 됩니다. 오징어가 좋아하는 것을 던져야 합니다. 오징어는 밝은 불을 좋아합니다. 또 화려한 색깔을 좋아합니다. 그래서 동해 밤바다에 나가 보면 대낮같이 할로겐 램프를 켜 놓은 배들이 불야성을 이룹니다. 오징어를 모으는 것입니다. 그렇게 해서 오징어가 모이면 낚시를 내려보내는데 낚시에 화려한 색깔을 칠한 것들이 달려 있습니다. 그것을 보고 따라왔던 오징어들이 다 걸려 올라오는 것입니다. 오징어를 낚는 도구도 이와 같이 개발되는데 하물며 사람을 낚는 방법이 개발되지 않아서야 되겠습니까?

필요 중심적 전도의 요점은 피전도자의 필요를 받아들이는 것입니다. 전도 대상자를 생각하며 지금 저분의 필요가 무엇일까를 생각하고 찾아내고 그것을 접촉점으로 삼는 것입니다. 그러기 위해서는 자세가 달라져야 합니다. 그 자세는 이러해야 합니다.

"내가 모든 사람에게 자유로우나 스스로 모든 사람에게 종이 된 것은 더 많은 사람을 얻고자 함이라. 유대인들에게 내가 유대인과 같이 된 것은 유대인들을 얻고자 함이요, 율법 아래에 있는 자들에게는 내가 율법 아래에 있지 아니하나 율법 아래에 있는 자 같이 된 것은 율법 아래에 있는 자들을 얻고자 함이요, 율법 없는 자에게는 내가 하나님께는 율법 없는 자가 아니요 도리어 그리스도의 율법 아래에 있는 자나 율법 없는 자와 같이 된 것은 율법 없는 자들을 얻고자 함이라. 약한 자들에게 내가 약한 자와 같이 된 것은 약한 자들을 얻고자 함이요. 여러 사람에게 여러 모습이 된 것은 아무쪼록 몇 사람이라도 구원하고자 함이니 내가 복음을 위하여 모든 것을 행함은 복음에 참여하고자 함이라."(고전 9:19-23)

더 많은 사람을 얻기 위하여 사도 바울은 스스로 자유를 버리고 종이 되는 길을 택했습니다. 종은 물에 비유할 수 있습니다. 물은 동그란 그릇에 담으면 동그랗게 되고, 네모난 그릇에 담으면 네모가 되고, 깊은 그릇에 담그면 깊게 되고, 넓은 그릇에 담으면 넓게 됩니다. 종도 마찬가지입니다. 자신이 없습니다. 이름이 없습니다. 명예가 없습니다. 소유가 없습니다. 영광이 없습니다. 이렇게 전도자는 종이 되어야 합니다. 사도 바울은 철저히 종이 되었습니다. 유대인 앞에서는 유대인이 되고, 율법 아래에 있는 자들에게는 율법 아래에 있는 자 같이 되고,

약한 자들에게는 약한 자 같이 되었습니다. 그렇다고 간도 빼고 쓸개도 빼고 사람이 완전히 없어진 것입니까? 아닙니다. 그 속에 무서운 힘이 있었습니다. 바로 사람의 영혼을 변화시킬 수 있는 다이너마이트와 같은 복음의 능력이었습니다.

이런 의미에서 바울이 종이 된 것입니다. 십자군식 전도자의 모습을 왕이라고 한다면, 필요 중심적 전도자의 모습은 종입니다. 십자군식 전도자의 방법을 '직접 충격식'이라고 한다면 필요 중심적 전도자의 방법은 '간접적으로, 점진적으로'라고 할 수 있습니다. 유도 기술로 말할 때 십자군식 전도 방법을 '업어치기'라 한다면, 필요 중심적 전도 방법은 오는 힘을 이용해 넘어뜨리는 '되받아치기'라 할 수 있습니다. 파도를 뚫고 가는 식을 '십자군식'이라 한다면, 파도를 타고 가는 방식은 '필요 중심적 방법'입니다.

새로 아파트가 지어져서 사람들이 입주하느라 한창입니다. 십자군식 전도 방법은 이삿짐 나르느라 정신없는 사람들에게 가서 "예수 믿으세요. 예수 천당! 불신 지옥!"라고 말하는 것입니다. 이러면 그들이 어떻게 반응할까요? 재수 없다고 소금 뿌리지 않으면 다행일 것입니다. 저라도 불쾌해할지 모릅니다.

요즈음은 그렇게 전도하는 사람 없습니다. 아파트 단지 앞에서 바쁜 사람들을 위해 교회 띠를 두르고서 커피, 생강차, 주스를 제공합니다. 더 열심인 교회는 이삿짐을 날라 줍니다. 어떤 교회는 빗자루와 걸레를 선물로 주기도 하고, 쓰레기봉투를 선물로 주기도 합니다. 이런 전도 방법이 바로 필요 중심적 전도 방법입니다. 필요 중심적으로 접근하면 더디기는 하나 관계를 돈독히 맺을 수 있게 되고 그렇게 되어 마음 문을 열기만 하면 그 영혼을 주께로 인도하게 되는 것입니다.

예수님께서는 인류를 구원하기 위해서 하늘 보좌를 버리고 이 세상에 오셔서 종이 되셨습니다. 예수님께서 섬김을 받으러 오시지 않고 섬기러 오셨습니다(막 10:45).

전도를 위하여 상대방의 필요를 생각해 보셨습니까? 전도를 위하여 종이 되어 보셨습니까? 전도는 해도 좋고 하지 않아도 좋은 것이 아닙니다. 생명 있는 나무는 열매를 맺고 번식하는 것처럼 생명 있는 그리스도인은 누구나 생명을 낳아야 합니다. 이것이 사명이고, 책임이며, 본질입니다.

전도는 어려운 것이 아닙니다. 하고자 하면 성령이 도우십니다. 능력을 주십니다. 전도의 방법은 다양합니다. 생활의 본으로, 말로, 섬김으로 어떤 방법이든 가능합니다. 초신자를 앞세워도 좋습니다. 초신자는 불신자를 많이 알고 있기 때문입니다. 또한 주변을 관심 있게 돌아보면 언제나 전도 대상은 있게 마련입니다. 통계상 누구나 9명 정도의 불신자들이 주변에 있다고 합니다.

문제는 전도의 중요성을 잃어버린 것이요, 전도가 어렵다는 고정관념입니다. 특별히 전도의 은사자가 있는 것이 사실입니다. 그러나 전도는 은사자만 하는 것이 아닙니다. 아이를 쑥쑥 잘 낳는 여인만 아이 낳는 것이 아닙니다. 난산을 해도 낳아야 기쁨이 있는 것과 같습니다. 처음 아이를 낳을 때는 어렵지만 두 번째는 수월합니다. 낳으면 낳을수록 익숙해집니다. 마찬가지입니다. 전도는 할수록 쉽습니다. 영혼을 사랑하는 마음을 가지고 다가가십시오. 상대방의 필요를 파악하고 부드럽게 다가가십시오. 모두가 사랑의 마음을 가지고 사랑의 손을 내밀어 죽을 영혼 살리는 전도자가 되어야겠습니다.

8. 사랑의 관계

고린도전서 13장 1-8절

 이제 자연적인 교회 성장을 이루고 있는 교회들의 여덟 가지 질
적 특성 중에 마지막 특성인 '사랑의 관계'에 대해 생각해 보려
고 합니다.

종교마다 그 종교를 대표하는 덕목이 있습니다. 불교의 덕목은 '자비
(慈悲)', 유교의 덕목은 '인(仁)'입니다. 그리고 기독교의 덕목은 잘 아
시는 대로 '사랑'입니다. 기독교는 사랑의 종교입니다. 그런데 아이러
니컬하게도 교회 성장과 사랑의 관계의 연관성에 대해 논하는 책이나
연구는 거의 없습니다.

슈바르츠 목사는 통계 조사를 통해 정체되거나 쇠퇴하는 교회에
비해 성장하는 교회들은 높은 '사랑지수'를 갖고 있다는 것을 발견
했습니다. 지능지수는 IQ(Intelligence Quotient), 감성지수는
EQ(Emotion Quotient), 사랑지수는 LQ(Love Quotient)라고

하는데 사랑지수는 지능지수나 감성지수보다 더 중요한 지수입니다. 지능지수나 감성지수가 개인의 성공을 위한 것이라면 사랑지수는 개인뿐만 아니라 공동체가 성공하기 위해서 가장 중요합니다. 새 신자가 교회에 왔을 때 사랑하는 친구 여섯 명만 생기면 어떠한 경우에도 교회를 떠나지 않는다고 합니다. 그것을 교회 성장에 있어 '우정의 요소(friendship factor)'라고 합니다.

사랑은 영원한 가치입니다. 오직 교회만이 이 영원한 가치를 제공할 수 있습니다. 그러면 이 사랑지수를 알아볼 수 있는 요소에는 무엇이 있을까요? 첫째로, 교회의 공식적 모임 외에 교인들이 서로 얼마나 많은 시간을 함께 보내고 있는가, 둘째, 식사 초대를 하거나 자주 만나 차를 마시는가, 셋째, 서로를 칭찬하는 데 얼마나 너그러운가, 넷째, 김장을 교인들끼리 담갔는가 아니면 이웃과 담갔는가, 다섯째, 교회 안에 얼마나 웃음이 있는가, 여섯째, 교인들이 서로서로 끌어안는 사랑의 분위기인가, 일곱째, 교인들의 결혼식과 장례식에 잘 참석하는가, 여덟째, 서로 인정하고 격려하는가, 아홉째, 목회자가 성도 개인의 일을 잘 아는가 등입니다. 이런 요소들을 살펴서 20% 정도 웃는 교회는 병든 교회, 40% 이상 웃고 있으면 건강한 교회, 50% 이상 웃고 있으면 혁명도 가능한 교회, 70% 이상 웃으면 폭발적으로 성장하는 교회라고 할 수 있습니다.

여러 해 전에 우리 교회의 사랑지수를 볼 수 있는 일이 있었습니다. 노회 시찰회 주최로 찬양의 밤 행사가 있었습니다. 우리 교회에서는 열 명의 로데중창단 단원이 출연했는데 가장 멋진 찬양을 불러 갈채를 받았습니다. 그런데 우리 교회 성도 몇 명이 격려하기 위해 갔는지 아십니까? 단장 장로님, 찬양위원장 안수 집사님, 찬양담당 목사, 그리고 저 이렇게 총 네 명이었습니다. 전 교인을 대표해서 제가 장미꽃을 한

송이씩 선물했습니다. 그러면서 사랑지수를 생각해 보았습니다. '아직 멀었다!' 또 어떤 성도의 장례식이 있었습니다. 상조부장 이하 부원들이 임종 예배, 입관 예배, 발인 예배, 장지에 가서 하관 예배까지 변함없이 수고하셨습니다. 그러나 그 외의 분들은 어디에 계시는지, 무엇을 하시는지 무척 안타까웠습니다.

이런 일들을 통해서 사랑지수가 교회의 나이와도 연관이 있겠다는 생각이 들었습니다. 교회가 아직 어린아이의 나이라고 과연 사랑지수도 어린아이에 머물러 있으면 되겠습니까? 형제가 슬픔을 당했다, 잔치가 있다, 축하할 일이 있다 하면 얼굴을 몰라도 이 기회에 얼굴을 익히자 하는 생각하고 달려가야 합니다. 부조, 조의금, 꽃다발 등은 해도 좋고 없어도 무방합니다. 사람이 중요한 것이요, 사랑이 중요한 것입니다. 사랑지수를 높이기 운동을 벌입시다. 장례식에 참석하여 위로하기, 결혼식에 참석하여 축하하기, 잔치에 참석하여 먹어 주기, 음악회에 참석하여 박수하기, 교회 안에서뿐 아니라 교회 밖에서 일어나는 교회 형제들의 일에 관심을 갖고 적극 참여하기 운동을 벌여나갑시다. 기도도 중요하고, 성경 공부도 중요하고, 봉사도 중요하지만 더 중요한 것은 구체적으로 진지한 사랑의 노력을 기울이는 것입니다. 초대교회의 성장요인은 유무상통할 정도로 사랑의 공동체를 이룬 것이었습니다.

옛날에는 '고린도 사람' 하면 '바람둥이'라는 말과 같은 뜻으로 통했습니다. 지금은 '한국 사람' 하면 '빨리빨리'로 통합니다. '빈 라덴'이라고 하면 테러리스트를 생각합니다. 그렇다면 우리 사회에서 '예수 믿는 사람'이라고 하면 뭐라고 생각할까요? 말 잘하는 사람이라고 생각하는 것까지는 괜찮은데 '말만 잘하는 사람'이라고 인식하고 있다면 큰일 아니겠습니까? 이제부터는 '교회 다니는 사람'이라고 하면 '사랑 많은 사람', '한국교회'라고 하면 '사랑이 넘치는 교회'라는 칭찬을 듣게 되시기 바랍니다.

사랑이 없으면 아무것도 아닙니다

사랑은 세상의 그 무엇보다도 강합니다. 강철보다도, 바위보다도, 죽음보다도 강합니다. 사랑 받은 사람은 사랑하는 사람을 위해 목숨이라도 바칩니다.

중국의 춘추전국시대에 한 병사가 적의 활에 맞아 쓰러졌습니다. 싸움이 끝나고 부상병들을 돌아보던 장군이 그 병사의 다리가 곪아 있는 것을 발견하자 그 자리에서 병사의 고름을 입으로 빨아냈습니다. 이 병사의 상처는 하루가 다르게 나아서 집으로 휴가를 가게 되었습니다. 집에 가서 늙은 어머니에게 이 이야기를 자랑스럽게 하자 이 병사의 어머니는 한탄을 했습니다.

"이제 내 아들은 죽었다."

다시 전쟁터로 돌아간 이 병사는 어머니의 예언대로 전사하고 말았습니다. 부하를 사랑하는 장군의 마음씨에 감동한 자기 아들이 앞으로는 목숨을 아끼지 않고 싸울 것을 어머니는 짐작하고 있었던 것입니다. 사랑은 바로 이런 힘이 있습니다. 반면에 사랑이 없는 것은 아무것도 아닙니다.

> "내가 사람의 방언과 천사의 말을 할지라도 사랑이 없으면 소리나는 구리와 울리는 꽹과리가 되고, 내가 예언하는 능력이 있어 모든 비밀과 모든 지식을 알고 또 산을 옮길 만한 모든 믿음이 있을지라도 사랑이 없으면 내가 아무것도 아니요, 내가 내게 있는 모

든 것으로 구제하고 또 내 몸을 불사르게 내줄지라도 사랑이 없으면 내게 아무 유익이 없느니라."(고전 13:1-3)

이 말씀은 사랑의 필수성에 대해 말하고 있습니다. 사랑 없는 예언은 아무것도 아닙니다. 사랑 없는 기적, 사랑 없는 구제, 사랑 없는 순교, 예언도, 기적도, 구제도, 순교도 사랑이 전제될 때 놀라운 것이요 아름다운 것입니다. 사랑이 전제되지 않은 모든 행위는 무익합니다.

사랑에는 세 가지 종류의 사랑이 있습니다. 남녀 간의 육적인 사랑을 일컫는 에로스(eros), 부자나 친구나 형제간의 사랑을 일컫는 필리아(philia), 하나님의 인간에 대한 사랑을 일컫는 아가페(agape)가 그것입니다.

기독교의 사랑, 성경에서 말하는 사랑은 바로 아가페적인 사랑을 말합니다. 사랑할 만한 조건이 있어서 하는 사랑이나 육적인 사랑이 아닙니다. 헌신적이고 지고한 사랑을 말합니다. 이것을 한마디로 '이타적 사랑'이라고 말합니다. 인간은 이기적 존재로 자신 위주의 사랑을 합니다. 그러나 기독교의 사랑은 자신을 버리는 사랑입니다.

옛날, 로크리얀스라는 나라에 자로가크라는 왕이 있었습니다. 어느 날 왕국의 풍기가 문란해지자 국가의 기풍을 바로잡기 위해 왕이 포고령을 내렸습니다.

"누구든지 음란한 짓을 하면 눈을 빼어 버리겠다."

겁이 난 백성들은 음란한 짓을 멀리 했습니다. 그러던 어느 날, 첫 위반자가 생겼습니다. 그런데 그 위반자는 왕의 하나밖에 없는 왕자였습니다. 온 나라의 관심이 왕의 결정에 쏠렸습니다.

"과연 국법대로 눈을 빼 버릴까? 그대로 못하면 나라의 기강이 말이 아니지. 그렇지만 왕자의 눈을 어떻게 뽑는담. 그러면 누가 왕위를 잇지?"

백성들은 온통 그 일로 쑥덕거렸습니다. 드디어 형을 집행하는 날이 되었습니다. 왕이 친국하는 자리에 왕자가 끌려나왔습니다. 취조를 마치자 왕이 명령했습니다.

"왕자의 눈을 뽑으라."

명령과 동시에 집행관의 칼날이 번뜩이고 비명과 함께 왕자의 한쪽 눈이 피로 물들었습니다. 그 다음 눈마저 찌르려는 순간 왕이 일어났습니다.

"잠깐! 왕자에겐 그것으로 족하다. 나머지 한 눈은 이것으로 대신한다."

왕은 자신의 칼로 자신의 눈을 뽑았습니다. 왕은 왕으로서 법을 엄정하게 집행하여 국기를 다잡고, 아버지로서 아들을 대신해 희생하는 사랑을 보여 나라를 위기에서 건지고 아들도 살렸던 것입니다.

바로 이렇게 자신을 내주시기까지 우리를 사랑하신 분이 하나님이시오, 그 사랑의 현현이 예수님이십니다.

> "새 계명을 너희에게 주노니 서로 사랑하라 내가 너희를 사랑한
> 것같이 너희도 서로 사랑하라 너희가 서로 사랑하면 이로써 모든
> 사람이 너희가 내 제자인 줄 알리라."(요 13:34-35)

사랑하지 않으면 예수님의 제자가 아닙니다. 교회는 예수님의 사랑을 실천하는 곳입니다. 전도 프로그램을 아무리 잘 훈련받아 전도한다 할지라도 사랑 없는 사람의 한 마디 말은 10년 공들여 전도한 사람을 한 칼에 날려 보낼 수 있습니다. 사람들은 교회에 와서 사랑에 대해 이야기 듣기를 원하는 것이 아니라 그리스도의 사랑이 정말 어떻게 역사

하는지 경험하기를 원하고 있습니다.

사랑을 앞세우지 않고 원리 원칙을 앞세우면 사람들은 상처 받고 넘어지게 됩니다. 사람은 밥과 빵을 먹고 사는 존재가 아니라 사랑을 먹고 삽니다. 사랑의 제물 예수 그리스도는 하나님께서 받으신 가장 큰 제물이었습니다(엡 5:2). 사랑이 담기지 않았던 가인의 제물은 열납되지 않았습니다. 사랑이 담기지 않았던 아나니아의 헌금은 재앙이 되었습니다.

당신의 예배, 헌금, 봉사, 모든 행위에 하나님을 사랑하는 사랑과 형제를 사랑하는 사랑을 담고 있습니까? 사랑의 기초 위에 믿음의 집을 짓는 성도가 되어야 합니다.

사랑은 배려하는 마음입니다

사람은 본래 이기적입니다. 자기 중심적입니다. 보통 어떤 사람이 인격적이라거나 성숙한 사람이라고 말을 할 때는 그 사람이 자기 중심적인 생각과 행동을 벗어나 남을 배려할 줄 아는 사람이 되었음을 의미하는 것입니다.

고린도전서 13장 4-7절 말씀은 '사랑의 본질'을 상대방과의 관계 속에서 열다섯 가지로 정의하고 있습니다.

1. 사랑은 오래 참습니다.
2. 사랑은 온유합니다.
3. 사랑은 시기하는 자가 되지 아니합니다.
4. 사랑은 자랑하지 아니합니다.

5. 사랑은 교만하지 않습니다.

6. 사랑은 무례히 행하지 않습니다.

7. 사랑은 자기의 유익을 구하지 않습니다.

8. 사랑은 성내지 아니합니다.

9. 사랑은 악한 것을 생각하지 않습니다.

10. 사랑은 불의를 기뻐하지 아니합니다.

11. 사랑은 진리와 함께 기뻐합니다.

12. 사랑은 모든 것을 참습니다.

13. 사랑은 모든 것을 믿습니다.

14. 사랑은 모든 것을 바랍니다.

15. 사랑은 모든 것을 견딥니다.

이렇게 열다섯 가지 사랑의 본질을 곰곰이 살펴볼 때 한 가지 한 가지가 타인을 대할 때의 마음가짐과 깊은 관련이 있음을 알 수 있습니다. 사람들이 교회생활에서 멀어지는 가장 많은 원인은 형제를 배려하지 않고 다투는 데 있습니다. 남대문시장 좌판에서 물건을 팔던 장사꾼과 물건을 고르던 손님 사이에 싸움이 벌어졌습니다. 손님이 물건을 사지도 않으면서 들었다 놨다 하고, 물건이 좋으니 나쁘니 말만 많다고 시비가 붙은 것입니다. 멱살을 잡고 싸우니까 길 가던 사람들까지 구경하려고 몰려들었습니다. 앞 가게까지 구경꾼들이 몰려들어 장사를 할 수가 없게 되었습니다. 그러자 앞 가게의 주인이 화가 나서 싸우는 두 사람을 떼어 놓으면서 소리쳤다고 합니다.

"여기가 교회인 줄 알아? 싸우고 싶으면 교회에 가서 싸워!"

얼마나 교회가 싸움을 많이 했으면 시장 사람들이 그런 소리를 했겠습니까? 사실 1960~70년대에 교단이 갈라지면서 교회들이 많이 싸웠던 것이 사실입니다. 그렇다면 요즈음 교회는 어떠합니까? 적어도 싸우지는 않습니다. 그렇다면 사랑하고 있습니까? 기독교의 본질은 사랑인데 교회에서 사랑을 꽃피우고 있습니까? 하나님께서는 똑똑한 사람들을 쓰시는 것이 아니라 하나님의 믿음으로 하나 되어 연합하는 사람들을 쓰십니다. 사람이 살면서 일을 하다 보면 갈등이 없을 수는 없지만 갈등이 교회의 중심 주제가 된다면 교회는 성장할 수 없습니다. 갈등이 있을 경우 그 갈등을 부정적으로 몰고 가면 안 됩니다. 부정적 갈등은 교회의 방향 감각을 상실하게 하고, 교인들을 이탈하게 하고, 성장 잠재력을 잠재우고, 교회의 존재 이유인 전도를 막게 됩니다. 그러므로 갈등을 창조적으로 해결해야 합니다. 갈등을 해결하는 데에는 여덟 가지의 원리가 있습니다. 이를 갈등을 가리키는 영어단어 'CONFLICT'의 머리글자를 따라 정리해 보았습니다.

Change	갈등에 대한 자세를 바꿔라
Observe	갈등의 원인을 관찰하라
Notice	갈등의 유형을 주목하라
Find	갈등의 유형에 따른 해결책을 발견하라
Learn & Lead	갈등 처리 방법을 배우고 주도적으로 해결하라
Inform	갈등 해결 방법을 성도들에게 알려라
Cultivate	비전과 프로그램을 개발하라
Trust	하나님을 믿고 기도하라

그러나 이것보다 더 중요한 것은 사랑지수를 높이는 것입니다. 사랑지수를 높이는 방법은 형제를 배려하는 마음입니다. 빌립보교회는 사랑이 많은 교회였습니다. 사도 바울이 선교하도록 끝까지 도운 교회였

습니다. 그런데 한 가지 고민이 있었습니다. 가장 열심인 두 여자 성도가 항상 갈등을 빚는 바람에 풍랑이 잠잘 날이 없었습니다. 그래서 사도 바울이 "내가 유오디아를 권하고 순두게를 권하노니 주 안에서 같은 마음을 품으라"(빌 4:2)고 권면한 것입니다.

믿음이 자라기 위해서는 사랑이 자라야 합니다. 사랑은 다섯 단계로 자라납니다. 첫 단계는 사랑을 받는 단계로서, 유아기적 신앙을 가진 사람들이 이에 해당됩니다. 둘째 단계는 자기를 사랑하는 사람을 사랑하는 단계로, 세상 사람과 다를 바 없습니다. 셋째 단계는 자기를 사랑하지 않는 사람을 사랑하는 단계로, 인격자들이 이에 속합니다. 넷째 단계는 자기에게 해롭게 하는 사람까지 사랑하는 단계로, 성인들이 이에 속합니다. 마지막 다섯째 단계는 죄인을 위해 대신 죽음을 당하는 단계로, 예수님 한 분뿐입니다.

우리가 하나님께로부터 받은 사랑은 다섯째 단계인 아가페적 사랑입니다. 그럼에도 불구하고 우리가 여전히 첫째, 둘째 단계에 머물고 있다면 얼마나 불행한 일입니까? 이제부터 셋째 단계 이상을 훌쩍 뛰어넘는 성숙한 사랑의 성도가 되어야 합니다.

사랑은 허다한 죄를 덮는다고 말씀합니다(벧전 4:8). 당신은 형제의 허물을 덮어 주고 있습니까, 아니면 들추어내고 있습니까? 아버지의 수치를 드러낸 함은 저주받고 아버지의 수치를 가리워 준 셈과 야벳은 축복을 받았습니다.

사랑은 배려하는 마음입니다. 형제자매를 배려합시다. 교회에서 약자인 초신자와 노약자를 배려하는 말, 상냥한 말과 따뜻한 미소와 사랑의 행동으로 교회를 사랑의 공동체로 만드는 성도가 되어야 하겠습니다.

사랑의 샘은 마르지 않습니다

우리나라를 다녀 보면 산이 오밀조밀하고 아기자기하고 참 아름다운 것을 느낄 수가 있습니다. 그런데 우리 산천에 부족한 것이 하나 있으니, 바로 물입니다. 여름 장마철과 그 후 한 달 정도를 빼놓고는 계곡에 흐르는 물을 보기가 힘듭니다. 사실 물을 빼고는 아름다움을 논하기에 무리가 있는데 안타깝게도 사시사철 물이 흐르는 계곡을 찾기가 쉽지 않습니다. 그리고 보면 백두산 천지는 참으로 장관입니다. 2,744m의 산꼭대기에 남북의 길이가 5km, 둘레가 13km 평균 수심이 204m나 되는 엄청난 호수가 있고, 북쪽에는 떨어지는 비룡폭포는 68m나 되는 장관입니다. 백두산에서 발원하는 두만강과 압록강으로 엄청난 물이 흘러가지만 천지의 물은 마르지 않습니다. 물이 마르지 않도록 샘이 솟아오르기 때문입니다.

하나님의 사랑도 이와 같습니다. 완악한 인간을 향해 계속해서 사랑을 흘려보내면 끝날 것 같은데 끝이 없습니다.

> "사랑은 언제까지나 떨어지지 아니하되 예언도 폐하고 방언도 그
> 치고 지식도 폐하리라"(고전 13:8)

이 세상에 모든 것은 있다가 없어지고 변하고 사라집니다. 이 본문은 사랑의 영원함을 깨우쳐 줍니다. 사랑은 언제까지나 떨어지지 않습니다. 하나님의 사랑의 샘은 마르지 않습니다. 예언도 폐하고 방언도 그치고 지식도 폐합니다. 사실 은사들은 그것이 아무리 크고 위대한 능력이라 할지라도 천국에 가기까지만 소용되는 한시성을 가지고 있습니다. 그러나 사랑은 하나님의 나라에서조차 모든 존재가 함께 누릴 영원

한 것입니다.

교회는 이 사랑의 연습장입니다. 이 사랑의 무대에서 사랑이 떨어지면 교회는 교회 됨을 상실하고 마는 것입니다. 교회다운 교회는 사람이 많은 수적인 면에 있지 않습니다. 건물이 고풍스럽고 크고 아름다운 것에 달려 있지 않습니다. 강단에서 천사의 소리와 같은 설교가 흘러나오는 것과도 상관이 없습니다. 사랑의 샘물이 흐르고 있느냐 그렇지 못하냐가 문제인 것입니다.

전승에 의하면 사도 요한은 100세 가까이 살았고 노구를 이끌고 에베소교회에서 목회했다고 전해집니다. 그가 말년에 거동이 불편하여서서 설교할 수 없게 되자 부축을 받고 강대상에 올라 의자에 앉은 채설교를 했는데 그 설교는 단 한 마디였다고 합니다.

"여러분, 서로 사랑합시다."

이 한 마디가 교인들의 마음을 움직였고, 초대교회 공동체는 사랑의 샘물이 마르지 않는 사랑이 풍족한 교회를 이루었습니다.

당신의 심령에 사랑의 샘이 마르지 않았습니까? 당신의 가정에 사랑의 샘이 마르지 않았습니까? 혹시 우리 교회가 사랑의 샘이 마르지 않았습니까? 이제부터 사랑의 샘을 팝시다.

> "사랑하는 자들아, 우리가 서로 사랑하자. 사랑은 하나님께 속한 것이니 사랑하는 자마다 하나님으로부터 나서 하나님을 알고 사랑하지 아니하는 자는 하나님을 알지 못하나니 이는 하나님은 사랑이심이라."(요일 4:7-8)

하나님의 속성을 가장 잘 표현한 구절입니다. 하나님은 사랑이십니다. 사랑 자체이십니다. 그러므로 하나님의 사랑의 현현이신 예수님을 만나고 체험한 사람은 누구나 그 사랑 속에서 솟아나게 되어 있습니다. 사랑의 하나님은 영원하십니다. 따라서 사랑도 영원합니다. 사랑의 샘은 결코 마르지 않습니다.

사랑은 줄수록 풍성해집니다. 사랑은 받기만 하면 사라집니다. 사랑은 도둑을 맞지 않습니다. 사랑은 돈으로 살 수도 없습니다. 사랑은 인생을 변화시키는 특효약입니다.

영혼이 부요하기를 원하십니까? 사랑을 나누어 주십시오. 가정이 화목하기를 원하십니까? 사랑을 구체적으로 표현하십시오. 교회가 부흥하기를 원하십니까? 서로 사랑으로 문안해야 합니다. 의례적인 인사가 아니라 그리스도의 사랑으로 형제를 사랑합시다. 자매를 사랑합시다. 그때 사랑의 훈기가 교회를 아늑하고 평안하게 만들고, 사랑의 봄동산의 나비 같이 초신자들이 날아들어와 말씀의 꿀을 먹고 영혼이 소생하는 생명의 역사가 일어나게 될 것입니다.

서로 사랑합시다. 형제와의 갈등관계를 청산하고 사랑합시다. 사랑이 더욱 풍성해지고 삶이 거룩해지는 사랑의 은사자들이 됩시다. 교회는 사랑의 공동체가 되어 천국의 지점과 같은 사랑의 동산이 될 수 있기를 바랍니다.

부록

지역주민초청
장경동 목사와 함께
초대가수 • 소리엘
일시:2006년 10월 1일(주일)
장소:거룩한 빛 광성교회 광성홀
주최:CBS리바이벌클럽

1. 두 날개로 비상하는 교회

거룩한빛광성교회의 특징

개척 이야기

교회를 개척하고 얼마 지나지 않았을 때 임택진 목사님께서 교회 창립을 축하하는 내용의 팩스를 보내셨습니다. 팩스에는 '我死教會生 我生教會死'라고 쓰여 있었습니다. 뜻을 풀어 보면 "내가 죽으면 교회가 살고, 내가 살면 교회가 죽는다"라는 뜻인데 제게 이 내용이 얼마나 가슴 깊이 다가왔는지 모릅니다. 그래서 그때부터 '我死教會生'을 목회 좌우명으로 삼고 철저히 자신을 낮추고 죽이며 목회를 하려고 힘쓰고 있습니다.

저는 서울장로회신학교 시절, 민중신학 모임에 가입하고 활동하면서 가난하고 소외된 자들을 위해 살겠다고 다짐했습니다. 그리고 다짐대로 신학교를 졸업하면서 충북 음성군 금왕읍 용계리 금왕교회에 담임 전도사로 부임했습니다. 그 마을은 금광이 폐광되면서 아주 가난해진 마을이었습니다. 서울장로회신학교 동기들이 목사가 되려고 장로회신학대학교 신학대학원 목회연구과에 입학할 때, 저는 결혼하고 민중신학을 실천하고자 광산촌 담임 전도사로 부임한 것입니다. 그때 저를 움직였던 말씀이 "그가 우리를 위하여 목숨을 버리셨으니 우리가 이로써 사랑을 알고 우리도 형제들을 위하여 목숨을 버리는 것이 마땅하니라"(요일 3:16)는 말씀입니다.

그 후에 방송통신대학교를 마치고 어렵게 장로회신학대학교 신학대학원에 입학하게 되었습니다. 신학대학원에서도 민중신학 모임에 들어가 열심히 활동하다 학우회장이 되었고 '전국신학대학원 학생대표자협의회'를 만들어 의장으로 활동하는 등 적극적으로 학생 운동을 하다 졸업을 하게 되었습니다. 그런데 졸업을 하고 보니 이러한 저를 받아 주는 교회가 없었습니다. 다행히 봉천제일교회에 전임 전도사로 부임하게 되었는데 보수적인 교회에 적응하지 못하고 어려움을 겪다가 광성교회 부목사로 부임하게 되었습니다.

처음에는 김창인 목사님의 혹독한 훈련이 정말 견디기 힘들었습니다. 그렇지만 혹독한 훈련을 받으며 5년을 보내는 동안 저는 완전히 목회 체질로 체질이 개선되었습니다. 김창인 목사님의 열정과 설교를 배웠고, 아랫사람을 확실하게 챙겨 주시는 사랑을 받았습니다. 게다가 10억 원의 개척 자금을 지원해 주셔서 거룩한빛광성교회(구 일산광성교회)를 개척하게 되었습니다.

1997년 1월 9일에 거룩한빛광성교회를 개척할 때 건물을 지었으나 개척에 실패한 교회 건물을 인수했습니다. 그 당시 일산은 신도시 입주가 끝나서 280개 교회가 이미 설립되어 있었고, 훌쩍 성장한 대형 교회, 중형 교회들이 주변에 자리 잡고 있었습니다. 지역 조사 결과,

2km 반경 내에 교회가 100여 개나 밀집되어 있었습니다.

이렇듯 아무런 계획도 없이 개척을 시작했으나 열정을 가지고 전도했습니다. 다른 교회와 차별화를 꾀하기 위해 깨끗한 이미지를 심기에 주력하였습니다. 그리하여 개척 첫 달부터 12곳을 선교하기 시작해서 1년 만에 24곳을 지원하게 되었습니다. 개척 3개월 만에 제직회를 구성하고 재정을 넘겼습니다. 교회 재산을 노회 유지재단에 귀속시켰습니다. 학생들에게 장학금도 지급했습니다. 이렇게 깨끗한 이미지를 심기에 주력하니 선교, 구제, 봉사를 많이 하는 교회로 소문이 나기 시작했습니다. 하나님의 은혜로 개척 첫 해에 어린이를 포함해서 1,000명이 등록했고 어른만 400명 가까이 출석하게 되었습니다. 개척한 첫 해를 마감할 무렵 IMF가 닥쳤습니다. 그러나 하나님께서 든든히 붙들어 주심으로 7억 원의 빚을 갚아 나가는 데 아무런 문제가 없었습니다. 개척 후 1년 6개월이 지나자 성인만 600명이 출석하기 시작하면서 본격적인 사역을 펼치기 시작했습니다.

모태 신앙으로 자란 저는 교회학교 교사, 군종병, 총각 집사, 전도사, 부목사를 거치는 동안 전통적인 교회에서 배운 개인 구원을 거룩한빛광성교회의 우측 날개로 삼고 활짝 펼쳤습니다. 또한 민중신학을 하면서 생각했던 사회 선교와 광산촌 목회 시절 경험을 되살려 사회봉사 프로그램을 계획하면서 좌측 날개를 활짝 펼쳤습니다. 이렇게 해서 두 날개로 비상하는 독수리 목회를 본격적으로 시작하게 되었습니다. 그러니까 거룩한빛광성교회의 두 날개는 개인 구원과 사회 구원의 두 날개인 것입니다.

그러던 어느 날, 목회 잘하기로 소문난 류영모 목사가 담임하는 한소망교회에서 예배드릴 일이 있어 참석했다가 강대상 전면에 붙여 놓은 독수리 그림과 "두 날개로 비상하는 교회"라는 표어를 보면서 깜짝 놀랐습니다. 우리 교회가 쓰는 목회 표어를 사용하고 있었기 때문입니다. 그래서 자세히 알아보았더니 그 표어가 바로 셀 목회의 표어였습니다. 셀의 두 날개는 대예배의 날개와 소그룹의 날개를 뜻하는 것임을 그때 알게 되었습니다. 저는 오직 개척에만 정신이 팔려 세계적으로 유명한 셀 목회의 두 날개에 대해서도 들어 보지 못했던 것입니다.

개척 7년이 된 2003년 말까지 6,000명 이상의 신자가 등록했으며, 2003년 말 현재 정확하게 4,000명 이상의 재적 교인이 있습니다. 성인은 주일 평균 1,600명이 출석하고 있으며, 교육부에 속한 어린이와 청소년들은 900명 정도 출석하고 있습니다. 이렇게 발전을 거듭하다 보니 예배 장소가 좁고 활동 공간이 절대 부족해지기 시작했습니다. 게다가 주일이면 주차 전쟁마저 벌어지면서 새로이 성전 건축을 물색하게 되었습니다. 하나님의 도우심으로 교회에서 4km 떨어진 덕이동에 3,000평의 땅을 구입하고 새 성전을 건축하여, 2005년 8월에 입당했습니다.

창립 15주년을 맞은 2012년 1월 현재 2만여 명이 등록했고, 13,000명 이상의 재적 교인이 있습니다. 성인은 주일 평균 6,000명 이상이 출석하고 있고, 교회학교는 3,000명 이상이 출석하고 있습니다.

보통 교회들이 성전 건축에 들어가면 모든 교회의 재정이 건축을 위해서만 사용되는 것이 현실입니다. 그러나 우리 거룩한빛광성교회는 사회 구원이라는 좌측 날개를 포기할 수 없었습니다. 하여 건축을 진행하는 가운데에서도 교육과 선교 예산을 20% 늘리고, 2004년에는 103곳을 섬기는 지체로 선정하여 섬길 것을 계획하였습니다. 섬기는 지체를 분야별로 보면 국내 선교 27곳, 사회 선교 32곳, 해외 선교 30곳, 군경 선교 9곳, 북한 선교 2곳, 교정 선교 3곳입니다. 또한 선교사 4명을 파송했고, 파주광성교회와 안산광성교회 2곳을 개척했습니다. 중국 신학생 500명에게 2년에 걸쳐 통신 신학을 가르쳐 졸업할 수 있도록 지원하였으며, 중국에 2개 교회, 군대 교회 1곳을 건축했습니다.

창립 15주년을 맞은 2012년 1월 현재 섬기는 지체를 분야별로 보면 국내선교 35곳, 국내기관선교 45곳, 작은교회살리기 30곳, 교회운영복지기관 7곳, 교회운영교육기관 4곳, 해외 선교 파송 21곳, 해외선교협력 23곳, 군경 선교 3곳, 북한 선교 5곳입니다. 또한 선교사명을 파송했고, 교회는 앞의 두 교회 외에 제자광성교회, 큰빛광성교회, 물댄동산수림교회, 두란노광성교회, 생명의빛광성교회, 사랑의빛광성교회, 은혜광성교회, 우리광성교회, 행복한광성교회, 예수광성교회, 덕양중앙교회, 일영교회 등 14개를 개척했습니다.

15년이라는 짧은 연륜 속에서 이 많은 일을 할 수 있었다는 것이 저 스스로도 믿어지지 않을 정도로 하나님께서는 기적을 베풀어 주셨습니다. 개척을 도와주기 위해 열리는 세미나 같은 행사도 참석해 보지도 않고 아무런 준비 없이 뛰어들었는데 하나님께서는 이 미련한 자를 들어 복음의 도구로 사용하셨습니다. 오직 하나님의 은혜에 감사 찬송할 뿐입니다.

두 날개

독수리를 간단하게 그려 보라면 몸통과 날개로 그릴 수 있을 것입니다. 이렇듯 우리 거룩한빛광성교회도 독수리의 두 날개처럼 개인 구원과 사회 구원의 두 날개를 가지고 사역하고 있습니다.

그 중 사회 구원의 사역을 맡은 좌측 날개는 이러합니다. 먼저 교육사업으로 드림초등학교 및 중학교, 한나래선교원, 광성평생교육원 등이 있는데, 선교원을 저렴한 가격으로 운영하여 지역 주민들에게 좋은 반응을 얻고 있습니다. 선교원의 경우 일산에서 제일 먼저 원아 모집이 끝나고 항상 대기생들이 기다리고 있을 정도입니다. 사회복지사업은 사회복지법인 해피월드복지재단을 세워 파주노인복지관, 문산종합사회복지관, 해피천사운동본부, 해피뱅크, 광성노인요양원 등 7개 기관이 있습니다. 다음으로 20개의 스포츠 선교단이 있습니다. 축구, 골프, 야구, 등산, 배드민턴, 족구, 마라톤, 탁구, 테니스, 농구, 헬스, 게이트볼, 바둑, 볼링, 당구, 태권도, 자전거, 오토캠핑, 빼땅카, 바다낚시 등입니다. 도서관, 상담실이 있으며, 문화 강좌가 50개 정도 진행되고 있습니다. 문화 강좌에서는 색체심리치료, 웃음치료, 바리스타, 헤어미용, 어학, 컴퓨터, 음악, 미술, 공예, 붓글씨 등 다양한 종류의 강좌가 진행되고 있습니다. 특별히 지역 사회의 현안에 신속하게 대처할 수 있도록 제직회 안에 NGO 부서를 두고 활동하고 있습니다.

다음으로 개인 구원의 사역을 맡은 우측 날개는 이러합니다. 새가족교육(4주), 새가족양육(4주), 알파코스(10주), 일대일양육(16주), 생활신앙, 성경 대학, 평신도지도자 훈련과정(목자훈련과정, 직분자훈련과정), 전도 학교, 중보기도학교, 외부위탁훈련과정(예닮동산, 아버지학교, 어머니학교, 죠이선교회 제자훈련), 은사 집회 등을 통해 성도들의 교육과 훈련에 힘쓰며, 평신도 지도자들을 양육하여 은사 중심적으로 사역에 배치하고 있습니다.

새가 날개만 있고 몸통이 없으면 날 수가 없듯이, 교회도 날개만 있어서는 날 수 없습니다. 그럼 교회의 몸통은 무엇이겠습니까? 교회의 몸통은 바로 복음이요, 예수 그리스도입니다. 그래서 복음과 예수 그리스도를 전 성도들이 중심에 모실 수 있도록 복음적인 설교에 주력하면서도, 세상에서 일어나는 문제에 대해 성도들이 가지게 되는 의문을 그때그때 답해 줄 수 있는 설교를 할 수 있도록 항상 노력합니다. 또한 기도는 순복음교회로 오인 받을 정도로 뜨겁고 강력하게 드리고, 찬양도 살아 있는 교회로 소문나 있습니다.

개척의 성공 요소

교회 성장의 주도권은 전적으로 하나님께 있습니다. 하나님을 의지하지 않고 사람만이 힘쓰고 애쓴다고 되는 것이 아닙니다. 교육 잘 받고 똑똑한 사람이 모여 있다고 되는 것도 아닙니다. 그래서 저는 성장한 교회와 목사님들을 주의 깊게 살펴보기 시작했는데 여기서 다섯 가지의 공통점을 발견할 수 있었습니다.

첫째로, 성장한 교회와 목사님에게는 열정이 있었습니다. 설교도, 인격도, 심방도, 건물도, 학벌도 아니었습니다. 무엇보다 뜨거운 열정이 있었습니다. 크리스찬 A. 슈바르츠 목사도 그의 저서『자연적 교회 성장』에서 여덟 가지 교회 성장 요소 중 세 번째로 '열정적 영성'을 꼽고 있습니다. 교회 성장을 위해, 전도를 위해, 복음을 전하기 위해 사도 바울과 같이 뜨거운 열정을 가지고 노력하면 성공할 수 있다는 것입니다.

불타는 열정이 최고의 경쟁력입니다. 용암같이 솟구치는 열정을 갖고 있어야 합니다. 교회 일이 즐겁고 좋아야 합니다. 억지로 하면 안 됩니다. 또 "내가 이 일 아니면 밥 못 먹을 줄 아냐?" 하는 자세를 갖고 있으면 반드시 실패합니다. 나는 이 일이 아니면 살 수 없다고 죽기 살기로 도전해야 성공할 수 있습니다.

목적의식이 분명하면 열정이 솟구치게 되어 있습니다. 미국의 경영

연구기관인 스펜서 스튜어트(Spencer Stuart)는 최근 미국에서 가장 존경받는 50대 CEO들의 공통점으로 '자신이 하고 있는 일에 대한 불타는 열정'을 꼽았습니다.

둘째로, 설교가 중요합니다. 열정이 사람을 교회까지 끌고 오는 전도를 가능케 한다면, 설교는 전도된 사람을 교회에 붙잡아 놓는 정착의 역할을 합니다. 전도를 아무리 많이 해도 설교가 뒷받침되지 않으면 다 떠나가 버리고 맙니다. 그러므로 설교가 중요합니다. 목사가 설교를 잘 못 하는데 교회가 부흥하는 경우는 없습니다.

성장하는 교회 목사의 설교를 들어 보십시오. 신학적으로는 부족할지 몰라도 교인들의 심령을 움직이는 역동성이 있음을 발견할 수 있을 것입니다. 좋은 설교는 듣는 이의 정서와 교감이 되는 설교입니다. 공허한 메아리, 반향 없는 설교는 아무리 신학적이고 고상해도 교회 성장과 상관이 없는 책 속의 설교입니다. 그러므로 목회자는 설교의 칼을 갈아야 합니다. 좋은 설교를 많이 듣고, 설교를 많이 해야 하고, 직접 설교를 작성하는 피나는 훈련을 해야 합니다.

셋째로, 교회 건물도 중요합니다. 현대인들의 삶의 무게는 이전에 비해 가볍습니다. 고생을 싫어합니다. 부담을 지기 싫어합니다. 십자가를 지라 하면 버리고 도망갑니다. 교회가 한 집 건너 하나씩 있기 때문에 구태여 지하 전세 교회, 상가 교회에서 신앙생활을 하려고 하지 않습니다. 그러므로 자기 건물을 갖는 것이 교회 성장에 중요 요인으로 부각되었습니다.

목회자라면 누구나 신앙심이 저절로 우러나오는 거룩한 예배당을 원할 것입니다. 그러나 성전 건축을 조급하게 추진하면 교회가 풍파를 겪고, 또 너무 신중하게 하려다가 때를 놓치면 성장을 놓칩니다.

일산의 교회들은 역사가 일천합니다. 그런 가운데에서 교회 건축을 크게 시도하다 아픔을 겪는 목회자들이 더러 있습니다. 왜냐 하면 신도시에 거주하는 사람들의 뿌리 의식이 약한 것과 '배운 것은 있어도 가진 것은 없다'는 특징을 간과했기 때문입니다. 신도시에 거주하는 교인들은 대부분 젊기 때문에 목돈이 없고 헌신의 경험도 없다는 점을 모른 채 건축을 추진하다 교회가 아픔을 겪게 되는 것입니다.

교회성장학에서는 "좌석의 80%가 찰 때 다음 장소를 물색하라"고 말합니다. 그러나 대부분의 한국교회에서는 좌석 수의 두 배의 인원이 출석할 때 다음을 생각하는 것이 보통입니다. 그리고 10년 전만 해도 지하 개척을 권했으나 요즈음은 지하 개척을 하지 않는 것이 좋습니다. 상가에 개척을 할 때도 과거에는 상가 건물을 매입하는 것이 좋다고 했으나 요즈음은 사는 것보다는 전세로 들어가는 것이 좋다고 합니다. 왜냐 하면 이전할 때에 돈을 회수하기 쉽기 때문이고, 상가를 샀다가 팔 경우 값이 오르는 경우가 드물기 때문입니다.

거룩한빛광성교회는 김창인 목사님이 시무하시던 서울 천호동의 광성교회에서 개척 자금으로 10억 원을 받고 건물을 매입해서 개척한 특별한 경우입니다. 너무나 큰 은혜를 받아 그만큼 성장하는 데 유리한 조건에서 출발했던 것입니다. 앞으로 이와 같이 대형 교회에서 지원하는 방식으로 교회를 개척하는 운동이 교계에서 활발하게 일어나야 할 것이라고 생각합니다.

넷째로, 성장하는 교회의 목사에게는 건강이 중요합니다. 열정적으로 신자들을 모으고, 설교로 정착시키고, 건물에 교인을 가득 채운다고 해도 목회자의 건강이 좋지 않으면 유지할 수가 없습니다. 주변의 작은 교회 목사들은 모여서 운동도 하고 우의도 다지는데, 성장하는 교회의 목사들은 하나같이 건강이 좋지 않아 얼굴에 병색이 완연한 경우를 흔히 볼 수 있습니다. 일 중독에 걸릴 정도로 목회에 빠지지 않고는 교회가 성장할 리 없고, 또 성장하니 일이 많아 건강을 지킬 수 없게 되는 것입니다. 그러나 건강 또한 장기적인 목회에 중요한 요인이므로 목회 일과 속에 운동도 포함시켜 규칙적으로 운동하고 건강을 지켜야 할 것입니다. 건강은 건강할 때 지켜야 합니다.

마지막으로, 목사의 인격이 훌륭해야 합니다. 신학생 시절, 은사로부터 들은 "행정 3년, 설교 3년, 인격 30년"이라는 말씀이 생각납니다. 조직적으로 목회할 수 있는 기간은 짧고, 설교를 잘해도 인격이 뒷받침되지 않으면 교회가 성장할 수 없다는 뜻입니다.

목사의 인격이 갖추어져 있지 않으면 교인들에게 상처를 주고, 상처를 받게 됩니다. 그러면 교회는 천국이 될 수 없고, 늘 파도치는 바닷가의 모래성과 같이 쌓였다가 무너지기를 반복하게 될 것입니다.

큰 교회로 성장하는 것이 목회의 목표가 되면 안 됩니다. 그러면 상실감에 젖어 살 수밖에 없습니다. '바른 교회 바른 목회'를 위해 힘써야 합니다. 바른 교회는 성장할수록 교계와 사회에 좋은 영향을 미치지만, 바르지 않은 교회는 커질수록 교계와 사회에 악영향을 미칠 수 있습니다. 그러므로 '바른 교회 바른 목회'가 중요합니다. 이를 구현하기 위해 인격을 갈고 닦아야 합니다. "나는 마음이 온유하고 겸손하니 나의 멍에를 메고 내게 배우라"(마 11:29)

21세기 목회 전략

21세기를 맞아 다음과 같은 네 가지를 염두에 두고 목회에 전념하려고 합니다.

첫째로, 영성 목회가 되어야 합니다. 기술, 기교, 프로그램만으로는 승부할 수 없습니다. 교단이 목회를 보장해 줄 수 없습니다. 오직 성령님만이 보장해 주십니다. 그러므로 신령한 은혜를 사모하고, 신령한 목회를 해야 합니다. 교인은 방언으로 기도하는데 목사는 방언을 하지도 못하면서 하라, 하지 마라, 좋다, 나쁘다 말할 자격이 없습니다. 초대교회처럼 성령의 역사가 일어나는 교회를 만들어야 합니다.

둘째로, 수도사적 영성이 나타나야 합니다. 목사의 삶이 스님과 신부보다 낫다는 것을 보여 주어야 합니다. 같이 어울려 살면서도 먹는 것, 물질을 사용하는 것, 말하는 것, 생각하는 것, 환경을 생각하는 것, 세상을 이해하는 것, 모든 면에서 수도의 향기가 배어 나오도록 본이 되어야 합니다.

셋째로, 평신도 지도력을 키워야 합니다. 교회의 좋은 평신도 자원들을 활용해야 합니다. 목사의 제자로 만들려 하지 말고 예수님의 제자, 교회의 일꾼을 만들어 나가도록 노력하면 평신도들이 헌신하게 되고 교회의 주인이 될 것입니다.

넷째로, 지역 사회 문화를 선도해야 합니다. 지역을 외면한 채 교회 안에 갇혀 있거나, 멀리 나가 외부 활동에 전념하는 것은 지역 복음화의 사명을 저버리는 행위로 직무 유기에 해당됩니다. 지역 사회 일을 한다고 시장, 경찰서장과의 조찬 기도회 같은 것만 참석해 가지고는 지역 주민들에게 호응을 얻지 못하고 지역 문화를 이끌어 갈 수 없습니다. 지역 주민과 함께하는 프로그램과 교회의 개방, 소외 계층에 눈을 돌려 복지관을 운영하고, 학교를 세워 나가는 운동이 벌어져야 한국교회의 미래가 있습니다.

거룩한빛광성교회의 3대 목표

거룩한빛광성교회는 3대 목표를 세우고 사역하고 있습니다.

첫째로, '섬기는 교회'입니다. 하나님을 섬기고, 이웃을 섬기고, 지역 사회를 섬기는 것이 우리 거룩한빛광성교회의 첫 번째 목표입니다.

둘째로, '인재를 양성하는 교회'입니다. 평신도 지도자를 양성하고, 21세기 지도자를 양성하고, 민주 시민을 양성하는 것이 우리 거룩한빛광성교회의 두 번째 목표입니다.

셋째로, '상식이 통하는 교회'입니다. "안 된다. 못한다."는 말을 하기보다 "좋습니다. 해 봅시다."라는 말이 통용되는 교회가 되는 것이 우리 거룩한빛광성교회의 세 번째 목표입니다. 또한 목사와 장로, 당회의 독재를 없애고 의사 결정 구조를 평등하게 하며, 하나님의 상식인 기적이 나타나는 교회가 되도록 하고, 성경 상식에 비추어 잘못된 부분은 과감하게 개혁하는 것이 우리 교회의 목표입니다.

아무리 새가 힘차게 날갯짓을 해도 바람이 불어 주지 않으면 높이 날 수가 없습니다. 이처럼 교회가 힘찬 날갯짓을 해도 성령의 바람, 성령이 역사하는 바람이 불지 않으면 교회는 날 수 없습니다. 그래서 교회의 주권을 하나님께 돌려 드리며 성령의 인도함을 받기 위해 겸손히 무릎을 꿇습니다. 주여, 주님의 손으로 세우소서!

2. 모범적인 회의

상식이 통하는 교회를 위한 민주적 회의법

한국교회의 역사를 보면 다툼의 역사였다고 해도 과언이 아닙니다. 교회에서 싸우게 되는 이유가 무엇인가에 대해 생각해 보았습니다. 먼저 신학적인 문제로 싸우는 경우를 생각해 봅시다. 목사님이 삼위일체론을 설교하면서 "양태론은 이단입니다."라고 말한다고 장로님들이 "양태론이 왜 이단이 됩니까?" 하고 싸우는 경우는 거의 없습니다. 아마 1%도 안 될 것입니다.

그 다음, 윤리적인 문제로 싸우는 경우는 가끔 있습니다. 목사님이 어느 권사와 가깝다느니, 재정을 마음대로 썼느니 하는 문제로 다툼이 일어나는 경우가 가끔 있습니다. 아마 10% 정도 될 것입니다. 그리고 회의를 하다가 싸우는 경우가 종종 있는데 대부분 교회에서 다툼이 일어나는 경우가 여기에 해당됩니다. 아마 90% 정도는 될 것입니다.

한 교회가 상가 2층에서 개척을 시작해서 은혜롭게 성장했습니다.

땅을 사고 교회도 아름답게 건축했습니다. 실내를 꾸미고 입당을 앞둔 어느 주일 제직회에서 강대상 카펫을 어떤 색으로 하면 좋을까 하는 의견을 나누다가 장로님이 의견을 냈습니다.

"전통적으로 강대상 카펫은 붉은 색으로 해 왔으니까 붉은 색으로 합시다. 붉은 색은 예수님의 보혈을 상징하는 것입니다."

그러자 젊은 집사님이 자신의 의견을 말합니다.

"요즈음은 고상한 색상을 많이 쓰는 추세입니다. 붉은 색은 너무 강하니까 녹색으로 하지요. 녹색은 성장을 의미하고 생명을 의미합니다."

발끈한 장로님이 가만 있지 않고 더 강하게 주장했습니다.

"붉은 색으로 해야 합니다! 전통을 존중해야 합니다!"

"전통, 전통 하지 마십시오! 그게 어디 성경에 있는 이야기입니까?"

"아니, 젊은 집사가 버르장머리 없이 어디 장로의 의견을 반박하고 난리야!"

어찌 됐을까요? 감정싸움이 벌어져 패가 나뉘게 되었습니다. 그래서 제직회는 엉망으로 끝났습니다. 결국은 화해하지 못하고 교회가 둘로 나누어져 각각 교회를 세웠습니다. 한쪽은 기어코 강대상을 붉은 카펫으로 깔고, 한쪽은 기어코 강대상을 녹색 카펫으로 깔았습니다.

참 극단적인 이야기이지만 교회에서 회의하는 모습을 들여다보면 이런 이야기가 수긍이 갑니다. 노회나 총회 때도 마찬가지입니다. 그래서 저는 교회를 운영해 나가는 데 신학 못지않게 중요한 것이 회의법이라고 생각합니다. 회의를 잘 진행하면 "교회가 평안하여 든든히 서 가고 주를 경외함과 성령의 위로로 진행하여 수가 더욱 많아지니라"(행 9:31)고 말씀하신 대로 교회가 평안하고 성장하게 될 것입니다.

역사를 공부하다 보면 '모범 회의(Model Parliament)'라는 것을 배우게 됩니다. 1295년 11월, 영국의 에드워드 1세(Edward I)가 귀족과 고위 성직자 120명과 각 주교관구의 하급 성직자 두 명씩, 각 주의 기사 두 명씩, 각 도시의 시민 두 명씩으로 의회를 구성해서 회의를 했습니다. 후세 사람들이 의회 구성의 모범이 되었다고 해서 '모범 회의'라고 부른 것입니다. 이 회의는 귀족의 횡포를 막고 국왕을 중심으로 하는 국정 운영을 확립하고 징세 제도의 확립을 위해서 만든 최초의 신분제 의회였습니다.

기독교 역사상 최초의 회의는 '예루살렘 공의회(The Conference of Jerusalem)'입니다. 이 회의는 AD 49년 예루살렘에서 열렸습니다. 회의의 주요 안건은 구약 율법에 대한 신약 성도의 자세는 어떠해야 하는가? 다시 말해 기독교인이 된 이방 출신 성도들이 할례를 받아야 하는가 하는 문제였습니다. 의장은 예수님의 큰 동생인 야고보서의 저자 야고보였습니다. 참석한 회원은 사도들과 장로들, 바울과 바나바, 그리고 안디옥교회 대표들로 구성되었습니다. 이 회의는 할례는 받지 않아도 되지만 우상에게 바쳐진 제물을 먹지 말 것과 음행을 피할 것과 짐승의 피를 먹지 말 것을 권하는 것으로 결론짓고 끝났습니다. 사도행전 15장에 나오는 이 최초의 회의가 모범적이고 은혜롭게 끝났기 때문에 이방인 신자와 유대인 신자들 사이에 벌어질 갈등을 미연에 방지하게 된 것입니다.

이와 같이 회의는 역사적으로도, 교회사적으로도 매우 중요합니다. 그래서 사도행전 15장 1-25절 말씀을 살펴보면 모범적인 회의가 갖추어야 할 조건을 다음과 같이 찾아볼 수 있습니다.

첫째, 논제가 있어야 합니다(1-5절). 회의를 할 때는 반드시 토론할 의제를 가지고 회의를 해야 합니다. 의제가 없이 회의를 하게 되면

빈 수레가 요란한 것처럼 이 말 저 말 생각 없이 하다가 다툼이 나고 갈등을 일으킬 소지가 있습니다. 따라서 의논할 안건이 없으면 구태여 회의를 소집할 필요가 없으며, 정례 회의라도 안건이 없으면 업무 보고 후에 마치는 것이 좋습니다.

둘째, 토의가 있어야 합니다(6-11절). 논의할 안건이 올라오면 반드시 토론에 붙여서 찬성과 반대를 묻고 수정할 바를 수정해야 합니다. 이때 토론은 하던 이야기 또 하고 하던 이야기 또 하면서 맴돌면 안 됩니다. 물 흐르듯 토론이 흐르게 만들어야 합니다. 이를 위해 의장은 진행 방향을 바르게 잡아 나가야 합니다. 누구나 결과에 승복할 수 있도록 분명히 의견을 발표할 기회를 주고 토론해야 합니다.

셋째, 권고가 있어야 합니다(12-21절). 어떤 문제를 다룰 때 회원들이 판단하기 어려운 문제가 있다면 전문가의 견해를 들을 수 있도록 식견이 높은 분을 미리 초청하든지, 교회에서 해당 분야에 전문성을 가진 분에게 부탁해서 설명을 듣고 조언을 들을 수 있도록 하면 일을 훨씬 순조롭게 처리할 수 있습니다. 예루살렘 공의회에서도 베드로의 권고와 의장인 야고보의 권고가 있었음을 알 수 있습니다.

넷째로, 결정을 내려야 합니다(22-25절). 결정을 내릴 때는 가부(可否)를 분명히 물어야 하고, 찬성·반대가 있거나 동의·개의가 있을 때는 반드시 정확하게 표결해야 합니다. 그리고 이런 과정을 거쳐 결정된 것을 정확히 선포하거나 결정 사항을 공고하고, 미참한 회원들에게까지 통보해야 합니다.

예루살렘 공의회에서는 회의에서 결정된 내용(할례는 받지 않아도 되지만 우상에게 바친 제물과 음행을 피하고 짐승의 피를 먹지 말 것)을 가결하고, 그 사실을 안디옥교회에 전달하기 위해 바울과 바나바와 유다와 실라를 사절단으로 보냈습니다. 그리고 편지로 수리아와 길리기아에 있는 이방인 형제들에게도 결정 사항을 전달했습니다. 지금으로부터 이천 년 전의 초대교회가 지금 우리 시대의 교회보다 훨씬 지혜롭고 분명하게 일을 처리했음을 볼 수 있습니다. 초대교회가 지혜의 영인 성령의 인도하심을 받는 교회였기 때문입니다.

그러면 왜 회의를 해야 할까요? 회의는 왜 필요할까요?

첫째로, 교회 구성원의 동질화를 위해서입니다. 회의를 통해 의사소통을 원활히 하고 함께 결정해 나가는 가운데 교회 공동체 구성원들의 생각이 같아지는 유익함이 있습니다. 교인이라고 늘 같이 지내는 것이 아니기에 각기 생각이 다를 수 있습니다. 하지만 회의를 통해서 같은 생각 같은 수준으로 교인들을 결속시킬 수 있기 때문에 회의가 필요한 것입니다.

둘째로, 문제의 해결을 위해 회의가 필요합니다. 문제가 있을 때 소수의 사람들이 모여 문제를 해결하게 되면 나머지 사람들의 주인 의식이 결여되고 나그네, 손님과 같은 방관자만 늘어 갑니다. 이렇게 되면 교회는 힘을 모을 수 없습니다. 문제를 함께 풀어 가면서 능력을 배양하면 점점 더 큰 문제를 해결할 수 있는 능력 있는 공동체로 성숙해지는 것을 경험하게 되는 것입니다.

셋째로, 서로간의 대화 함양, 횡적 대화를 위해 회의가 필요합니다. 교회의 구조는 수직적인 상의하달의 구조가 되면 안 됩니다. 명령과 복종의 구조가 되면 안 됩니다. 만민이 하나님 앞에 평등함을 알아 서로가 대화하며, 자기의 의무와 권리를 행사하고, 타인의 의사를 존중하는 민주 시민, 더 나아가 만인 제사장의 정신을 구현해야 합니다.

넷째로, 교회의 공동 목적 달성을 위해 회의가 필요합니다. 회의를 통해서 주님께서 맡기신 선교의 목적, 봉사의 목적을 이루는 경험을 축적해 나가야 합니다. 그래서 교회 공동체 안에서 행복을 맛보고 누리는 삶이 되도록 만들어 가는 것이 궁극적으로 회의가 필요한 이유인 것입니다.

그런데 여기서 중요한 것이 있습니다. 회의의 필요성을 아무리 역설해도 원만하게 회의가 진행되지 않으면 싸움이나 다툼이 되기 쉽습니다. 따라서 원만한 회의의 진행을 위해 회의법을 알아 두고 회의법대로 진행하는 것이 중요합니다.

회의법은 첫째로, 예의를 지키기 위해서 필요합니다. 회의에 임할 때 가장 중요한 것이 예의를 지키는 것입니다. 일단 회의에 들어가면 남녀노소, 빈부귀천, 유식무식을 떠나 모두가 동등한 권한을 가지고 있습니다. 그러므로 반말을 한다든지, 상대방을 비난한다든지, 화를 낸다든지, 인신공격을 한다든지 하는 것은 회의 정신에 어긋나는 것임을 회의법을 통해 가르쳐야 합니다. 둘째로, 회의법은 질서를 지키기 위해서 필요합니다. 회의법은 사거리의 교통순경 같아서 신호를 보내고 흐름을 원활하게 해서 소통이 잘 되도록 합니다. 셋째로, 회의법은 절차를 따르기 위해서 필요합니다. 사람이 옷을 입을 때 겉옷을 먼저 입고 속옷을 입으면 꼴불견인 것처럼 절차를 어기면 법적으로 무효가 되고 맙니다. 그래서 회의법을 준수할 것을 가르쳐야 합니다.

회의를 할 때 중요한 두 요소가 있습니다. 하나는 의장이고, 다른 하나는 회원입니다. 의장은 야구 경기의 투수와 같다고 할 정도로 회의 성공의 절반 이상의 비중을 차지하고 있습니다. 따라서 의장은 회의를 진행할 때 많은 유의 사항을 숙지해야 합니다.

우선 의장은 회의법에 대한 지식이 있어야 합니다. 그리고 탈선, 중복, 지연, 질서 문란 등을 방지하기 위해 회의를 이끌어 나가는 사회

기술이 있어야 합니다. 회의 전에 토의 안건을 검토해야 하고, 회의를 진행하면서는 의장 개인의 의견을 지나치게 주장해서는 안 됩니다. 겸손하여서 자신의 지도력을 과신하지 않고, 회원들에게 간단명료하게 설명하며, 편파적이어서도 안 되고, 충동적인 행동을 막아야 하고, 정한 시간을 지켜서 회의를 끝내도록 노력해야 합니다. 그리고 같은 회기 내에는 표결에 붙인 문안을 다시 상정하면 안 된다는 사실을 유의해야 합니다.

의장이 회의를 이끌어나가는 데 있어 중요한 역할을 하는 것이 사실이나 회원이 없으면 회의는 이루어지지 않습니다. 의장이 아무리 유의 사항을 잘 지켜도 회원들의 협조가 없으면 회의를 잘 마칠 수 없습니다. 회원은 야구 경기의 타자와 같습니다. 투수인 의장이 아무리 공을 던져도 타자들이 안타를 치지 못하면 점수가 나지 않고 시합에서 이길 수가 없습니다. 따라서 회의에 임하는 회원의 자세도 매우 중요합니다.

회원은 예의를 지켜야 합니다. 어떠한 경우에도 언쟁은 금물입니다. 발언할 때는 의장의 허락을 받아 발언하도록 하고, 의제를 벗어난 발언은 하지 않도록 합니다. 필요할 때 발언을 회피하면 안 되며, 의장을 향해 발언해야지 상대방을 향하여 발언하면 오해를 불러일으킬 소지가 있음에 주의해야 합니다. "아까 ○○○의 말씀에 의하면…" 하는 식으로 먼저 발언한 사람의 이름을 말하면 안 됩니다. 발언 시간을 지키고, 한 안건에 대해 세 번 이상 발언하면 안 되며, 인신공격은 금물입니다.

이제는 교회에서 은혜롭게 회의하기 위해서 꼭 지켜야 할 사항은 무엇인지 생각해 보기로 합시다.

회원은 의장의 권위를 존중해야 합니다. 의장은 전임 회장보다 높고 전체 회원을 대표합니다. 의제를 가지고 토론하고, 인격을 건드리지 말아야 합니다. 안건과 사람을 분리하지 못해서 자기의 안건에 반대하는 사람을 적대시하는 경우가 많이 발생하는데 절대 안건과 사람을 분리해서 생각해야 합니다.

의장은 민주적으로 회의를 운영해야 합니다. 의장의 편견을 버리고 회원의 독주를 막고 동일한 기회를 주어야 합니다. 의장도 의견을 말할 때는 회원들의 동의를 구해야 합니다. 자유로운 토론의 분위기를 유도하고 표결되면 승복하도록 만들어야 합니다. 의장은 신속하게 진행해야 합니다. 준비된 의안을 제안 설명하고 찬성과 반대 의견을 교대로 발언하도록 해야 합니다. 의장은 부드럽게 진행해야 합니다. 선한 목적을 위해 나아가면서 언성을 높이거나 감정을 자극하고 대립하는 것을 막아야 합니다. 의장은 가능하면 만장일치를 유도하는 것이 좋습니다. 억지로 하면 부작용이 일어날 수 있으나 분위기를 봐서 한마음을 묶어 내는 것이 좋습니다.

문제는 만들지 않는 것이 좋습니다. 팽팽하게 긴장이 감돌고, 표결했을 때 찬성과 반대의 수가 비슷해서 승복하기가 어렵게 느껴지면 '다음 기회로' 미루는 것이 문제를 미연에 방지하는 데 도움이 됩니다.

이 외에 최소한의 표결을 위한 절차와 용어의 뜻을 알아야 회의를 잘 끝낼 수가 있습니다.

1. 동의(動議) : 회의 중에 안건을 제의하는 것입니다.
2. 재청(再請) : 동의에 대해 찬성하는 것으로, 동의는 재청이 있을 때만 성안이 됩니다. 재청이 있을 때는 가부를 묻기 전에 이의를 말할 수 있습니다.
3. 개의(改議) : 동의에 대해 다른 의견을 제의하는 것으로, 동의에

대해 이의가 있는 회원은 가부를 묻기 전에 개의를 제기할 수 있습니다.

4. 재개의(再改議) : 동의와 개의를 둘 다 반대하여 회의에 또 다른 방안을 제기하는 것입니다.

5. 표결(表決) : 가부를 표시하여 결정하는 것으로, 재개의, 개의, 동의 순으로 찬성을 물어 결정합니다.

6. 변론 정지 동의(辨論停止動議) : 어떤 안건이 성안되어 있는데도 불구하고 논전을 벌일 때 제기하는 것입니다.

7. 보류 동의(保留動議) : 어떤 안건을 심의하는 중에 그 안건을 보류하자고 동의하는 것입니다. 보류 동의가 제기될 경우 회장은 즉시 가부를 물어야 합니다.

8. 재론 동의(再論動議) : 이미 결정된 사건을 다시 논의하자는 것입니다. 재론 동의는 결의 직후 제기할 수 없으며 다른 안건을 처리한 후에 제기할 수 있는데 회원 2/3 이상의 찬성을 얻어야 합니다.

9. 긴급동의(緊急動議) : 회의에서 긴급을 요하는 안건이 있을 때 우선적으로 처리하기를 요구, 제안하는 것입니다. 긴급동의에는 회의의 일시를 정하는 동의, 폐회 동의, 휴회 동의 등이 있습니다. 긴급동의가 안 되는 경우는 발언이 진행 중이거나 투표 진행 시 폐회 시간이 정해져 있을 때, 다음 회의 장소와 시간에 대해 토의 진행 중에는 긴급동의가 성립되지 않습니다.

이상으로 회의법의 중요 부분을 요약해 보았습니다. 회의법은 두꺼운 책 한 권이 될 정도로 방대하지만 여기서는 모두가 꼭 알아야 할 사항을 정리해 보았습니다. 하지만 회의법보다 더 중요한 것은 회의에 임하는 교인들의 마음가짐일 것입니다. 끝으로 거룩한빛광성교회에서 지키고 있는 '회의의 5대 약속'을 소개합니다.

1. 3분 이상 발언하지 않는다.
2. 인신공격 발언하지 않는다.
3. 한 안건에 대해 다른 회원들의 발언이 끝나기 전에 거듭 발언하지 않는다.
4. 제안자는 발언하지 않는다(당회에서 제안한 안건을 제직회에서 처리할 때 장로들은 답변을 해야 하지 개인의 의견을 이야기할 수 없다).
5. 시간을 오래 끌어 다툼이 일어나지 않도록 찬성, 반대 의견을 각각 3회 청취 후 자동 표결한다.

이런 회의법을 교인들에게 가르치고 회의의 5대 약속을 지키면서 회의를 진행하자, 회의 중에 언성을 높이거나 얼굴을 붉히는 일이 없이 은혜롭게 회의를 진행하게 되었고 성숙한 공동체로 성장하게 되었습니다.

우리 거룩한빛광성교회는 예배가 끝난 후에 제직회가 열리는 것이 아니라 주일 저녁 예배 중에 열립니다. 교회 안에 소외 계층이 생기지 않도록 하기 위해서입니다. 그러다 보니 예배에 참석한 어린이들, 학생들, 청년들, 심지어 다른 교회 교인들이 방문한 경우에도 제직회에 참석하게 됩니다. 그리고 참여한 모든 사람에게 발언권을 줍니다. 결정만 제직들이 합니다. 그래서 우리 교인들은 '열린 제직회'라고 부릅니다.

이렇게 열린 제직회에 누구나 참여하다 보니 자기 의견이 교회 운영에 반영되고 있다는 자부심이 교인들에게 있습니다. 심지어 당회에도 청년회장, 안수 집사회장, 권사회장, 남선교회 연합회장, 여전도회 연합회장, 이렇게 다섯 명의 기관 대표들이 정식 당회원으로 참여합니다. 이렇게 의사소통의 단계를 줄이고 교인의 참여를 확대하니 사랑의 공동체를 구현하는 데 큰 유익이 되었습니다. 또 예배 중에 제직회가 열리기 때문에 회의에 소요되는 시간을 미리 정하여 회의를 하다 보니 회의가 무한정 길어지거나 지루해서 회의를 기피하는 현상은 일어나지 않고 있습니다.

이 모든 것에 사랑이 바탕이 되어 오늘날 거룩한빛광성교회가 이만큼 성장했습니다. 모든 일은 사랑으로 행해야 합니다. 사랑이 없으면 아무리 큰 교회를 세웠어도, 이름 있는 목사가 되어도 아무 소용이 없습니다. 교회에는 신파·구파, 주류·비주류, 소장파·노장파, 지연·혈연 같은 것이 있어서도 안 됩니다. 오직 사랑으로 하나 되어야 합니다. 싸우면서 할 만큼 좋은 일이란 없습니다.

> "모든 겸손과 온유로 하고 오래 참음으로 사랑 가운데서 서로 용납하고 평안의 매는 줄로 성령이 하나 되게 하신 것을 힘써 지키라"(엡 4:2-3)

3. 거룩한빛광성교회 규약

1차 개정안   2003년 12월 14일 공동의회 통과
2차 개정안   2004년 12월 19일 공동의회 통과
3차 개정안   2005년 10월 23일 공동의회 통과
4차 개정안   2007년 9월 16일 공동의회 통과
5차 개정안   2008년 12월 7일 공동의회 통과

거룩한빛광성교회 헌법위원회

기본방향

1. 기본원리

◇ 대한예수교장로회 거룩한빛광성교회의 규약을 하나님 말씀인 성
  경에 기초하여 제정함으로써 교회 운영이 하나님의 뜻에 일치하

여 하나님의 영광을 선포하고 교회가 은혜 가운데 운영되어 모범적인 교회가 되도록 함에 그 목적이 있다.

◇ 3대 목표인 섬기는 교회, 인재를 양성하는 교회, 상식이 통하는 교회의 목표를 이루어 하나님이 주인 되시는 바른 교회, 모든 성도가 참여하여 천국과 같은 교회를 이룩하기 위하여 규약을 제정한다.

2. 제정방향

◇ 거룩한빛광성교회의 설립목적 및 취지를 실현하기 위한 체제를 확립한다.

◇ 대한예수교장로회(통합)의 교리, 신조를 지키면서 개혁교회의 전통을 살려 교회의 개혁을 도모한다.

◇ 교회운영을 전 성도들이 참여한 가운데 합리적으로 운영하도록 하며 교회조직은 「섬기는 구조」를 기본으로 한다.

◇ 섬기는 교회를 실현하기 위해 부여된 책임과 권한을 바르게 수행하여 하나님의 교회를 만들도록 한다.

◇ 전 성도들의 교회활동이 극대화 되도록 적극 지원하는 체제를 확립한다.

◇목회활동을 바르게 할 수 있도록 지원하는 체제를 갖춘다.

3. 추진일정

◇ 1999년 헌법제정위원회를 구성하여 1년간의 준비를 거쳐 2000년 1월 20일 헌법제정을 위한 기본방향을 설정하였다.

◇ 본 규약은 기획위원회에서 2000년 3월 26일 최초 시안을 논의

하여 수정·통과 하였고, 4월 16일 운영위원회에서는 기획위원
회에서 수정·통과한 규약(안)을 다시 논의하였으며, 5월 28일
운영위원회에서 재차 토의를 거쳤으며, 6월 4일 열린 제직회를
통과하고, 6월 11일 공동의회를 통과·확정되었고, 이후 표지
의 명기 사항과 같이 개정하였다.

4. 명 칭

◇ 거룩한빛광성교회 규약(規約)
규약은 성도 각 개인이 독립된 '교회'를 구성하기 때문에 교인 간
의 합의에 의해 성립된 내부조직에 관한 약속이라는 의미이다.
특히 우리 교회에서는 교회행정업무를 처리하기 위해 전 교인의
의지를 모아 교회의 화합과 통합을 구현하는 최고규범으로서 「거
룩한빛광성교회 규약」을 제정한다.

5. 교회법의 근거

◇ 교회법은 "하나님의 말씀에 의해 만들어졌으므로 하나님과 교인
간의 약속으로서 반드시 지켜져야 한다"는 견해와 교회의 운영,
관리를 위한 교인 간의 합의로서 하나님의 말씀이 우선한다는 견
해가 있다.
◇ 교회의 규정 내지 법규를 제정함에 앞서 신앙적으로는 교회법을
통해 신앙이 깊어지고 발전하는 계기가 될 것이며, 규범으로서
의 역할과 기능을 보장하는 "약속 준수"에 대한 교인들의 강력한
의지가 전제되어야 한다.

거룩한 빛 광성교회 규약

제1장 총 칙

제1조 [명칭과 소속]

본 교회의 명칭은 거룩한 빛 광성교회라 하며 대한예수교장로회(통합) 서울 서북노회에 속한다.

제2조 [신앙지도원리]

본 교회는 하나님의 말씀인 성경을 기초로 칼빈주의에 입각한 장로교 교리를 기본 교리로 하며, 웨스트민스터 신앙고백에 의한 장로교 헌법과 12신조 및 대소 교리문답을 신앙의 지도원리로 한다.

제3조 [규약구성]

본 교회는 신앙지도원리에 따라 진실한 그리스도인의 공동체로서 더욱 성숙하게 성장시켜 나아가기 위하여 예배, 선교, 교육, 봉사, 친교 및 관리활동에 역점을 두고 규약을 구성한다.

제4조 [제정목적]

본 규약은 본 교회 3대 목표인 섬기는 교회, 인재를 양성하는 교회, 상식이 통하는 교회의 목표를 이루어 하나님이 주인 되시는 바른 교회, 모든 성도들이 교회운영에 기쁨으로 동참하여 천국과 같은 교회를 이룩하기 위해 제정한다.

제2장 조 직

제5조 [교회조직]

① 본 교회는 교회운영을 전 성도들이 참여한 가운데 합리적으로 운영하기 위하여 공동의회, 열린 제직회, 당회를 둔다.

② 본 교회는 당회의 결정을 통해 전 성도들의 교회활동과 교역자들의 목회활동에 효율적 수행에 필요한 기구를 설치할 수 있다.

제6조 [회의성수 및 결의]

① 공동의회와 열린 제직회의 성수는 출석인원으로 하며, 당회의 성수는 재적회원 과반수로 한다.

② 모든 회의 결의는 출석인원(회원) 과반수의 찬성으로 의결함을 원칙으로 한다.

제1절 공동의회

제7조 [공동의회 구성]

본 교회 공동의회(이하 "공동의회"라 한다)의 회원은 본 교회의 세례교인 이상으로 한다.

제8조 [공동의회 의장]

공동의회 의장은 본 교회 당회장으로 하며 공동의회를 주재한다.

제9조 [공동의회의 운영]

① 공동의회는 매년 1회 정기 회집하고 필요시 당회의 결의로 임시 소
   집할 수 있다.
② 공동의회는 당회의 결의로 당회장이 소집하되, 일시․장소
   및 안건을 1 주일 전에 교회에 공고한다.
③ 공동의회의 임시회의는 다음과 같은 경우에 소집한다.
   1. 당회가 소집을 요청할 때
   2. 열린 제직회의 청원이 있을 때
   3. 세례교인 3분의 1 이상의 청원이 있을 때
   4. 상회의 지시가 있을 때

제10조 [공동의회의 의결사항]
   공동의회의 의결사항은 다음과 같다.
   1. 당회가 제시한 사항
   2. 목사의 위임 및 신임
   3. 장로, 안수집사, 권사의 선출
   4. 예산 및 결산
   5. 상회가 지시한 사항
   6. 임시당회의 소집요구
   7. 기타 본 교회 운영에 관한 중요한 사항

제2절 열린 제직회

제11조 [열린 제직회 구성]
   본 교회 열린 제직회(이하"열린 제직회"라 한다)는 목사, 전도사, 장

로, 집사, 권사 및 서리집사로 구성한다. 단, 일반 교인은 누구나 참여하여 발언할 수 있으나 의결권은 없다.

제12조 [열린 제직회 회장]

열린 제직회의 회장은 본 교회 당회장으로 하며 열린 제직회장이 유고 시에는 전담목사 또는 당회서기 순서로 그 직무를 대행한다.

제13조 [열린 제직회 의결사항]

열린 제직회는 다음 사항을 의결한다.

1. 공동의회와 당회에서 결의한 안건의 처리
2. 예산의 편성 및 결산
3. 임시당회의 소집요구
4. 기타 교회의 운영에 필요한 사항

제14조 [정기회의]

열린 제직회는 분기별 1회 회장이 소집한다.

제15조 [임시회의]

임시 열린 제직회는 다음의 경우 제직회장이 소집한다.

1. 열린 제직회장이 소집할 때
2. 재적회원 3분의 1 이상의 소집 요청이 있을 때
3. 당회원 과반수의 청원이 있을 때

제16조 [열린 제직회 부서와 역할]

교회의 업무를 원활하게 추진하며 효과적으로 집행하기 위하여 사역

부서를 두고 그 역할을 분담한다.

① 예배, 선교, 교육, 친교, 봉사 및 관리 사역에 필요한 조직과, 열린 제직회 운영을 위한 서기와 감사를 둔다.
② 한시적인 일을 위해 특별위원회를 둘 수 있다.
③ 조직 체계는 사역–위원회–팀으로 하되, 팀 조직은 각 부서의 특성에 따라 부, 단, 대로 명명할 수 있다
④ 각 조직의 역할과 임부는 사역 매뉴얼에서 정의한다.

제17조 [부서의 조정]
① 제16조 각 항에서 정하는 각 부서 소관업무가 서로 중첩 또는 저촉되는 경우에는 운영협의회 주관 하에 해당 부서장간 긴밀히 협의하여 조정한다.
② 열린 제직회의 기구는 당회의 결의에 따라 신설, 조정, i 통합, 폐지할 수 있다. 당회는 이의 타당성을 운영협의회에 검토시킬 수 있다.

제18조 [부서장의 임기]
① 열린제직회 부서장(각 위원장, 부장, 대장, 단장, 팀장 등)은 교회 및 사회봉사에 열의가 있고 해당분야에 대한 식견 등을 고려하여 제직 가운데서 당회의 결의에 따라 당회장이 임명한다.
② 열린 제직회 각 부서장의 임기는 1년으로 하고 연임할 수 있다.

제3절 운영협의회

제19조 [운영협의회의 직무]

운영협의회는 개별 위원회 위원장, 당회서기, 선임부목사, 행정지원실 실장, 특별위원회 위원장으로 구성한다.

제20조 [의장]

운영협의회 의장은 당회의 인준을 받아 당회장이 임명한다.

제21조 [기능]

① 운영협의회는 기존의 예산구조의 변경을 초래할 만한 사항, 특별위원회의 신설·통폐합 등에 관한 사항, 제직회에서의 의결을 요하는 사항 등 교회운영과 관련된 중요사안에 대해 당회의 결의와 관련한 사항을 사전 협의한다.

② 운영협의회는 열린 제직회에서 결정된 사안에 대하여 시행여부를 확인한다.

③ 당회의 위임사항에 대해서는 의결권한을 갖는다. 다만, 운영협의회에서 의결한 사안은 당회의 사후승인을 취득해야 한다.

제4절 당 회

제22조 [당회의 직무]

① 당회는 대한예수교장로회 헌법 및 거룩한빛광성교회 규약에 따라 부여된 교회의 토지, 가옥 등 부동산 관리, 금융기관 차입 및 담보

제공 등 교회운영에 필요한 제반 기능과 역할을 수행한다.

② 당회는 담당업무를 분장한다. 당회원의 업무분장에 관한 사항은 별도로 정한다.

제23조 [당회의 구성]

① 당회는 목사, 시무장로, 청년회연합회장, 여전도회연합회장, 남선교회연합회장, 권사회장, 안수집사회장, 운영협의회 의장으로 구성한다. 당회는 필요시 해당 부서장을 참여하게 할 수 있으며 이 경우 해당부서장의 의결권은 없다.

② 당회에는 회장과 서기 1인을 둔다.

제24조 [당회장 및 서기]

① 당회장은 본 교회 담임목사로 한다.

② 당회서기는 당회의 회의록을 기록하고 보관한다. 서기는 매년 회계연도말 당회에서 선임하며, 그 임기는 1년으로 한다.

③ 당회장 유고시에는 서기가 회의를 주재한다.

제25조 [당회의 소집]

① 정기당회는 당회장이 소집하며, 매월 마지막 주일에 개최하는 것을 원칙으로 한다.

② 임시당회는 다음의 경우에 당회장이 소집한다.

  1. 당회장이 당회를 소집할 필요가 있을 때
  2. 당회원 과반수 이상이 당회 소집을 요구할 때
  3. 상회가 당회 소집을 지시할 때
  4. 공동의회와 열린 제직회 회원의 3분의 1 이상 요청이 있을 때

제26조 [당회 특별위원회]

① 당회는 필요시 본 교회 발전, 중장기 활동계획 및 제도개선 등의 연구과제와 기타 분야에 대한 안건을 심의하기 위해 특별위원회를 둘 수 있다.

② 특별위원회의 구성과 운영에 관한 사항은 당회에서 정한다.

제27조 [안건의 처리]

① 당회에 보고 및 공지사항은 서면으로 하는 것을 원칙으로 하며 당회 개최 1주일 전에 당회서기에게 제출한다.

② 당회서기는 당회의 상정안건 및 그 내용에 관하여 해당 부서장 등과 사전에 협의 · 조정할 수 있다.

③ 당회서기는 당회가 결정한 주요사항을 공동의회, 열린 제직회, 자치기구 및 기관단체에 공지한다.

제3장 목회와 교역자

제28조 [전담목회제]

본 교회는 목회를 효율적으로 시행하기 위하여 목회영역을 구별하여 행정, 교육, 음악, 교구 등의 전담목사를 둔다. 전담목사는 당회의 결의로 당회장이 임면한다.

제29조[전담목사의 직무와 임기]

① 전담목사의 임기는 3년으로 하며 연임할 수 있다.

② 전담목사의 직무는 다음과 같다.

1. 해당분야의 전문적 기능을 수행하며 담임목사를 보좌한다.
2. 해당 분야를 책임 맡아 연구하고 지도하며 소속 부서의 교역자 및 부서장과 협력하여 업무를 수행한다.
③ 전담목회의 목회영역 및 전담분야는 당회장이 결정한다.

제30조 [교역자의 임면]
교역자는 당회의 결의에 따라 당회장이 임면한다.

제31조 [교역자의 정년 및 신임투표]
① 목사의 정년은 65세로 하고 원로목사 제도는 폐지한다.
② 당회장은 6년 시무 후 신임투표를 실시하며 공동의회 출석인원 과반수의 신임을 받아야 재 시무할 수 있다.
③ 목사의 정년 이후를 대비하여 연금에 가입하며 상세한 것은 당회에서 정한다.

제32조 [목양기획실]
본 교회의 목회행정업무를 원활히 수행하기 위하여 당회의 결의에 따라 당회장 직속 하에 목양기획실을 둘 수 있다.

제33조 [교역자의 연구활동지원 등]
① 당회는 교역자의 연구활동을 위하여 필요한 지원을 한다.
② 당회장은 당회의 결의에 따라 교역자의 유학, 수양, 휴가 등을 결정할 수 있다.
③ 담임목사는 6년 시무 후 1년 안식년을 갖는다.

제4장 제직의 선거 및 임명

제34조 [선거 및 피택직분 후보자의 검증]

① 장로, 안수집사, 권사는 부여된 책임과 권한을 바르게 수행하기 위해 선거를 통해 임직함을 원칙으로 한다. 단, 안수집사와 권사는 당회장이 당회의 결의로 임명할 수도 있다.

② 장로, 안수집사, 권사 후보자의 검증은 투표권을 가진 성도들이 후보자에 대한 이해도를 높이고, 투표권자의 판단상의 오류를 최소화하기 위하여 다음 사항을 투표 전 1주일 이상 교회 내 게시판 및 인터넷 홈페이지에 공시한다.

   1) 성명

   2) 사진

   3) 신앙이력 (봉사경력, 신앙훈련 및 경력)

   4) 직업

   5) 가족관계 (신급 및 직분)

   6) 후보 지원서 등 후보 추대 위원회가 정한 항목

③ 여성 장로 후보자는 피택 비율을 피택자의 1/4로 하고, 선거 시 분리 투표한다.

④ 교회에 증빙 서류가 없는 타 교회로부터 이적해 온 후보는 수세년월일, 이명증서를 제출해야 한다.

제35조 [시무장로 및 사역장로]

① 당회에서 치리와 감독을 담당하는 장로를 시무장로라 하며, 시무기간이 끝나고 사역하는 장로를 사역장로라 한다

② 부부 장로는 동시에 시무할 수 없다. 시무자는 교회의 필요에 의해

지정한다.(단 기 시무장로는 예외로 한다.)

제36조 [장로의 자격]

① 장로로 피택되기 위하여는 무흠세례교인(입교인)으로 7년을 경과하고, 본 교회 출석 3년 이상이며, 45세 이상인 자로서 다음에 명시한 절대 준수 사항을 만족해야 하며, 종합 평가 항목에서 80점 이상을 평가 받아야 한다.

  1. 절대 준수 항목
    1) 교회 비전에 동의 및 목회 협력
    2) 온전한 십일조 및 재정 자립
    3) 주일 성수
    4) 예배자의 삶
      - 새벽기도 혹은 QT
    5) 건덕의 유지
      - 최근 3년 내 교인 간 송사, 구타. 음주, 흡연, 중독성 약물 사용, 성적 문란 행위, 당 짓는 일, 교인 간 금전거래 사실이 없어야 함
    6) 신앙의 모범-리더쉽
      - 예배, 선교, 교육, 친교, 봉사 등 자치 및 봉사 부서에서 부서장 2년 이상 수행
      - 최근 2년 전도 5명 이상
    7) 믿는 자녀와 배우자

  2. 종합 평가 항목

1) 공적 예배 참석

2) 교회 행사 참여

3) 교회 교육 참가

4) 헌신

　– 교사, 식당, 주차 등 힘든 부서 봉사

　– 구제, 선교 후원 및 참여

② 타 교회에서 이명해온 장로는 본 교회 출석 3년(봉사 2년) 후 본 교회 시무장로로 취임할 수 있다.

제37조 [장로의 선택]

① 시무장로의 선택은 당회의 결의로 노회의 허락을 받아 공동의회에서 투표수의 3분의 2 이상의 득표로 선출한다.

② 본인이 충성을 다하여 직분을 감당하며 겸손히 섬기기를 다짐하는 자로서

1. 전담목사, 교구장 및 당회 추천을 받은 자 중,

2. 절대 준수 항목과 종합 평가 항목을 후보 추대 위원회가 평가, 선정하여 당회에 건의하고

3. 당회에서 확정된 자를 대상으로 한다.(단, 1차 피택후보자 4배수 이내, 2차는 1.5배수로 한다)

제38조 [장로의 임기]

장로는 시무장로로 6년(단임) 시무 후 사역장로로 섬긴다.

제39조 [장로의 직무]

시무장로는 당회에서 기획, 감독과 치리업무를 주로 한다.

제40조 [장로의 임직]

장로는 피선된 후 6개월 이상 당회에서 교양을 받고 노회고시에 합격한 후 임직한다.

제41조 [장로의 정년]

① 시무장로의 정년은 65세로 하며 원로장로제도는 폐지한다.

② 사역장로는 건강이 허락하는 한 계속 봉사할 수 있다.

제42조 [장로의 시무사임과 권고사임]

① 자의사임은 장로가 특별한 사정이 있을 때 시무를 사임할 수 있다.

② 권고사임은 열린 제직회원의 과반수가 시무를 원치 않으면 당회의 결의로 권고사임케 한다.

제43조 [장로의 복직]

① 자의사임한 장로가 복직하려면 당회원 3분의 2 이상의 결의로 복직할 수 있으며 당회에서 임직 때와 같은 서약을 한다.

② 권고사임한 장로복직의 경우는 그 권고사임 이유가 해소되어야 하며 당회원 3분의 2 이상의 찬성이 있은 후 1년이 지나도록 별 문제가 없음이 확인되면 당회가 복직을 허락할 수 있다.

제44조 [안수집사의 자격]

① 안수집사의 자격은 교우들의 신임을 받고 진실한 신앙과 분별력이 있고, 무흠세례교인(입교인)으로 5년을 경과하고 35세 이상 65세 이

하의 남자로서 디모데전서 3장 8절 ~ 10절에 해당한 자라야 한다.

② 안수집사의 자격은 교우들의 신임을 받고 진실한 신앙과 분별력이 있고, 무흠세례교인(입교인)으로 5년을 경과하고 35세 이상 65세 이하의 남자로서 디모데전서 3장 8절 ~ 10절에 해당한 자로서 다음에 명시한 절대 준수 사항을 만족해야 하며, 종합 평가 항목에서 80점 이상을 평가 받아야 한다.

1. 절대 준수 항목
   1) 온전한 십일조 및 재정 자립
   2) 주일 성수

2. 종합 평가 항목
   1) 교회 비전에 동의 및 목회 협력
   2) 예배자의 삶
      - 새벽기도 혹은 QT
   3) 건덕의 유지
      - 최근 3년 내 교인간 송사, 구타. 음주, 흡연, 중독성 약물 사용, 성적 문란 행위, 당 짓는 일, 교인 간 금전거래 사실이 없어야 한다.
   4) 신앙의 모범
      - 예배, 선교 교육, 친교, 봉사 등 자치 및 봉사 부서에서 봉사 2년 이상
      - 최근 2년 전도 5명 이상
   5) 믿는 자녀와 배우자
   6) 공적 예배 참사

7) 교회 행사 참여

8) 교회 교육 참가

9) 헌신

　　- 교사, 식당, 주차 등 힘든 부서 봉사

　　- 구제, 선교 후원 및 참여

③ 본인이 충성을 다하여 직분을 감당하며 겸손히 섬기기를 다짐하는
자로서

1. 전담목사, 교구장 및 당회 추천을 받은 자 중,

2. 절대 준수 항목과 종합 평가 항목을 후보 추대 위원회가 평가,
선정하여 당회에 건의하고

3. 당회에서 확정된 자를 대상으로 한다(단, 1차 피택후보자 4배수
이내, 2차는 1.5배수로 한다).

④ 타 교회에서 이명해 온 안수집사는 본 교회 출석 2년(봉사1년) 후
본교회 안수집사로 취임할 수 있다.

⑤ 선거로 피택된 자도 소정의 교육 과정을 수료해야 임직되며, 미 수
료 시 차기년도에 교육 수료 후 임직될 수 있다.

제45조 [안수집사의 선택]

　안수집사는 공동의회에서 투표수의 과반수 이상의 득표로 선출한다.

제46조 [안수집사의 임기]

　안수집사는 건강이 허락하는 한 계속 봉사할 수 있다.

제47조 [권사의 자격]

① 권사의 자격은 교우들의 신임을 받고 진실한 신앙과 분별력이 있고, 무흠세례교인(입교인)으로 5년을 경과하고 45세 이상 65세 이하의 여자로서 디모데전서 3장 8절~10절에 해당한 자로서 다음에 명시한 절대 준수 사항을 만족해야 하며, 종합 평가 항목에서 80점 이상을 평가 받아야 한다.

1. 절대 준수 항목
   1) 온전한 십일조 및 재정 자립
   2) 주일 성수

2. 종합 평가 항목
   1) 교회 비전에 동의 및 목회 협력
   2) 예배자의 삶
      - 새벽기도 혹은 QT
   3) 건덕의 유지
      - 최근 3년 내 교인 간 송사, 구타. 음주, 흡연, 중독성 약물 사용, 성적 문란 행위, 당 짓는 일, 교인 간 금전거래 사실이 없어야 한다.
   4) 신앙의 모범
      - 예배, 선교 교육, 친교, 봉사 등 자치 및 봉사 부서에서 봉사 2년 이상
      - 최근 2년 전도 5명 이상
   5) 믿는 자녀와 배우자
   6) 공적 예배 참사
   7) 교회 행사 참여

8) 교회 교육 참가
9) 헌신
　　- 교사, 식당, 주차 등 힘든 부서 봉사
　　- 구제, 선교 후원 및 참여

② 본인이 충성을 다하여 직분을 감당하며 겸손히 섬기기를 다짐하는 자로서
　1. 전담목사, 교구장 및 당회 추천을 받은 자 중,
　2. 절대 준수 항목과 종합 평가 항목을 후보 추대 위원회가 평가, 선정하여 당회에 건의하고
　3. 당회에서 확정된 자를 대상으로 한다.(단, 1차 피택후보자 4배수 이내, 2차는 1.5배수로 한다.)
③ 타 교회에서 이명해 온 권사는 본 교회 출석 2년(봉사1년) 후 본교회 안수집사로 취임할 수 있다.
④ 선거로 피택된 자도 소정의 교육 과정을 수료해야 임직되며, 미 수료 시 차기년도에 교육 수료 후 임직될 수 있다

제48조 [권사의 선택]
　권사는 공동의회에서 투표수의 과반수 이상의 득표로 선출한다.

제49조 [권사의 임기]
　권사는 건강이 허락하는 한 계속 봉사할 수 있다.

제50조 [서리집사의 자격]
　서리집사의 자격은 무흠세례교인(입교인)으로 2년을 경과하고 25세

이상 된 자로서 행위가 복음에 적합하고 교인의 모범이 되는 자로서 성
경대학에 입학한 자라야 한다.

제51조 [서리집사의 선택]
　서리집사는 당회의 결의로 당회장이 임명한다.

제52조 [서리집사의 임기]
① 서리집사의 임기는 1년으로 하며 연임할 수 있다.
② 서리집사는 건강이 허락하는 한 계속 봉사할 수 있다.

제5장 일반행정관리와 사무처직원

제53조 [사무처의 조직과 기능]
① 본 교회 교인들의 교회활동을 적극 지원하고, 각 부서의 효율적 운
　영과 일반행정업무를 위하여 당회 산하에 행정지원실을 둔다.
② 당회장은 당회의 결의에 따라 행정지원실에 필요한 부서를 설치할
　수 있다.

제54조 [사무처 직원의 임면절차 등]
① 사무처 직원은 당회장이 당회결의로 임면한다.
② 사무처 직원의 처우는 당회에서 정하는 바에 따른다.
③ 사무처 직원의 정년은 55세로 하되, 다만 특별 직능직의 경우는 예
　외로 한다.

제6장 자치조직

제55조 [자치조직의 설치 등]
본 교회에 다음과 같은 자치조직을 둔다.
1. 권사회와 안수집사회를 둔다.
2. 당회의 결의에 따라 남선교회와 여전도회, 선교목장을 두며 이는 다수로 둘 수 있다.
3. 교육위원회 안에 청년회, 학생회, 어린이회를 둔다.

제56조 [회칙 등의 인준]
모든 자치조직의 회칙은 당회의 인준을 받아야 한다.

제57조 [자치회의 활동보고]
각 자치조직의 회장은 매 회계년도말 그 활동상황 및 재정상태를 결산하여 지체 없이 당회에 보고하여야 한다.

제7장 법 인

제58조 [법인 등의 설치]
본 교회는 필요시 사회복지시설 및 성경대학 등의 효율적 운영을 위해 법인을 둘 수 있다. 법인은 당회의 결의로 공동의회에서 3분의 2 이상의 찬성으로 설치한다.

제8장 재정관리

제59조 [재정관리]

① 본 교회 재정은 교인들의 헌금과 개인이나 단체가 헌납, 기증하는 재산으로 한다.

② 본 교회의 토지, 가옥 등 부동산은 당회가 관리한다.

제60조 [재정운용 기본원칙]

① 본 교회의 회계년도는 매년 12월 1일부터 익년 11월 30일까지로 한다.

② 본 교회의 재정운용은 월별, 분기별 수입 범위 내에서 지출함을 원칙으로 한다.

③ 본 교회의 모든 수입과 지출은 그 해의 세입, 세출예산에 포함하여 편성함을 원칙으로 한다.

제61조 [예산 · 결산의 확정절차]

본 교회의 세입 · 세출의 예산과 결산은 열린 제직회와 당회의 의결을 거쳐 12월중에 공동의회에서 심의하여 확정한다.

제62조 [예산편성의 절차 등]

① 제직회 각 부서와 기관 · 단체는 신년도 예산을 요구할 때에는 그 해의 예산편성 지침에 따라 작성한 예산요구서를 심의하여 10월말까지 재정위원회에 제출하여야 한다.

② 제1항의 규정에 의하여 예산요구서를 받은 재정위원회는 전년도 교회의 세입 및 세출실적을 감안하여 11월까지 해당부서장과 협의하

여 예산안을 조정 · 편성한다.

제63조 [추가예산 요구절차 등]

① 열린 제직회 각 부서와 기관 · 단체 등이 추가예산을 요구할 때에는 그 사업의 목적 · 내용 · 시행기간 및 이에 따른 예산소요금액과 그 기대효과에 대한 타당성을 명확히 기재한 추가예산요구서를 재정위 원회에 제출하여야 한다.

② 제1항의 규정에 의하여 추가예산요구서를 받은 재정위원회는 이에 대한 의견서를 첨부하여 당회에 상정하여 확정한다.

제64조 [예산항목 변경절차]

열린 제직회 각 부서가 예산항목을 일부 변경하고자 하는 경우에는 세출예산항목 변경신청서를 미리 재정위원회에 제출하여 예산항목 변 경승인을 받은 후 집행한다.

제65조 [현금취급 관리기준]

열린 제직회 각 부서와 기관 · 단체 등은 모든 수입금액과 지출잔액 에 대해 반드시 그 취급책임자가 은행 등 금융기관에 예치 · 보관하여 야 한다. 다만, 일정금액 이하의 소액현금 및 유가증권 취급관리규정 이 따로 마련되어 있는 경우에는 그 규정에 따라야 한다.

제66조 [감사]

① 본 교회 각 부서 및 예산을 사용한 기관, 자치기구는 매년 1회 감사 를 받아야 한다.

② 감사는 해당기관에 대해 결과를 통보하고 필요시 적절한 조치를 요

구할 수 있다. 해당기관의 장은 이에 대해 조치결과를 감사에게 보고하여야 한다.

제9장 부 칙

제67조 [규약 개정절차 등]
① 규약 개정은 기획위원회와 운영협의회의 검토를 거쳐, 당회의 재적위원 3분의 2 이상의 발의로 제안되고 공동의회에서 출석인원 과반수의 찬성을 얻어야 한다.
② 규약 개정안은 당회장이 1주일 이상의 기간 동안 공고하여야 한다.
③ 규약 개정안은 공고된 날로부터 100일 이내에 의결하여야 한다.

제68조 [선거관리위원회]
① 본 교회에서의 각종 선거 및 투표를 공정하게 관리하기 위하여 당회 산하에 선거관리위원회 및 후보 추대 위원회를 둔다.
② 선거관리위원회 및 후보 추대 위원회의 규정은 별도로 정한다.

제69조 [경과조항]
① 2000년에 장로, 안수집사, 권사의 선출 시에는 정년에 관한 규정을 적용하지 않는다.

본 규약은 2000년 6월 11일부터 시행한다.

초안 법학박사 김충구 집사

감수   장영효 집사

2000년 3월 26일 기획위원회 통과
2000년 4월 16일 운영위원회 통과
2000년 5월 28일 운영위원회 제2차 통과
2000년 6월 4일 제직회 통과
2000년 6월 11일 공동의회 통과

부칙(2003. 12. 21)
　제1조(시행일) 이 규약은 공동의회를 통과한 날로부터 시행한다.

부칙(2004. 12. 19)
　제1조(시행일) 이 규약은 공동의회를 통과한 날로부터 시행한다.

부칙(2005. 10. 23)
　제1조(시행일) 이 규약은 공동의회를 통과한 날로부터 시행한다.

부칙(2007. 9. 16)
　제1조(시행일) 이 규약은 공동의회를 통과한 날로부터 시행한다.

부칙(2008. 12. 7)
　제1조(시행일) 이 규약은 공동의회를 통과한 날로부터 시행한다.